AF368585

LE DIGESTE

OU

PANDECTES

DE L'EMPEREUR JUSTINIEN.

En exécution de la loi du 19 juillet 1793 , relative à la propriété des auteurs d'écrits en tous genres , et que nous avons mise en tête du premier Volume, nous avons déposé à la Bibliothèque impériale deux exemplaires du présent , comme nous l'avons fait pour les quatre premiers Volumes précédens ; et nous déclarons que tout Volume qui ne sera pas signé manuellement par nous sera contrefait.

Les quatre premiers volumes de cet ouvrage se trouvent aussi chez M. Rousseau , imprimeur.

Le sixième volume est sous presse , et paraîtra infailli- blement dans le courant de nivôse , et les volumes suivans dans le courant de chaque mois, sans interruption, jusqu'à la confection de l'ouvrage.

Nota. Nous prions nos lecteurs qui s'appercevraient de quelques fautes ou incorrections , de recourir à l'errata.

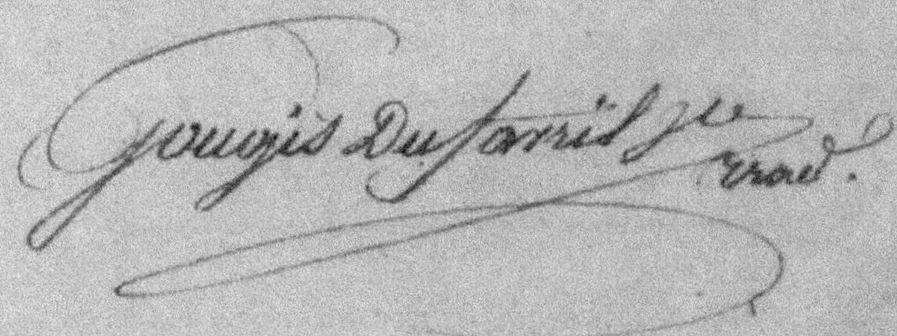

LE DIGESTE

OU

PANDECTES

DE L'EMPEREUR JUSTINIEN,

*Traduits en français, par M. G.*** D. F.***, Jurisconsulte, Membre de l'Académie de Législation, de la Société Académique des Sciences de Paris, etc. revisés par une réunion de Jurisconsultes.*

Summâ itaque ope et alacri studio has leges nostras accipite, et vos-metipsos sic eruditos ostendite, ut spes vos pulcherrima foveat, toto legitimo opere perfecto posse etiam nostram rempublicam in partibus ejus vobis credendis gubernari.

Recevez donc ces lois avec empressement, et rendez-vous si érudits, que vous puissiez concevoir la noble espérance, après le cours de vos études prescrit par les lois, d'être en état un jour de porter une partie du gouvernement de l'empire dans les charges qui vous seront confiées.

JUSTIN. *Préf. de l'aut. de Instit.*

PREMIÈRE ET UNIQUE TRADUCTION.

TOME CINQUIÈME.

A PARIS,

CHEZ M. ROUSSEAU, IMPRIMEUR, RUE ST.-DOMINIQUE D'ENFER, N°. 8.

AN XIII. — 1805.

TITULUS PRIMUS

LIBRI SEPTIMI

DIGESTORUM

SEU

PANDECTARUM.

De usufructû (1), et quemadmodùm quis utatur fruatur.

---

1. PAULUS, *lib. 3. ad Vitellium.*

Definitio ususfructûs.

USUSFRUCTUS (2) est jus alienis (3) rebus utendi fruendi, salvâ rerum substantiâ.

2. GAJUS, *lib. 18. Digestorum.*

Fundamentum.

Est enim ususfructus jus in corpore: quo sublato (4), et ipsum tolli necesse est.

3. GAJUS, *lib. 2. rerum cottidianarum, vel aureorum.*

Quibus modis.

Omnium prædiorum, jure legati (5), potest

---

(1) L. 3. C. 33. L. 2. Inst. 4.
(2) Pr. Inst. h. t.

TITRE PREMIER

DU LIVRE SEPTIÈME

DU DIGESTE

OU

DES PANDECTES.

De l'usufruit (1), *et de la manière d'en jouir.*

1. PAUL, *liv.* 3. *sur Vitellius.*

Définition de l'usufruit.

L'USUFRUIT (2) est le droit de jouir, et d'user de la chose d'autrui (3), en en conservant la substance.

2. GAJUS, *liv.* 18. *du Digeste.*

En quoi il consiste.

En effet l'usufruit est un droit que l'on a sur un corps. Ce corps servant, une fois détruit, (4) il s'éteint avec lui.

3. GAJUS, *liv.* 2. *du journal ou du livre d'or.*

Comment l'usufruit s'établit.

Un usufruit peut être constitué sur toutes espèces de bien-fonds par un legs (5), en ordonnant à son héritier *de donner*

---

(3) L. 5. in pr. infr. si ususfr. petatur.
(4) Pr. Inst. h. t. v. l. 25. infr. quib. mod. ususfr. amitt.
(5) L. 6. in pr. infr. h. t. §. 1. Inst. eod. l. 69. infr. ad leg. Falcid.

constitui ususfructus, ut heres jubeatur *dare alicui usumfructum.* Dare autem intelligitur, si induxerit in fundum legatarium, eumvê patiatur (1) utifrui. Et sinê (2) testamento (autem) si quis velit usumfructum constituere, pactionibus (3), et stipulationibus id efficere potest.

Et quarum rerum ususfructus constituitur.

§. 1. Constitit autem ususfructus non tantùm in fundo, et ædibus, verùm etiam in servis, et jumentis, cæterisque (4) rebus.

De interitû ususfructûs.

§. 2. Ne (5) tamen in universum inutiles essent proprietates, semper abscedente usufructû, placuit certis modis extingui usumfructum, et (ad) proprietatem reverti (6).

Quibus modis usus constituitur et finitur.

§. 3. Quibus autem modis ususfructus (et) constitit, et finitur, iisdem modis etiam nudus usus solet et constitui (7) et finiri.

4. Paulus, *lib.* 2. *ad edictum.*

An sit pars dominii; de die ex quo datur.

Ususfructus in multis casibus pars (8) dominii est, et extat, quod vel præsens, vel ex die (9) dari potest.

---

(1) V. l. 20. in fin. infr. de servit.
(2) §. 1. Inst. h. t.
(3) L. 4. in fin. C. eod.
(4) L. 7. in pr. infr. eod. §. 2. Inst. eod.

à quelqu'un *l'usufruit.* Or l'héritier sera censé avoir fait la délivrance du legs, en mettant le légataire en possession du fonds, ou simplement (1) en le faisant jouir. Mais si quelqu'un veut autrement que par un testament (2) constituer un usufruit, il peut le faire par des conventions et des contrats (3).

Et des choses dont se compose l'usufruit.

§. 1. L'usufruit peut porter non-seulement sur un bien-fonds, des maisons, mais encore sur des esclaves, des chevaux et toute autre chose (4).

De l'extinction de l'usufruit.

§. 2. Mais dans la crainte que la propriété ne devînt à jamais inutile (5), si l'usufruit en était continuellement séparé, on a établi plusieurs manières d'éteindre l'usufruit, et de le faire retourner à la propriété (6).

Comment se constitue l'usage et comment il s'éteint.

§. 3. Le simple usage s'établit et finit de la même manière que l'usufruit (7).

4. PAUL, *liv.* 2. *sur l'édit.*

Si l'usufruit est regardé comme une partie du domaine ; du jour où il est accordé.

Il est plusieurs cas où l'usufruit est regardé comme une partie du domaine (8). La preuve résulte de ce que l'usufruit peut être accordé pour commencer à l'instant, ou pour ne commencer que dans un tems marqué (9).

---

(5) §. 1. in fin. Inst. eod.
(6) V. infr. quib. mod. ususfr. amitt.
(7) Vide tamen l. 10. infr. de usu et habitat.
(8) L. 8. in pr. infr. de reb. auctor. judic. possid. obs. l. 25. in pr. infr. de verb. sign.
(9) L. un. §. 3. infr. quandò dies ususfr. logat. l. 16. §. 2. infr. famil. ercisc. vide tamen. l. 4. in pr. infr. de servitut.

5. P**APINIANUS**, *lib.* 7. *quæstionum.*

Ususfructus est dividuus ab initio, et ex post-facto ; de divisione.

Ususfructus (et) ab initio pro parte (1) indivisâ vel divisâ constitui, et legitimo tempore similiter(2) amitti. Eâdemque ratione per legem Falcidiam minui potest (3). Reo quoque promittendi defuncto, in partes hereditarias ususfructûs obligatio dividitur : et, si ex communi prædio debeatur, uno ex sociis defendente, pro parte defendentis fiet restitutio.

6. G**AJUS**, *lib.* 7. *ad edictum provinciale.*

De legato.

Ususfructus pluribus modis constituitur : ut ecce, si legatus (4) fuerit. Sed et proprietas deducto usufructû legari potest, ut apud heredem maneat ususfructus.

De adjudicatione.

§. 1. Constituitur adhùc ususfructus, et in judicio familiæ erciscundæ, et communi dividundo, si judex alii proprietatem adjudicaverit, alii usumfructum (5).

Per quas personas ususfructus adquiritur.

§. 2. Adquiritur autem nobis ususfructus non solùm per (6) nosmetipsos, sed etiam per eas quoque personas, quas juri nostro subjectas habemus.

---

(1) V. l. 1. §. 9. infr. ad leg. Falcid.

5. PAPINIEN, *liv.* 7. *des questions.*

L'usufruit peut être divisé dès le moment qu'il est constitué ou après qu'il l'a été; de la division.

L'usufruit peut dès son origine être accordé à plusieurs par portions divisées (1) ou indivises. Il peut être également (2) perdu lorsqu'on laisse écouler, sans s'en servir, le tems prescrit par la loi. Par la même raison il est susceptible d'être réduit par la loi Falcidia (3). Celui qui doit l'usufruit, venant à mourir, l'obligation de l'usufruit se divise entre tous les héritiers par portions, et lorsque l'usufruit est dû par un fonds appartenant à plusieurs maîtres, si l'un d'eux a des raisons de s'opposer à l'usufruit, l'usufruit n'est remis que pour sa part et portion.

6. GAJUS, *liv.* 7. *sur l'édit provincial.*

Du legs.

L'usufruit se constitue de plusieurs manières; par exemple, dans un legs (4); on peut même léguer la propriété sans l'usufruit, qui dans ce cas restera à l'héritier.

De l'adjudication.

§. 1. L'usufruit peut encore provenir des jugemens de partage d'une succession ou d'une chose commune, parce que le juge peut adjuger la propriété à l'un des co-partageans, et à l'autre la propriété (5).

Par quelles personnes l'usufruit peut s'acquérir.

§. 2. Nous acquérons l'usufruit non-seulement par nous-mêmes (6), mais encore par les personnes que nous avons sous notre puissance.

---

(2) L. 25. infr. quib. mod. ususfr. amitt.
(3) D. l. 1. §. 9. infr. ad leg. Falcid.
(4) L. 3. in pr. supr. h. t. §. 1. Inst. eod.
(5) L. 6. §. 10. infr. commun. divid.
(6) L. 21. l. 22. §. 23. l. 24. infr. h. t.

De nudâ proprietate domino heredis legatâ.

§. 3. Nihil autem vetat, servo meo herede instituto, legari proprietatem deducto usufructû.

7. ULPIANUS, *lib.* 17. *ad Sabinum.*

De omne fructû rei.

Usufructû legato omnis fructus rei ad fructuarium pertinet. Et aut (rei) soli, aut rei mobilis ususfructus legatur.

De jure.

§. 1. Rei soli, utputà ædium, usufructû legato, quicumque reditus est, ad usufructuarium pertinet; quæque obventiones sunt ex ædificiis, ex areis, et cæteris, quæcunque ædium sunt. Undè etiam mitti eum in possessionem vicinarum ædium causâ damni infecti (1) placuit: et jure dominii posssessurum eas ædes, si perseveretur non caveri: nec quicquam amittere finito usufructû. Hâc ratione Labeo scribit, nec ædificium licere domino (2), te invito, altiùs tollere: sicut nec, areæ usufructû legato, potest in areâ ædificium poni. Quam sententiam puto veram.

De onere ejus qui ædium usumfructum habet.

§. 2. Quoniam igitur omnis fructus rei ad eum pertinet, reficere quoque eum ædes per arbitrum cogi. Celsus scribit. (Celsus) lib. XVIII Digestorum: Hactenùs tamen, ut sarta (3) tecta habeat. Si quâ tamen vetustate corruissent, neutrum cogi reficere: sed si heres refecerit, passurum fructuarium uti. Undè Celsus de modo sarta tecta habendi quærit, si quæ vetustate corruerunt, reficere

---

(1) L. 15. §. 8. infr. de damn. infect.

De la nue propriété acquise au maître de l'héritage.

§. 3. Rien ne m'empêche, en instituant mon héritier, de léguer la propriété sans l'usufruit.

7. Ulpien *liv.* 17. *sur Sabinus.*

De tout l'usufruit d'une chose.

Lorsqu'un usufruit est légué, tous les fruits de la chose appartiennent à l'usufruitier. L'usufruit peut être constitué tant sur un bien-fonds, que sur une chose mobiliaire.

Du droit.

§. 1. Sur les biens-fonds, par exemple, si on lègue l'usufruit d'une maison, l'usufruitier a tous les revenus qui en proviennent, tout ce qui peut être perçu à l'occasion des bâtimens, des places et des autres dépendances. D'où il suit que si la maison voisine menace ruine, il peut demander caution au voisin pour la réparation des dommages qu'il en appréhende, et sur son refus de fournir cette caution, il sera envoyé en possession (1); il possédera même la maison à titre de maître, si on continue de refuser de lui donner caution, et il ne perdra rien à la fin de son usufruit. Par cette raison Labéon écrit que le propriétaire ne peut pas élever un bâtiment, malgré (2) l'usufruitier, de même qu'il ne peut pas bâtir sur un terrein dont un autre a l'usufruit. Cette opinion me paraît vraie.

Des charges de celui qui a l'usufruit d'une maison.

§. 2. Par la raison que l'usufruitier perçoit tous les fruits, Celse écrit, au livre XVIII du Digeste, qu'il peut être contraint par arbitres à faire les réparations de manière cependant que tout soit clos et couvert (3). Si cependant les lieux tombaient en ruine par vétusté, l'usufruitier ni le propriétaire ne sont obligés de les réparer. Si le propriétaire les répare, il en laissera jouir l'usufruitier. Celse explique ainsi la manière dont il doit tenir les lieux clos et couverts, c'est-à-dire, en bon état. Il n'est pas obligé, dit-il, de réparer ce qui est tombé en ruine par vétusté; il n'est donc chargé

---

(2) L. 18. §. 7. in fin. infr. h. t.
(3) L. 7. C. eod.

non cogitur. Modica igitùr refectio ad eum pertineat, quoniam et alia onera (1) adgnoscit, usufructû legato: utputà stipendium, vel tributum (2) vel salarium, vel alimenta ab eâ re relicta. Et itâ Marcellus lib. XIII scribit.

§. 3. Cassius quoque scribit lib. VIII juris civilis, fructuarium per arbitrum cogi reficere, quemadmodùm adserere (3) cogitur arbores. Et Aristo notat, hæc vera esse. Neratius autem lib. IV membranarum ait, non posse fructuarium prohiberi, quo minùs reficiat: quia nec arare prohiberi potest, aut colere: nec solùm necessarias refectiones facturum, sed etiam voluptatis causâ (Ut) tectoria, et pavimenta, et similia (facere): neque autem ampliare, nec inutile (4) detrahere posse.

8. ULPIANUS, *lib. 40. ad edictum.*

Quamvis meliùs repositurus sit. Quæ sententia vera est.

9. IDEM, *lib. 17. ad edictum.*

De fundo.

Item, (si *fundi*) ususfructus sit legatus, quidquid in fundo nascitur, quidquid (5) indè percipi potest, ipsius fructus est: sic tamen, ut boni viri arbitratû fruatur. Nàm et Celsus libro octavo-decimo Digestorum scribit, cogi eum posse rectè colere.

De apibus.

§. 1. Et, si apes in eo fundo sint, earum quoque usufructus ad eum pertinet.

---

(1) L. 27. §. 3. infr. eod. v. l. 28. infr. de usu, et usufr. et reditû.
(2) L. 52. infr. h. t. v. l. 15. infr. de impens. in res dotal.
(3) L. 18. infr. h. t.

que des réparations légères, comme il est obligé de supporter quelques autres charges (1), tels sont les impôts (2), ou tributs, les salaires ou les alimens dont le bien se trouve grévé. C'est aussi le sentiment de Marcellus au livre XIII.

§. 3. Cassius écrit aussi, au liv. VIII du droit civil, que l'usufruitier est obligé, à dire d'experts, de faire les réparations, de même que de planter des arbres (3) : sur quoi Ariston remarque que cela est vrai. Nératius écrit, au liv. IV de ses feuilles, que le propriétaire ne peut empêcher l'usufruitier de faire ces réparations, parce qu'il ne peut l'empêcher de labourer et de cultiver, et l'usufruitier pourra faire non-seulement les réparations nécessaires, mais encore celles de pur agrément, comme de blanchir les murailles, de carreler les chambres, et autres choses semblables ; mais il ne peut pas augmenter les bâtimens, ni en ôter ce qui peut être utile (4).

8. ULPIEN, *liv. 40. sur l'édit.*

Quand bien même il devrait le remplacer par des choses meilleures ; et ce sentiment est vrai.

9. LE MEME, *liv. 17. sur l'édit.*

D'un fonds.

Si on a légué l'usufruit d'une terre, tout ce qui naît sur cette terre, tout ce que l'on en peut retirer (5) fait partie de l'usufruit, de manière cependant que l'usufruitier jouisse en bon père de famille. En effet Celse, au liv. XVIII du Digeste, dit qu'il peut être contraint à cultiver les terres comme elles doivent l'être.

Des abeilles.

§. 1. S'il y a des abeilles dans la terre, le produit des ruches lui appartient.

---

(4) V. l. 13. §. 4 et 7. infr. eod.
(5) L. 59. §. 1. infr. eod.

De lapidicinis, crefotidinis, arenis.

§. 2. Sed si lapidicinas (1) habeat, et lapidem
cædere velit, vel cretifodinas habeat, vel arenas :
omnibus his usurum Sabinus ait, quasi bonum
patrem familiàs. Quam sententiam puto veram.

De metallis.

§. 3. Sed si hæc metalla post usumfructum legatum sint inventa, cùm totius agri relinquatur
ususfructus, non partium : contineantur legato.

De alluvione et insulá.

§. 4. Huic vicinus tractatus est, qui solet in
eo, quod accessit, tractari : et placuit, alluvionis
quoque usumfructum ad fructuarium pertinere.
Sed si insula juxtà fundum in flumine nata sit,
ejus usumfructum ad fructuarium non pertinere,
Pegasus scribit ; licèt proprietati accedat : esse
enim veluti proprium fundum, cujus ususfructus
ad te non pertineat. Quæ sententia non est sinè
ratione. Nàm ubì latitet incrementum, et ususfructus augetur : ubi autem apparet separatum,
fructuario non accedit.

De aucupiis, venationibus, et piscationibus.

§. 5. Aucupiorum quoque et venationum (2)
reditum, Cassius ait lib. VIII juris civilis, ad fructuarium pertinere. Ergo et piscationum.

De seminario.

§. 6. Seminarii autem fructum puto ad fructuarium pertinere : ità tamen, ut et vendere ei,
et seminare liceat. Debet tamen, conserendi agri
causâ seminarium paratum semper renovare, quasi

---

(1) L. 15. §. 5. infr. eod.

Des carrières de pierre, de craie ou de sable.

§. 2. S'il y a des carrières de pierre (1), de craie ou de sable, Sabinus dit qu'il pourra s'en servir, et les exploiter en bon père de famille, et je suis de son avis.

Des mines.

§. 3. Mais si, après que l'usufruit a été légué, on a découvert quelques mines, elles font partie aussi du legs, parce qu'on a légué l'usufruit de toute la terre, et non pas seulement de la superficie.

De l'alluvion et d'une ile.

§. 4. A l'occasion de cette augmentation, on demande ce que l'on doit penser à l'égard des accroissemens qui surviennent à la terre, et il a été décidé que l'usufruit des accroissemens qui arrivent par alluvion, appartiennent à l'usufruitier. Mais Pégase écrit que si une ile était née sur le fleuve voisin de la terre sujette à l'usufruit, vous usufruitier n'en auriez pas la jouissance, quoique ce soit un accroissement à la propriété, parce que cette ile devient comme un fonds nouveau dont l'usufruit ne vous a été légué. Ce sentiment n'est pas sans fondement. Car les accroissemens insensibles et cachés augmentent l'usufruit; mais ceux qui sont sensibles et séparés de la terre, sont des accessoires de la propriété sans augmenter l'usufruit.

De toute espèce de chasse; de la pêche.

§. 5. Cassius écrit, au liv. VIII du droit civil, que les revenus de (2) la chasse appartiennent à l'usufruitier; il doit par conséquent en être de même de la pêche.

D'une pépinière.

§. 6. Je pense que les fruits d'une pépinière appartiennent à l'usufruitier; de manière qu'il peut vendre les arbres ou les plantes. Il doit cependant toujours renouveller la pépinière, pour entretenir les plantations de la terre; car une pépinière est assimilée à tous les autres instrumens néces-

---

(a) L. 62. in pr. infr. eod.

instrumentum agri : ut, finito usufructû, domino
restituatur.

De instrumento fundi ; de salicto, silva, arundineto.

§. 7. Instrumenti autem fructum habere debet:
vendendi tamen facultatem non habet. Nàm et
si fundi ususfructus fuerit legatus : et sit ager,
undè palo in fundum, cujus ususfructus legatus
est, solebat pater familiâs uti, vel salice, vel arun-
dine : puto fructuarium hactenùs uti posse, ne ex
eo vendat, nisi fortè salicti ei, vel silvæ palaris,
vel arundineti ususfructus sit legatus : tùnc enim
et vendere potest. Nàm et Trebatius scribit, silvam cæduam (1) et arundinetum posse fructuarium cædere, sicut pater familiâs cædebat; et vendere, licèt pater familiâs non solebat vendere, sed
ipse uti : ad modum enim referendum est, non
ad qualitatem utendi.

10. POMPONIUS, *lib. 5. ad Sabinum.*

Ex silvâ (2) cæduâ pedamenta, et ramos ex ar-
bore usufructuarium sumpturum : ex non cædua,
in vineam sumpturum, dùm ne fundum, deteriorem (3) faciat.

11. PAULUS, *lib. 2. epitomarum Alfeni Digestorum*

Sed, si grandes arbores essent, non posse eas
cædere.

12. ULPIANUS, *lib. 17. ad Sabinum.*

De arboribus evulsis vel dejectis.

Arboribus evulsis, vel vi ventorum dejectis,

____

(1) L. 4o. §. 4. infr. de contrah. empt.
(2) L. 3o. in pr. infr. de verb. sign.

saires à l'exploitation d'une terre, et doit être rendue au propriétaire à la fin de l'usufruit.

Des instrumens aratoires ; d'une saussaie, d'un bois-
taillis, d'un endroit sur lequel il croit des roseaux.

§. 7. L'usufruitier doit avoir la jouissance de tout ce qui sert à l'exploitation, sans pouvoir cependant le vendre. Ainsi, si on avait légué l'usufruit d'une terre dans laquelle se trouve un champ d'où le défunt tirait des pieux, des saules et des roseaux pour exploiter sa terre, je pense que l'usufruitier en a la jouissance, sans cependant pouvoir en rien vendre, à moins qu'on ne lui ait légué spécialement l'usufruit d'une saussaie, ou d'un lieu où croissent les bois propres à faire des pieux, et qui produit des roseaux ; car alors il peut les vendre. Et en effet Trébatius écrit que l'usufruitier peut couper les bois-taillis et les roseaux (1), même les vendre, quoique le père de famille fût dans l'usage de s'en servir pour lui, et non de les vendre. Car quand on dit que l'usu-fruitier doit jouir en bon père de famille, on veut fixer les bornes de sa jouissance, mais non pas lui prescrire la qualité de sa jouissance.

10. POMPONIUS, *lib. 5. sur Sabinus.*

L'usufruitier peut prendre des branches d'arbres dans un
bois-taillis.

Dans un bois-taillis (2) l'usufruitier peut prendre des branches d'arbres, et il ne pourra en prendre dans un bois de haute-futaie que pour faire des échalas pour sa vigne, mais toujours de manière qu'il ne détériore pas les fonds (3).

11. PAUL, *liv. 2. de l'abrégé du Digeste d'Alfenus.*

Mais si les arbres étaient grands, l'usufruitier ne pourrait pas les couper.

12. ULPIEN, *liv. 17. sur Sabinus.*

Des arbres arrachés ou renversés par violence.

Labéon dit que l'usufruitier peut se servir, pour son usage particulier, des bois arrachés ou renversés par la violence

---

(3) L. 13. §. 4. infr. h. t. addo 2. feudor. 8. §. 1.

usquè ad usum suum (1) et villæ posse usufructuarium ferre, Labeo ait : nec materiâ (2) eum
pro ligno usurum, si habeat, undè utatur ligno.
Quam sententiam puto veram : alioquin, et si totus
ager sit hunc casum passus, omnes arbores au-
ferret fructuarius. Materiam tamen ipsum succi-
dere, quantùm ad villæ refectionem, putat posse :
quemadmodùm calcem (inquit) coquere, vel
arenam fodere, aliudvè quid ædificio necessarium
sumere.

De nave.

§. 1. *Navis* usufructu legato, navigatum mit-
tendam puto, licèt naufragii periculum immineat :
navis etenim ad hoc paratur, ut naviget.

Per quos usufructuarius utitur, fruitur.

§. 2. Usufructuarius (3) vel ipse frui eâ re,
vel alii fruendam concedere, vel locare (4), vel
vendere potest : nàm et qui locat, utitur, et qui
vendit (utitur). Sed et si alii precariò concedat
vel donet, puto eum uti : atque ideò retineri
usumfructum, et hoc Cassius et Pegasus responderunt, et Pomponius lib. v ex Sabino probat.
Non solùm autem, si ego locavero, retineo usumfructum, sed et si alius negotium meum gerens
locaverit usumfructum, Julianus lib. xxxv scripsit,
retinere me usumfructum. Quid tamen si non locavero, sed absente et ignorante me, negotium
meum gerens utatur quis, et fruatur ? Nihilominùs
retineo (5) usumfructum. Quod et Pomponius lib.
v probat per hoc, quod negotiorum gestorum
actionem acquisivi.

---

(1) Vide tamen l. 7. §. 12. circà fin. infr. soluto matrim.
(2) V. l. 55. in pr. infr. de legat. 3.

des vents (1), ainsi que pour celui de la terre dont il a l'usufruit, et il ne pourra pas employer pour son chauffage un bois propre à être travaillé (2), s'il en a d'ailleurs. Ce sentiment me parait juste. Autrement si ce malheur arrivait sur toute la terre, l'usufruitier serait le maître d'en enlever tous les arbres. Il pense cependant qu'il peut couper du bois de charpente pour les réparations de la maison, de même que, dit-il, il peut avoir des fours à chaux faits avec les pierres extraites du fonds donné en usufruit, fouiller les sablières, et prendre en un mot tout ce qui peut être nécessaire pour les réparations des bâtimens.

D'un vaisseau.

§. 1. Je pense que celui à qui on a laissé l'usufruit d'un vaisseau, peut l'envoyer en mer, quoiqu'il puisse courir le risque de faire naufrage : car un vaisseau n'est fait que pour aller en mer.

Des personnes par qui l'usufruitier jouit de son usufruit.

§. 2. L'usufruitier (3) peut ou jouir par lui-même, ou céder, vendre (4) sa jouissance. Car c'est jouir que vendre ou louer sa jouissance. Je pense même qu'il jouit lorsqu'un autre tient la jouissance de lui à titre de précaire ou de donation, et par conséquent il retient son usufruit. C'est ce qui a été décidé par Cassius et Pégasus, et approuvé par Pomponius, au liv. v sur Sabinus. Non-seulement je conserve mon usufruit lorsque je le loue moi-même, mais même lorsque c'est mon gérant d'affaires qui le loue. C'est ce qu'écrit Julien au liv. xxxv. Qu'en serait-il cependant, si je ne l'avais pas loué, et si quelqu'un, faisant mes affaires en mon nom et à mon insçu, jouissait en mon nom. Je retiendrais encore (5) l'usufruit, comme l'écrit Pomponius au liv. v, parce que j'acquiers contre lui une action, en conséquence de la gestion, de mes affaires qu'il a gérées.

---

(3) L. 38. infr. h. t. l. 11. §. 2. infr. de pignorib.
(4) Vide tamen l. 15. §. 4. infr. h. t.
(5) L. 5. §. infr. quemadm. servit. amitt.

De servo fugitivo.

§. 3. De illo Pomponius dubitat : si fugitivus, in quo meus ususfructus est, stipuletur aliquid ex re meâ, vel per traditionem accipiat : an per hoc ipsum, quasi utar, retineam usumfructum ? magìsque admittit, retinere. Nàm sæpè, etiam (si) præsentibus servis non utamur, tamen usumfructum retinemus ; utputà ægrotante servo (1), vel infante (2), cujus operæ nullæ sunt (3), vel defectæ senectutis homine : nàm et si agrum aremus, licèt tàm sterilis sit, ut nullus fructus nascatur, retinemus usumfructum. Julianus tamen lib. xxxv Digestorum scribit, etiam si non stipuletur quid servus fugitivus, retineri (tamen) usumfructum : nàm quâ ratione (inquit) retinetur à proprietario possessio, etiam (4) si in fugâ servus sit : pari ratione etiam ususfructus retinetur.

Cujus possessionem alius nactus est.

§. 4. Idem tractat : quid, si quis possessionem ejus nactus sit, an, quemadmodùm à proprietario possidere desinit, ità etiam ususfructus amittatur ? Et primò quidèm ait, posse dici amitti usumfructum ; sed, licèt amittatur, tamen dicendum, quod intrà constitutum tempus ex re fructuarii stipulatus est, fructuario adquiri (5) (potest). Per quod colligit, posse dici, ne quidèm si possideatur ab alio, amitti usumfructum, si modò mihi aliquid stipuletur ; parvique referre, ab herede possideatur, vel ab alio, cui hereditas vendita (sit) vel cui proprietas legata sit, an à prædone : sufficere enim ad retinendum usumfructum, esse affectum retinere vo-

---

(1) L. ult. §. 1. infr. de operis server.
(2) L. 55. infr. h. t.
(3) Immò vide l. 31. supr. de rei vind. l. ult. in fin. infr. de liberali caus.

De l'esclave fugitif.

§. 3. Pomponius est dans le doute sur cette question : si un esclave dont j'ai l'usufruit s'est enfui de chez moi , et se fait passer une obligation à son profit, en administrant mon bien , ou se fait livrer une chose, peut-on dire que j'en retiens l'usufruit , comme si je suis censé jouir de ce que j'acquierre ainsi par lui ? Il est porté davantage à croire que je retiens par-là l'usufruit ; car souvent il arrive que l'on retient l'usufruit sur des esclaves dont on ne se sert pas, quoiqu'on les ait sous sa main ; par exemple , lorsqu'un esclave (1) est malade , ou dans l'enfance (2) , ou parvenu à un tel état (3) de vieillesse, qu'on n'en puisse tirer aucun service. Et en effet si on labourait une terre tellement stérile , qu'elle ne rapportât aucun fruit , on n'en conserverait pas moins l'usufruit. Cependant Julien écrit, au livre xxxv du Digeste, que l'on conserve l'usufruit sur un esclave qui est en fuite, quand même il ne stipulerait rien au profit de l'usufruitier. Car , dit-il , la même raison qui conserve au (4) propriétaire l'esclave qui est en fuite , empêche l'usufruitier de perdre le droit qu'il a sur lui.

De celui au nom de qui un autre a acquis la possession.

§. 4. Le même Ulpien traite la question suivante : si la possession de la chose sujette à l'usufruit passe à un autre, au moyen de ce que le propriétaire cesse de posséder la chose, l'usufruitier perd-il aussi son droit ? D'abord il dit que l'on pourrait décider que l'usufruit est perdu ; mais, ajoute-t-il , s'il s'agit d'un esclave qui , pendant le tems prescrit pour perdre l'usufruit par le non-usage , stipule quelque chose au profit de l'usufruitier en administrant son bien, on peut dire qu'il acquiert (5) l'obligation à l'usufruitier. D'où l'on peut conclure que l'usufruit n'est pas perdu , quoique l'esclave soit possédé par un autre , si toutefois il stipule à mon profit , et il importe peu , en pareil cas, que l'esclave soit possédé par l'héritier , ou par un autre à qui la succession a été vendue, ou celui à qui la propriété a été léguée , ou même par un possesseur de bonne foi , parce qu'il suffit , pour conserver l'usufruit,

---

(4) L. 5. §. 10. infr. de adquir. vel. amitt. possess.
(5) L. 25. in fin. infr. de liberali caus.

lentis, et servum nomine fructuarii aliquid facere.
Quæ sententia habet rationem.

De fructibus à fure deceptis.

§. 5. Julianius lib. xxxv Digestorum tractat:
Si fur decerpserit vel desecuerit fructus maturos
pendentes, cui condictione teneatur : domino
fundi, an fructuario? Et putat, quoniam fructus
non fiunt fructuarii, nisi (1) ab eo percipiantur,
licèt ab alio terrâ separentur, magis proprietario
condictionem competere (2) : fructuario autem, furti actionem ; quoniam interfuit ejus,
fructus non esse ablatos. Marcellus autem movetur eo, quòd, si posteà fructus istos nactus fuerit
fructuarius, fortassis fiant ejus. Nàm, si fiunt,
quâ ratione hoc evenit, nisi eâ, ut interim fierent
proprietarii; mox apprehensi, fructuarii efficien-
tur : exemplo rei sub conditione legatæ, quæ (3)
interìm heredis est, existente autem conditione,
ad legatarium transit? verum est enim, condictionem competere proprietario. Cùm autem in (4)
pendenti est dominium, (ut ipse Julianus ait in
fœtû (5), qui summittitur, et in eo, quod servus
(6) fructuarius per traditionem accepit, nondùm
quidèm pretio soluto, sed tamen ab eo satisfacto)
dicendum est, condictionem pendere, magisque
in pendenti esse dominium.

____

(1) L. 13. in fin. infr. quib. mod. ususfr. amitt. l. 5. §. 1. infr. de
ususfr. §. 36. Inst. de rer divis.
(2) L. 1. infr. de condict furtiv.
(3) L. 32. §. 1. infr. de legat. 2.
(4) V. l. 169. in fin. infr. de reg. jur.

d'avoir intention de le retenir, et que d'ailleurs l'esclave fasse quelque chose au nom de l'usufruitier, et cette décision est fondée.

Des fruits cueillis par un voleur.

§. 5. Julien, au liv. xxxv du Digeste, agite la question suivante : si un voleur coupe ou cueille des fruits mûrs, quoique pendans encore par les racines; quel est celui qui a le droit de le poursuivre en restitution par l'action du vol? Est-ce l'usufruitier, ou est-ce le propriétaire? et il décide que cette action en restitution (1) appartient plutôt au propriétaire (2), parce que les fruits n'appartiennent à l'usufruitier que quand il les a perçus lui-même, et non quand un autre les a séparés de la terre? Mais l'usufruitier poursuivra le voleur pour le faire condamner à la peine du vol, à cause de l'intérêt qu'il avait que les fruits ne fussent pas enlevés. Marcellus paraît d'un avis contraire à celui de Julien. La raison qui le porte à penser différemment, c'est que si ces fruits reviennent par la suite à l'usufruitier, il en acquiert la propriété; ce qui ne peut arriver que parce que l'on pense que ces fruits ne sont pas acquis irrévocablement au propriétaire, mais seulement par *interim*. Il apporte l'exemple d'une chose léguée sous condition, dont la propriété appartient à l'héritier (3), en attendant l'évènement de la condition, et passe au légataire aussi-tôt qu'elle arrive. Car il est vrai que l'action en restitution de la chose volée appartient au propriétaire. Mais comme le domaine est ici (4) en suspens, ainsi que cela arrive, suivant Julien lui-même, à l'égard des petits des animaux (5) qui doivent être mis à la place de ceux du troupeau qui sont morts, et dans le cas où l'esclave sujet à l'usufruit (6) s'est fait livrer une chose dont il n'a pas encore payé le prix, mais pour le paiement duquel il a fait des conventions agréées par le vendeur, on doit dire, dans la question proposée, que l'action en restution des fruits volés est en suspens entre le propriétaire et l'usufruitier, et que la propriété même de ces fruits l'est aussi entr'eux.

____

(5) L. 70. §. 1. infr. h. t.
(6) L. 25. §. 1. infr. eod.

13. Ulpianus, *lib.* 18. *ad Sabinum.*

De satisdatione à fructuario præstandâ.

Si cujus rei ususfructus legatus erit, dominus
potest in eâ re satisdationem desiderare (1), ut
officio judicis hoc fiat : nàm sicuti debet fructuarius uti frui, ità et proprietatis dominus securus esse (debet) de proprietate. Hæc autem
ad (2) omnem usumfructum pertinere, Julianus
lib. xxxviii. Digestorum probat. Si (ususfructus
legatus, sit), non priùs dandam actionem usu-
fructario, quàm satisdederit, *se boni* (3) *viri ar-*
bitratû usurum fruiturum. Sed et si plures sint,
à quibus ususfructus relictus est, singulis (4) satisdari oportet.

De arbitrio judicis.

§. 1. Cùm igitur de usufructû agitur, non solùm quod factum est, arbitratur, sed etiam, in
futurum, quemadmodùm uti frui debet.

Quibus actionibus ob damna præterita fructuarius
tenetur; de usuario.

§. 2. De præteritis autem damnis fructuarius
etiam lege Aquilià (5) tenetur, et interdicto, *quod*
vi aut clàm, ut Julianus ait. Nàm fructuarium
quoque teneri his actionibus, necnon furti, certum est, sicût quemlibet alium, qui in alienâ re
tale quid commiserit. Deniquè consultus, quo
bonum fuit, *actionem polliceri* prætorem, cùm
competat legis Aquiliæ actio? Respondit, quià
sunt casus, quibus cessat Aquiliæ actio : ideò ju-
dicem dari, ut ejus arbitratû utatur. Nàm qui

---

(1) L. 8. §. 4. vers. item de re restituendâ supr. qui satisc. cog.
(2) L. 4. in fin. C. h. t.

13. ULPIEN, *liv.* 18. *sur Sabinus.*

De la caution que doit fournir l'usufruitier.

Lorsqu'on a légué l'usufruit d'une chose, le propriétaire peut exiger caution (1), et le juge doit dans ce cas interposer son autorité pour la lui faire donner. Car comme la justice veut que l'usufruitier ait sa jouissance, de même elle exige que le propriétaire ait une assurance de sa propriété. Julien, au livre XXXVIII du Digeste, dit que cette règle a lieu (2) dans toute espèce d'usufruit. Si l'usufruit d'une chose quelconque a été légué, on n'accordera à l'usufruitier la délivrance de l'usufruit qu'autant et après qu'il aura donné *caution de jouir en bon* (3) *père de famille*, et s'il y a plusieurs usufruitiers, chacun d'eux sera tenu de donner cette caution (4).

De la sentence du juge.

§. 1. Donc lorsqu'il est question d'un usufruit, le juge statuera non-seulement sur la manière dont l'usufruitier aura joui par le passé, mais encore sur celle dont il devra jouir par la suite.

De quelles espèces d'actions est tenu l'usufruitier à cause des dommages qu'il a causés par le passé ; de l'usager.

§. 2. L'usufruitier, d'après la loi Aquilia, et par l'interdit que le préteur accorde *contre les possessions violentes et clandestines*, est encore tenu de la réparation du dommage qu'il a causé (5) par le passé au propriétaire. Car il est constant que le propriétaire a ces actions contre l'usufruitier, et même l'action pour le faire condamner à la peine du vol, comme tout autre peut l'exercer contre un étranger qui se serait rendu coupable des mêmes délits. Enfin on demandait à quoi servait l'action que le *préteur promet au propriétaire dans tous ces cas*, puisqu'il y a lieu à l'action *Aquilia* ; le même jurisconsulte a répondu qu'il y a des cas où l'action de la loi *Aquilia* ne peut avoir

---

(3) L. 9. in pr. supr. eod. I. 1. in pr. infr. usufruct. quemad. caveat.

(4) L. 9. in fin. infr. d. t. usufruct. quemad.

(5) L. 15. §. 3. infr. h. t.

agrum non proscindit, qui vites non subserit ;
item aquarum ductus corrumpi patitur , lege
Aquiliâ non tenetur. Eadem et in usuario dicenda
sunt.

Si inter duos fructuarios sit controversia.

§. 3. Sed si inter duos fructuarios sit controversia , Julianus lib. XXXVIII Digestorum scribit,
æquissimum esse, quasi communi dividundo (1)
judicium dari : vel stipulatione inter se eos cavere, qualiter fruantur. Cùr enim (inquit Julianus) ad arma et rixam procedere patiatur prætor , quos potest jurisdictione suâ componere ?
Quam sententiam Celsus quoque lib. XX Digestorum probat : et ego puto veram.

Si proprietem meliorem vel deteriorem faciat , qui fundi ,

§. 4. Fructuarius causam proprietatis deteriorem facere non debet (2) : meliorem facere potest (3). Et aut *fundi* est ususfructus legatus , et
non debet neque arbores frugiferas excidere, neque
villam diruere, nec quicquam facere in perniciem
proprietatis. Et si fortè voluptarium fuit prædium
viridaria vel gestationes, vel deambulationes arboribus infructuosis opacas atque amænas (4)
habens , non debebit dejicere , ut forte hortos
olitorios faciat , vel aliud quid , quod ad reditum
spectat.

§. 5, Indè est quæsitum , an lapidicinas , vel
cretifodinas, vel arenifodinas ipse instituere possit ? Et (ego) puto etiam ipsum instituere posse ,
si non agri partem necessariam huic rei occupa-
turus est. Proindè venas quoque lapidicinarum (5),

---

(1) L. 7. §. 7. infr. communi. livid. l. 4. iu fin, infr. de aqui quotid.
(2) L. 10. supr. l. 16. §. 3. infr. h. t.

lieu : raison pour laquelle le magistrat donne des juges, qui décident la manière dont l'usufruitier doit jouir. Car celui qui ne laboure pas la terre, qui ne façonne pas les vignes, qui laisse détruire les aquéducs, n'est pas tenu de l'action de la loi *Aquilia* (a). Il faut faire le même raisonnement à l'égard du simple usager.

Si deux usufruitiers sont en procès.

§. 3. Mais s'il y a contestation entre deux usufruitiers, Julien, au liv. XXXVIII du Digeste, écrit qu'il est de toute justice de leur accorder l'action en partage d'une chose commune (1), où ils doivent convenir réciproquement avec caution de la manière dont ils jouiront ; et en effet, dit Julien, pourquoi le préteur laissera-t-il recourir aux voies de fait des personnes qu'il peut concilier par son autorité. C'est le sentiment de Celse au liv. XX du Digeste ; et je le crois juste.

Si celui qui a l'usufruit d'un fonds.

§. 4. L'usufruitier ne doit pas détériorer la propriété (2), mais il peut l'améliorer (3). Si on lui a légué l'usufruit d'une terre, il ne peut ni arracher les arbres fruitiers, ni détruire la maison, ni rien faire qui puisse porter préjudice à la propriété. Si c'est une terre de pur agrément qui contienne des bosquets, des allées ou des promenades défendues contre les ardeurs du soleil (4) par des arbres qui procurent un ombrage agréable sans porter de fruits, il ne pourra pas les détruire, pour mettre à la place des arbres fruitiers ou des plantes qui produisent du revenu.

§: 5. C'est ce qui a donné lieu de demander si l'usufruitier pouvait faire fouiller des carrières pour en tirer de la marne ou du sable. Pour moi je pense qu'il peut faire fouiller les terres dans cette intention, pourvu que ce ne fut dans un endroit qu'il serait nécessaire de conserver dans l'état où il se trouve. Conséquemment il pourra chercher dans la terre des veines de pierre (5), et de métaux de quelqu'espèce qu'elles soient.

---

(3) §. 5. in fin. infr. h. l. immò vide l. 7. in fin. l. 8. supr. eod.
(4) D. l. 7. in fin.
(5) L. 9. §. 2. supr. eod.
[a] La loi Aquilia ne poursuit que les délits de fait, et non ceux d'omission.

et hujus modi metallorum inquirere poterit Ergo et auri , et sulphuris argenti , et æris, et ferri, et cœterorum fodinas, vel quas pater familiâs instituit , exercere poterit, vel ipse instituere, si nihil agriculturæ nocebit. Et si fortè in hoc , quod instituit , plùs reditus sit , quàm in vineis, vel arbustis , vel olivetis, quæ fuerunt , forsitan etiam hæc dejicere poterit , siquidèm ei permittitur meliorare (1) proprietatem.

§. 6. Si tamen , quæ instituit usufructuarius , aut cœlum corrumpant agri, aut magnum apparatum sint desideratura , opificum forte , vel legulorum, quæ non potest sustinere proprietarius: non videbitur viri boni arbitratû frui. Sed nec ædificium quidèm positurum in fundo, nisi quod ad fructum percipiendum necessarium sit.

Vel ædium usumfructum habet.

§. 7. Sed , si *ædium* ususfructus legatus sit , Nerva filius, et lumina mimittere eum posse, ait : sed et colores , et picturas, et marmora poterit , et sigilla, et si quid ad domûs ornatum. Sed (2) neque diætas transformare , vel conjungere , aut separare ei permittetur ; vel aditus, posticasvè vertere; vel refugia (3) aperire; vel atrium mutare ; vel viridaria ad alium modum convertere. Excolère enim quod invenit , potest, qualitate ædium non immutatâ. Item Nerva , eum, cui ædium ususfructus legatus sit , altiùs tollere non posse , quamvis lumina non obscurentur ; quia tectum magis turbatur. Quod Labeo etiam in proprietatis domino (4) scribit. Idem Nerva , nec obstruere eum posse.

---

(1) §. 4. supr. h. l.

Donc il pourra exploiter des mines d'or, d'argent, de sou-
fre, de cuivre, de fer, et autres que le père de famille
aurait ouvertes, ou en ouvrir lui-même, pourvu qu'il ne
nuise pas à l'agriculture ; et si les fouilles qu'il aura faites
lui procurent un revenu plus considérable que celui qu'il
retirerait des vignes, des arbrisseaux, ou des oliviers qui
se trouvent plantés dans la même terre, il pourra les détruire, puisqu'il lui est permis d'améliorer la propriété (1).

§. 6. Si cependant les changemens que fait l'usufruitier
corrompaient l'air dont la terre a besoin, ou s'ils demandaient
un grand entretien d'ouvriers, de jardiniers dont le propriétaire ne pourrait pas supporter la dépense, il ne serait
pas censé jouir en bon père de famille. Il ne pourrait pas
même bâtir sur le fond, à moins que ce bâtiment ne fût
nécessaire pour serrer ses fruits.

Ou l'usufruit d'une maison, a amélioré ou détruit la propriété.

§. 7. Suivant Nerva le fils, celui à qui on a légué l'usufruit d'une maison, peut ouvrir des fenêtres. Il peut aussi
décorer la maison de peintures, de marbre, de sculptures,
ou de toute autre espèce d'ornemens ; mais il ne lui est pas (2)
permis de changer la distribution des appartemens, soit en
les séparant, soit en les réunissant. Il ne pourra pas tourner la façade de la maison, construire des escaliers déro-
bés (3), donner une nouvelle forme aux entrées, aux jar-
dins. Car il doit prendre soin de ce qu'il trouve, sans en
changer la qualité. Nerva pense encore que celui à qui on
a légué l'usufruit d'une maison, ne peut pas élever le bâtiment plus haut, quand même il ne nuirait pas au jour
du propriétaire, parce que les toits sont plus ou moins ex-
posés aux injures du tems, en raison de leur élévation.
Labéon est du même avis à l'égard du propriétaire (4).
Nerva pense encore que l'usufruitier ne peut pas obstruer
les jours.

---

(2) L. 7. in fin. l. 8. supr. eod.
(3) L. 1. §. 2. infr. de servo corrupt.
(4) L. 7. §. 1. supr. h. t.

§. 8. Item, si *domûs* ususfructus, legatus sit; meritoria illic facere fructuarius non debet; nec per cœnacula dividere domum. Atquin locare potest (1); sed oportebit, quasi domum, locare. Nec balneum ibi faciendum est. Quod autem dicit, *meritaria non facturum*, (ità) accipe, quæ vulgò diversoria, vel fullonica appellant. Ego quidèm, et si balneum sit in domo usibus dominicis solitum vacare in intimâ parte domûs, vel inter diætas amœnas; non rectè, nec ex boni viri arbitratû facturum, si id locare cœperit, ut publicè lavet: non magis, quàm si domum ad stationem jumentorum locaverit; aut si stabulum, quod erat domus jumentis et carrucis vacans, pistrino locaverit.

14. Paulus, *lib. 3. ad Sabinum.*

Licèt multòminùs ex eâ re fructum percipiat.

15. Ulpianus, *lib. 18. ad Sabinum.*

Si usufructarius inædificaverit.

Sed, si quid inædificaverit, posteà (2) eum neque tollere hoc, neque refigere posse; refixa planò posse vindicare.

De mancipiis.

§. 1. *Mancipiorum* quoque ususfructus legato non debet abuti, sed secundùm conditionem eorum uti. Nàm si librarium rus mittat, et qualum et calcem portare cogat; histrionem, balneatorum faciat; vel de symphoniâ atriensem; vel de palæstrâ stercorandis latrinis præponat: abuti videbitur proprietate.

---

(1) L. 27. §. 1. infr. eod. §. 1. in fin. Inst. de usû et habitat. l. 9. §. 1. infr. locati.

§. 8. De même si on a légué l'usufruit d'une *maison*, l'usufruitier ne doit pas en faire un endroit public, destiné à recevoir les passans, ni distribuer la maison en plusieurs chambres. Il peut la louer (1), mais dans l'état où elle se trouve. Il n'a pas non plus la liberté d'y construire des bains publics. Ce qui est dit ici *des endroits publics*, doit s'entendre des hôtelleries et des souleries. Je pense aussi que, s'il y a un bain dans l'intérieur de la maison, ou dans un pavillon agréable destiné pour l'usage du maître, l'usufruitier n'agirait pas en bon père de famille, s'il le louait ou en faisait lui-même un bain public, de même qu'il ne pourrait pas louer la maison pour en faire une écurie, une étable, ou une remise, dans lesquelles il n'y aurait pas de chevaux ni de voiture, pour en faire une boulangerie.

14. PAUL, *lib.* 3, *sur Sabinus.*

Quand même il consentirait à perdre par-là une partie des fruits.

15. ULPIEN, *lib.* 18. *sur Sabinus.*

Si l'usufruitier a fait quelque construction.

Si l'usufruitier a fait élever quelque bâtiment (2), il ne peut par la suite le jetter bas, ni arracher ce qui est cloué, il a droit néanmoins de revendiquer les choses qui auront été arrachées.

Des esclaves.

§. 1. Celui à qui on a légué l'usufruit de *quelques esclaves* ne doit pas en abuser, mais s'en servir selon leurs talens ; car s'il fait travailler aux ouvrages de la campagne un esclave accoutumé à copier des livres, et qu'il le force de porter des provisions ou de la chaux ; s'il veut faire d'un comédien un garçon de bains, ou d'un musicien un valet de chambre, ou d'un maître de danse un valet pour nétoyer les latrines, il sera censé nuire à la propriété.

____

(2) V. l. 13. infr. de usû et usufr. legat.

§. 2. Sufficienter autem alere, et vestire debet; secundùm ordinem et dignitatem mancipiorum.

De rebus mobilibus.

§. 3. Et generaliter Labeo ait: in omnibus rebus mobilibus modum eum tenere debere, ne suâ feritate, vel sævitiâ eâ corrumpat; alioquin etiam lege Aquiliâ eum conveniri.

De vestimentis.

§. 4. Et si *vestimentorum* ususfructus legatus sit, non sicut quantitatis ususfructus legetur, dicendum est, ità uti eum debere, ne abutatur: nec (1) tamen locaturum: quia vir bonus non ità uteretur.

De scenicá vel funebri veste, et aulæis.

§. 5. Proindè, et scenicæ vestis ususfructus legetur, vel aulæi, vel alteriûs apparatûs: alibì, quàm in scenâ non utetur. Sed an et locare possit, videndum est ? Et puto locaturum: et licèt testator commodare, non locare fuerit solitus, tamen ipsum fructuarium locaturum tàm scenicam, quàm funebrem vestem.

De jure fructuarii; de instrumento fundi vel ædium.

§. 6. Proprietatis dominus non debebit impedire fructuarium (ità) utentem, ne deteriorem ejus conditionem faciat. De quibusdam planè dubitatur, si eum uti prohibeat, an jure id faciat : utputà doliis, si fortè fundi ususfructus sit legatus? Et putant quidam, et si defossa sint, uti prohibendum. Idem et in seriis, et (in) cuppis, et (in) cadis et amphoris putant; idem et in specularibus,

---

(1) Vide tamen §. 5. infr. hic.

§. 2. Il doit nourrir et vêtir raisonnablement ses esclaves suivant la distinction que leurs talens mettent entr'eux.

Des choses mobiliaires.

§. 3. En général, Labéon dit qu'il doit se servir des esclaves et de toutes les choses mobiliaires , de manière à ne pas détruire les uns par sa férocité et sa trop grande sévérité , et à ne pas détériorer les autres ; autrement on aurait contre lui l'action qui descend de la loi *Aquilia*.

Des vêtemens.

§. 4. Si on a légué l'usufruit de *quelques vêtemens*, on ne doit pas dire que ce legs ressemble à un legs de quantité, ou l'usufruitier ne peut jouir sans abuser. Il ne pourra cependant pas (1) louer les habits dont l'usufruit lui a été légué , par la raison qu'un bon père de famille ne les emploierait pas à cet usage.

Des habits de théâtre , de deuil ou des tapis.

§. 5. Par conséquent , si on a légué l'usufruit d'habillemens de théâtre , d'un tapis , ou d'un autre meuble de parade , l'usufruitier ne pourra s'en servir ailleurs que sur le théâtre. Mais pourrait-il les louer ? Je le pense. L'usufruitier peut louer des habits de théâtre et de deuil , quoique le testateur fût dans l'usage de les prêter , et non pas de les louer.

Du droit de l'usufruitier; des ustenciles d'une terre, d'une maison.

§. 6. Le propriétaire ne pourra pas s'opposer à cette espèce de jouissance de l'usufruitier , sous le prétexte qu'il détériore par-là la propriété. On a demandé cependant s'il a droit de l'empêcher de jouir de certaines choses ? Par exemple , peut-on empêcher l'usufruitier d'une terre de se servir des tonneaux qui y sont. Quelques-uns disent qu'on le pourrait , quand même ces tonneaux seraient vides. Il en est de même des cruches, des cuves, des barils, des bouteilles. De même l'usufruitier d'une maison ne pourra pas employer ailleurs à son usage les vitrages qui y transmettent le jour. Je pense cependant que quand il n'y a pas de

si domûs ususfructus legetur. Sed ego puto, nisi sit contraria voluntas, etiam instrumentum fundi vel domûs contineri.

De servitute imponendâ, amittendâ vel acquirendâ.

§. 7. Sed nec servitutem imponere fundo potest proprietarius, nec amittere servitutem. Adquirere planè servitutem eum posse, etiam invito fructuario, Julianus scripsit. Quibus consequenter, fructuarius quidèm adquirere fundo servitutem non potest, retinere autem potest : et si fortè fuerint, non utente fructuario, amissæ hoc quoque nomine tenebitur. Proprietatis dominus ne, quidèm consentiente fructuario servitutem, imponere potest ;

16. Paulus, *lib. 3. ad Sabinum.*

Nisi qua deterior fructuarii conditio non fiat ; velutì si talem servitutem vicino concesserit, jus sibi non esse altiùs tollere.

17. Ulpianus, *lib. 18. ad Sabinum.*

De loco religioso faciendo.

Locum autem religiosum facere potest, consentiente usufructuario (1). Et hoc verum est favore religionis. Sed interdùm et solus proprietatis dominus locum religiosum facere potest ; finge enim, eum (2) testatorem inferre, cùm non esset tàm opportunè ubì sepeliretur.

De servo coercendo.

§. 1. Ex eo, *ne deteriorem conditionem fructuarii faciat proprietarius*, solet quæri, an servum

---

(1) L. 2. §. 7. in fin. infr. de religios. §. 9. Inst. de rer. divis.

volonté expresse du contraire, tout ce qui sert à l'exploitation d'une ferme, ainsi que les meubles d'une maison, sont renfermés dans le legs de l'usufruit de la terre.

D'une servitude qui doit être imposée, perdue ou qui doit être acquise.

§. 7. Le propriétaire ne peut ni grêver d'une servitude le fonds donné en usufruit, ni en laisser perdre une qui appartienne à ce fonds. Julien écrit qu'il peut, malgré l'usufruitier, acquérir une servitude. Conséquemment celui-ci ne peut pas acquérir la servitude à la terre dont il a l'usufruit, mais il peut conserver celle qui lui appartient ; et s'il l'a laissée perdre par le non-usage de sa part, il en sera responsable envers le propriétaire. Le maître de la propriété ne peut pas imposer de servitude sur son fonds, même du consentement de l'usufruitier.

16. PAUL, *liv*. 3. *sur Sabinus*.

A moins que ce dernier n'en souffre en aucune manière, par exemple, s'il accordait à son voisin une servitude par laquelle il s'obligerait à ne pas exhausser son bâtiment.

17. ULPIEN, *liv*. 18. *sur Sabinus*.

D'un endroit qui doit devenir religieux.

Le maître de la propriété peut, du consentement de l'usufruitier, rendre un endroit du fonds sujet à l'usufruit religieux par la sépulture d'un homme (1), ce qui a été introduit en faveur de la religion. Quelquefois cependant le maître de la propriété peut rendre lui seul un endroit religieux. Supposez qu'il y ait inhumé (2) le testateur, qui n'aurait pu l'être commodément ailleurs.

De l'esclave qui mérite d'être châtié.

§. 1. De ce qu'il est dit *que l'usufruitier ne peut détériorer la propriété*, on demande s'il peut châtier l'esclave dont il a la propriété (2)? Ariston sur Cassius remarque qu'il

---

(2) D. l. 2. §. 7.

dominus coercere possit? Et Aristo apud Cassium notat, plenissimam eum coercitionem habere, si (1) modò sine dolo malo faciat: quàmvis usufructuarius nec (2) contrariis quidèm ministeriis, aut insinuatis, artificium ejus corrumpere possit; nec servum cicatricibus deformare.

Vel noxæ dedendo.

§. 2. Proprietarius autem et servum noxæ dedere poterit, si hoc sine dolo malo faciat: quoniam noxæ deditio jure non perimit usumfructum (3) : non magis, quàm usucapio proprietatis, quæ post constitutum usufructuum contingit. Debebit planè denegari ususfructûs persecutio, si ei, qui noxæ accepit, litis æstimatio non offeratur a fructuario.

De servo occiso.

§. 3. Si quis servum occiderit, utilem actionem exemplo Aquiliæ (4) fructuario dandam, numquam dubitavi.

18. Paulus, *lib.* 3. *ad Sabinum.*

De arboribus demortuis.

Agri (5) usufructû legato, in locum demortuarum (6) arborum aliæ substituendæ sunt: et priores ad fructuarium pertinent.

19. Pomponius, *lib.* 5 *ad Sabinum.*

De usufructû ædium, impositâ servitute legando

Proculus putat, *insulam* posse (ita) legari, ut

---

(1) Adde l. 5. in fin. l. 6. infr. ad leg. Aquil. v. l. 23. §. 1 infr. h. t.
(2) L. 15. §. 1. supr. eod.
(3) L. 19. infr. quib. mod. ususfr. amitt. l. 44. §. 5. infr. de usurp. et usucap.

a cette faculté et dans le sens le plus étendu, pourvu (1) toutefois qu'il le fasse sans dol et sans fraude, quoiqu'il ne puisse pas lui faire perdre ses talens, en l'employant à des travaux rustiques (2), et à des ouvrages auxquels il n'est pas accoutumé. L'usufruitier ne peut pas non plus lui faire des blessures et des cicatrices qui soient dans le cas de le rendre difforme,

Ou que l'on veut abandonner pour tenir lieu de la répa-
ration du tort qu'il a causé.

§. 2. Le propriétaire pourra abandonner un esclave pour réparation du dommage causé par cet esclave, s'il le fait sans dol, parce que cet abandon n'éteint pas l'usufruit (3), pas plus que si la chose venait à être prescrite après l'imposition de l'usufruit. Ainsi l'usufruitier pourra toujours poursuivre son usufruit, mais on lui refuserait cette action, s'il ne faisait pas des offres de payer à celui à qui l'esclave a été abandonné, la condamnation qui sera portée par le jugement.

D'un esclave tué.

§. 3. Je n'ai jamais douté que l'usufruitier n'eût l'action de la loi (4) Aquilia contre celui qui aurait tué l'esclave dont il avait l'usufruit.

18. PAUL, *liv.* 3. *sur Sabinus.*

Des arbres morts.

L'usufruitier d'une (5) terre doit substituer des arbres à la place de ceux qui meurent, et le bois mort lui appartient (6).

19. POMPONIUS, *liv.* 5. *sur Sabinus.*

De l'usufruit d'une maison légué à la charge d'une ser-
vitude.

Proculus pense que l'on peut léguer l'usufruit *d'une maison*, en imposant dans le même moment une servitude au

---

(4) L. 11. in fin. l. 12. infr. ad leg. Aquil.
(5) V. Nov. 64. c. 1. circà pr.
(6) §. 38. Inst. de rer. divis.

ei servitus imponatur, quæ alteri (1) insulæ hereditariæ debeatur, hoc modo ; *si iste heredi meo promiserit, per se non foré, quo altiùs ea ædificia tolluntur, tum (ei) eorum ædificiorum usumfructum do, lego.* vel sic : *ædium illarum, quoad altiùs, quàm (uti) nunc sunt, ædificatæ non erunt, illi usumfructum do, lego.*

De arboribus dejectis.

§. 1. Si arbores vento dejectas dominus non tollat, per quod incommodior (is) sit ususfructns, vel iter ; suis actionibus usufructuario cum eo experiendum.

20. ULPIANUS, *lib.* 18. *ad Sabinum.*

De fructibus annuis legatis.

Si quis ità legaverit (2) : *fructus annuos fundi Corneliani Gajo Mœvio do, lego :* perindé accipi debet hic sermo, ac si ususfructus fundi esset legatus.

21. IDEM, *lib.* 17. *ad Sabinum.*

Cui acquirit servus fructuarius.

Si servi ususfructus sit legatus, quidquid (is ex) operâ suâ adquirit, vel ex re fructuarii, ad eum pertinet (3), sive stipuletur, sive ei possessio fuerit tradita. Si verò heres institutus, sit, vel legatum acceperit ; Labeo distinguit, cujus (4) gratiâ vel heres instituitur, vel legatnm acceperit.

---

(1) L. 34. infr. de servit. præd. urb. l. 3. l. 6. infr. commun. præd.
(2) L. 41. infr. du usû et usufr. legat.

profit d'une autre maison (1) de la succession, de cette manière : *Je lègue à un tel l'usufruit d'un telle maison, à la
charge par lui de promettre à mon héritier qu'il ne s'opposera pas à ce que telle autre maison soit exhaussée ;* ou
de cette manière : *Je donne à un tel l'usufruit de telle
maison, jusqu'à ce qu'il plaise à mon héritier d'exhausser
telle maison.*

Des arbres renversés.

§. 1. Si le maître de la propriété ne fait pas enlever les
arbres renversés par un ouragan, ensorte que ce dernier en
soit incommodé, l'usufruitier a action contre lui.

20. Ulpien, *liv.* 18. *sur Sabinus.*

Des fruits légués annuellement.

S'il a été fait (2) un legs à quelqu'un dans les termes qui
suivent : *Je lègue à Gajus Mœvius les fruits annuels du
fonds Cornélien,* ce legs équivaut à un legs d'usufruit.

21. Le même, *liv.* 17. *sur Sabinus.*

Au profit de qui l'esclave sujet à l'usufruit acquiert.

Tout ce qu'acquiert un esclave donné en usufruit, soit
par ses travaux, soit en administrant les biens de l'usufruitier, appartient à ce dernier (3), soit qu'il n'y ait qu'une
simple obligation, soit que la délivrance ait été faite à
l'esclave ; mais si cet esclave avait été institué héritier, ou
nommé légataire, Labéon distingue en considération de
qui (4) le testateur a voulu disposer.

---

(3) L. 23. §. 1. infr. h. t.
(4) L. 22. infr. cod. l. 63. §. 4. in fin. infr. ad SC. Trebell.

22. Idem, *lib.* 18. *ad Sabinum.*

Sed si quid donetur servo, in quo ususfructus alteriûs est : quæritur, quid fieri opporteat? et in omnibus istis, si quidèm contemplatione fructuarii (aliquid) ei relictum vel donatum est, ipsi adquiret : sin verò proprietarii, (proprietario); si ipsius servi, adquiretur domino. Nec distinguimus, undé cognitum eum, et cujus mérito habuit, qui donavit, vel reliquit. Sed et si conditionis implendæ causâ quid servus fructuarius consequatur, et constiterit, contemplatione fructuarii eam conditionem adscriptam : dicendum est, ipsi adquiri. Nàm et in mortis causâ donatione idem dicendum est,

23. Idem., *lib.* 17. *ad Sabinum.*

Sed sicuti stipulando fructuario adquirit, ità etiam paciscendo eum adquirere exceptionem fructuario, Julianus lib. xxx. Digestorum scribit Idemque, et si acceptum rogaverit, liberationem ei parere (1).

De servo coercendo.

§. 1. Quoniam autem diximus (2), *quod ex operis adquiritur, ad fructuarium pertinere ;* sciendum est, etiam cogendum eum operari. Etenim modicam quoque castigationem fructuario competere (3), Sabinus respondit. et Cassius lib. VIII juris civilis scripsit. Vi neque torqueat, neque flagellis cædat.

24. Paulus, *lib.* 10. *ad Sabinum.*

Cui acquirit servus fructuarius

Si quis donaturus usufructuario, spoponderit

---

(1) L. 11. in pr. infr. de acceptil.
(2) L. 21. supr. h. t. l. 10. §. 5. infr. de adquir. rer. domin.

22. LE MEME, *liv.* 18. *sur Sabinus.*

On demande également ce qu'il faut faire s'il avait été fait une donation à cet esclave donné en usufruit. Dans tous ces cas l'esclave acquiert à l'usufruitier, ce qui lui est laissé par testament ou par donation en considération de l'usufruitier ; mais il acquiert au maître de la propriété ce qu'il a reçu à sa considération , aussi bien que ce qui lui a été laissé pour lui-même ; et nous ne distinguons pas d'où celui qui a fait à l'esclave cette libéralité, peut l'avoir connu , et quel service il en a reçu. De même , si l'esclave sujet à l'usufruit reçoit quelque chose de celui à qui on a imposé la condition de lui donner, et qu'il paraisse que celui qui a fait la libéralité , ait eu l'usufruitier en vue , en imposant cette condition, on doit dire que l'objet de sa libéralité est acquis à l'usufruitier. Il en est de même dans les donations à cause de mort.

23. LE MEME , *liv.* 17. *sur Sabinus.*

De même que l'esclave sujet à l'usufruit, acquiert en stipulant l'action à l'usufruitier, de même il lui acquiert l'exception, quand il a fait une simple convention. C'est ce qu'écrit Julien au liv. xxx du Digeste. L'esclave procure également la libération à l'usufruitier , lorsqu'il s'est fait décharger d'une obligation qu'il avait contractée (1).

De l'esclave qui mérite d'être puni.

§. 1. Quant à ce que nous avons dit que (2) *ce qui provenait des travaux de l'esclave, appartenait à l'usufruitier*, on doit savoir qu'il peut le forcer à travailler ; car Sabinus a répondu , et Cassius a écrit , au liv. VIII du droit civil , que l'usufruitier a le droit de châtier (3) modérément l'esclave, ensorte qu'il ne le fasse pas périr sous le fouet ou le bâton.

24. PAUL , *liv.* 10. *sur Sabinus.*

Au profit de qui tourne ce qu'acquiert l'esclave sujet à l'usufruit.

Si , voulant donner à l'usufruitier, on s'oblige envers l'es-

---

(3) L. 17. §. 1. supr. h. t. l. 5. in fin. l. 6. infr. ad leg. Aquil. l. 24. §. fin. infr. de pignorat. act.

servo , in quem usumfructum habet, stipulanti :
ipsi usufructuario obligabitur : quia , ut(1)ei servus talis stipulari possit , usitatum est.

25. ULPIANUS. *lib.* 18. *ad Sabinum.*

Sed et si quid stipuletur *sibi aut Sticho* servo
fructuario, donandi causâ , dum vult fructuario
præstitum ; dicendum, si ei solvatur, fructuario
adquiri.

Ubi pendet causa , pendet causatum.

§ 1. Interdùm tamen in pendenti(2)est , cui adquirat iste fructuarius servus : utputà , (si) servum
emit, et per traditionem accepit, necdùm pretium
numeravit , sed tantummodò pro eo fecit (3) satis ;
interim cujus sit , quæritur ? Et Julianus lib. XXXV
Digestorum scripsit, in pendenti(4)esse dominium
ejus , et numerationem pretii declaraturam cujus
sit. Nàm si ex re fructuarii, retrò fructuarii fuisse.
Idemque(est)et si fortè stipulatus sit servus , nu-
meraturus pecuniam : nàm numeratio declarabit ,
cui sit adquisita stipulatio. Ergò ostendimus , in
pendenti esse dominium , donec pretium numeretur (5). Quid ergò , si amisso usufructû , tunc pretium numeretur ? Julianus quidèm lib. XXXV Dig.
scripsit. Adhuc interesse , undé sit pretium nume-
ratum : Marcellus verò , et Mauricianus , amisso
usufructû , jàm putant dominium adquisitum proprietatis domino. Sed Juliani sententia humanior
est. Quòd si ex re utriùsque pretium fuerit solu-
tum , ad utrumque dominium pertinere , Julianus

(1) V. 1. 65. infr. de solution.
(2) L. 43. in fin. infr. de adquir. rer. domin.
(3) L. 12. in fin. supr. h. t. l. 5. §. 18. infr. de tribntor. act. l. 19. l. 53.
infr. de contrah. empt.

clave sur lequel il a l'usufruit, on est obligé envers l'usufruitier lui-même, parce qu'il est reçu qu'un tel esclave (1)
peut stipuler au profit de l'usufruitier.

25. ULPIEN, *liv.* 18. *sur Sabinus.*

Si quelqu'un fait obliger un autre *à son profit, ou à celui
de Stychus*, esclave sujet à un usufruit, dans l'intention
d'acquérir l'effet de l'obligation à l'usufruitier, on doit dire
que si le paiement en est fait à l'esclave, il sera acquis à
l'usufruitier.

*Dès que la cause est en suspens, ce qui y a donné lieu
l'est de même.*

§. 1. Il est des cas où on ne peut pas (2) décider au
profit de qui acquiert l'esclave sujet à l'usufruit. Par exemple,
si cet esclave en avait acheté un autre, et qu'il l'eût reçu
sans en avoir encore payé le prix, mais qu'il eût (3) seulement donné caution pour sûreté du paiement, on demande, à qui appartient l'esclave acheté pendant le tems
intermédiaire. Julien écrit, au liv. xxxv du Digeste, que
le domaine de cet esclave est indécis (4), et que l'on ne
peut savoir à qui il appartiendra que par la numération du
prix ; car s'il est payé des deniers de l'usufruitier, l'acquisition aura un effet rétroactif à son profit. Il en est de même
si l'esclave a fait obliger quelqu'un par toute autre espèce
de contrat, en conséquence duquel il a dû compter de l'argent. Car ce ne sera qu'à l'instant que l'argent sera compté
que l'on saura au profit de qui son obligation doit tourner.
Nous avons donc fait voir que le domaine est indécis jusqu'au moment de cette numération (5). Qu'arriverait-il
donc si l'argent n'était payé qu'après la perte de l'usufruit ?
Julien, au liv. xxxv du Digeste, écrit qu'il importe encore
de savoir de quels deniers l'argent a été payé. Marcellus et
Mauricianus pensent au contraire que si l'usufruit est perdu,
l'obligation est nécessairement acquise au maître de la propriété. Mais l'opinion de Julien est beaucoup plus juste. Il
écrit que si le prix était payé des deniers communs, l'obli-

---

(4) L. 12. §. fin. supr. h. t. l. 43. in fin. infr. de ædil. edict. l. 43. in
fin. infr. de adquir. rer. domin.
(5) L. 18. in fin. infr. de stipul. serv.

scripsit : scilicèt pro rata pretii soluti. Quid tamen, si fortè simul solverit ex re utriùsque ? utputà decem (millia pretii nomine debebat, et dena solvit ex re singulorum : cui magis servus adquirat ? Si numeratione solvit, intererit cujus priores nummos solvat : nàm, quos posteà solverit, aut vindicabit, aut si fuerint nummi consumpti, ad condictionem pertinent (1). Si verò simul in succulo solvit, nihil fecit accipientis : et ideò nondùm adquisisse quisquam dominium videtur. Quia, cum plûs pretium solvit servus, non faciet nummos accipientis.

Pro tempore quo durat ususfructus, in effectû quæritur fructuario; pro tempore quo non durat, in effectû proprietario.

§. 2. Si operas suas iste servus locaverit, et in annos singulos certum aliquid stipuletur ; eorum quidèm annorum stipulatio, quibus ususfructus mansit, adquiretur fructuario ; sequentium (2) verò stipulatio ad proprietarium transit, semel adquisitâ fructuario. Quamvis non soleat stipulatio semel cui quæsita ad alium transire : nisi ad heredem, vel adrogatorem (3). Proindè, si fortè ususfructus in annos singulos fuerit legatus, et iste servus operas suas locavit, et stipulatus est, ut suprà scriptum est ; prout capitis minutione (4) amissus (fuerit) ususfructus, mox restitutus, ambulabit stipulatio ; profectaque ad heredem, redibit ad fructuarium.

§. 3. Quæstionis est, an id, quod adquiri fruc-

<hr>

(1) L. 25. l. 26. infr. de condict. indeb.
(2) L. 26. infr. h. t.

gation serait acquise au profit des deux à proportion de la somme que chacun d'eux aurait déboursée. Que serait-ce cependant s'il avait payé en même-tems la somme entière des deniers de chacun ? Par exemple, supposons qu'il fût débiteur de dix mille pièces, et qu'il eût payé deux fois ces dix mille pièces au nom d'un chacun ; à qui l'esclave aura-t-il acquis l'obligation ? Si par cette numération l'esclave a payé, il faut distinguer à qui appartenaient les deniers qu'il a d'abord donnés. Car ceux qu'il aura payés ensuite, ou il les revendiquera, ou s'ils sont consommés, il a pour les redemander l'action qui a lieu dans le cas du paiement d'une chose indue (1) ; mais si les deux sommes étaient ensemble dans le même sac, il n'en a acquis aucune à celui qu'il a payé. Par conséquent aucun des deux maîtres n'a encore acquis le domaine, parce que l'esclave qui paie plus qu'il ne doit, ne transmet pas la propriété de l'argent à celui qui le reçoit.

L'usufruit est acquis quand à ses effets à l'usufruitier pour le tems qu'il dure ; et pour celui où il cesse, il retourne au propriétaire sous le rapport de ses effets.

§. 2. Si l'esclave a loué ses services, et qu'il ait en conséquence stipulé une certaine somme par an, l'obligation sera acquise à l'usufruitier pour les années pendant lesquelles son usufruit a duré, et elle passera pour les années (2) suivantes au maître de la propriété, étant déjà acquise à l'usufruitier, ce qui est en opposition avec les règles du droit commun, parce qu'une stipulation acquise à une personne ne peut pas régulièrement passer à une autre, si ce n'est à l'héritier ou à l'adrogateur (3). Par conséquent si l'usufruit avait été légué d'année en année, et que l'esclave ait loué ses services sous la stipulation ci-dessus énoncée, l'usufruit venant à s'éteindre par le changement d'état (4) de l'usufruitier, et reprenant ensuite sa force et sa vigueur par le rétablissement de l'usufruitier en son premier état, la stipulation passera de l'un à l'autre, et après être retournée au maître de la propriété, elle reviendra à l'usufruitier.

§. 3. C'est une question de savoir si ce qui ne peut être

---

(3) §. 1. Inst. de acquisit. per arrogat.
(4) §. 3. Inst. h. t.

tuario non potest, proprietario adquiratur? Et Julianus quidèm lib. xxxv Digestorum scripsit, quòd fructuario adquiri non potest, proprietario quæri (1). Deniquè scribit, eum, qui ex re fructuarii stipuletur nominatim proprietario, vel jussû ejus, ipsi adquirere. Contrà autem nihil agit, si non ex re fructuarii, nec ex operis suis fructuario stipuletur.

§. 4. Servus fructuarius, si usumfructum in se dari stipuletur, aut sine nomine, aut nominatim proprietario, (ipsi proprietario) adquirit; exemplo servi communis, qui stipulando rem alteri ex dominis, cujus res est, nihil agit; quoniam rem suam (2) stipulando quis, nihil agit; alteri stipulando, adquirit solidum.

§. 5. Item Julianus eodem libro scripsit; Si servo fructuarius operas ejus locaverat, nihil agit. Nàm, si ex re meâ (inquit) à me stipulatus sit, nihil agit; non magis, quàm servus alienus bonâ fide mihi serviens, idem agendo, domino quicquam adquirit. Simili modo (ait) ne quidèm si rem meam à me fructuario conducat (3), me (non) obligavit. Et regulariter definit; quod quis, ab alio stipulando, mihi adquirit, id à me stipulando nihil agit; nisi fortè (inquit) nominatim domino suo stipuletur à me, vel conducat.

§. 6. Si duos fructuarios proponas, et ex alte-

---

(1) L. 23. in fin. infr. de adquir. rer. domin. l. 7. §. 1. infr. de stipul. erv. §. ult. Inst. eod.

acquis à l'usufruitier peut l'être au maître de la propriété ?
Julien, au liv. xxxv du Digeste, écrit que ce qui ne peut
être acquis au profit de l'usufruitier, l'est à celui du maître (1).
Enfin il écrit que l'esclave qui stipule avec les deniers de l'usufruitier au nom, ou par l'ordre du maître de la propriété,
lui acquiert l'obligation ; qu'au contraire il y a nullité, s'il
stipule au profit de l'usufruitier autrement qu'avec ses deniers, ou le produit de ses services.

§. 4. Si l'esclave sujet à l'usufruitier fait obliger quelqu'un
à lui accorder l'usufruit sur lui-même, soit qu'il le fasse au
nom du maître de la propriété, ou non, ou par l'ordre du
maître de la propriété, il acquiert nécessairement l'obligation au profit de ce dernier, à l'exemple d'un esclave appartenant à plusieurs maîtres qui, en faisant contracter à
quelqu'un l'obligation de donner une chose à l'un de ses
maîtres à qui elle appartient, acquiert une obligation qui
n'a aucun effet, parce que personne ne peut obliger un
autre à lui transférer la propriété d'une chose (2) qui lui
appartient déjà, au lieu qu'il acquiert l'obligation entière
à l'autre maître en stipulant pour lui.

§. 5. Le même Julien écrit au même endroit : Si l'esclave sujet à l'usufruit a loué ses services à l'usufruitier lui-
même, l'obligation est nulle ; car, dit-il, si un tel esclave
me faisait obliger en donnant ma propre chose, cette obligation serait aussi nulle que le serait l'acquisition que ferait
au profit de son maître, l'esclave d'autrui, qui serait mon
esclave de bonne-foi. Par la même raison, il dit que si
l'esclave sur lequel j'ai l'usufruit, reçoit de moi à titre de
loyer une chose qui m'appartient (3), la location est nulle,
et je ne suis point obligé. Il donne à ce sujet une règle générale. Ce qu'un esclave peut acquérir à mon profit en le
stipulant d'un autre, il ne peut le stipuler de moi utilement,
à moins, dit-il, qu'il ne le stipule ou ne le reçoive de moi
à titre de loyer, sous la condition expresse qu'il entend l'acquérir au profit du maître de la propriété.

§. 6. Si vous supposez deux usufruitiers, et que l'un

---

(2) L. 87. infr. de verb. oblig. §. 22. Inst. de inutil. stipul.
(3) L. 57. §. ult. infr. de pecul.

riùs re servus sit stipulatus, quæritur , utrùm
totum , an pro parte, quâ habet usumfructum , ei
quæratur: nàm et in duobus bonæ fidei possesso-
ribus hoc idem est apud Scævolam agitatum libro
secundo quæstionum ? Et ait, vulgò creditum ,
rationemque hoc facere , (ut) si ex re alteriùs stipuletur, partem (1) ei duntaxat quæri, partem
domino : quòd si nominatim (2) sit stipulatus ,
nec dubitari debere, quin, adjecto nomine , solidum ei qnæratur. Idemque ait, et si jussû ejus
stipuletur: quoniam jussum pro nomine accipi-
mus. Idem et in fructuariis erit dicendum : ut quo
casû non totum adquiretur fructuario , proprietatis domino erit quæsitum : quoniam ex re fructuarii quæri ei posse ostendimus.

§. 7. Quod autem diximus (3) *ex re fructuarii,
vel(ex)operis posse adquirere :* utrùm tunc locum
habeat, quotièns jure legati ususfructus sit constitutus, an et si per traditionem, vel stipulationem,
vel alium quemcunque modum, videndum? Et
vera est Pegasi sententia, quam et Julianus libro
sexto-decimo secutus est, omnia fructuario adquiri.

26. Paulus, *lib. 3. ad Sabinum.*

Si operas suas locaverit servus fructuarius , et,
imperfecto tempore locationis, ususfructus inte-
rierit, quod superest (4), ad proprietarium pertinebit. Sed et si ab initio certam summam propter

---

(1) Immò xide l. 27. in fin. infr. de stipul. serv.
(2) §. 5. supr. hìc. l. 37. §. 5. infr. de adquir. rer. domin. l. 22. in
fin. l. 39. infr. de stipul. serv.

acquiert une obligation avec les deniers de l'autre, au profit
de qui doit tourner cette stipulation? sera-t-elle acquise,
entièrement au profit de celui dont les deniers ont été employés, ou seulement pour la portion qu'il a dans l'usufruit
commun? Cette même question a été agitée par Scœvola,
au liv. 2 des questions, à l'égard de deux possesseurs de
bonne foi, et il dit que l'on est régulièrement d'avis, et
que la raison veut que, dans ce cas, celui avec les deniers
duquel la stipulation a été faite, n'acquiert qu'une partie (1),
et que l'autre appartienne au maître de la propriété. Que si
la stipulation était faite au nom (2) de celui dont les deniers
ont été employés, il n'y aurait pas de doute qu'elle ne lui
fût acquise en entier. Il ajoute qu'il en serait de même si
la stipulation avait été faite par son ordre, parce que cet
ordre équivaut à l'expression du nom. Il faudra dire la même
chose à l'égard de plusieurs usufruitiers, ensorte que toutes
les fois que la stipulation ne sera pas acquise en entier à
l'usufruitier dont les deniers auront été employés, ou la
chose livrée, une partie appartiendra au maître de la propriété, parce que nous avons fait voir que la stipulation
peut être acquise à l'usufruitier, quand elle provient de
sa chose.

§. 7. Quant à ce que nous avons dit (3) *que l'esclave soumis à l'usufruit peut acquérir à l'usufruitier en conséquence
de la chose et de ses travaux*, examinons si cela n'a lieu
que dans le cas où l'usufruit a été établi par un legs, ou si on
doit l'appliquer au cas où l'usufruit a été établi par tradition,
stipulation, ou de toute autre manière. Le sentiment de Pégasus, adopté par Julien au liv. xvi, et qui est vrai, est
que, dans tous ces cas, la stipulation est acquise à l'usufruitier.

26. Paul , *liv.* 3. *sur Sabinus.*

Si un esclave, sujet à l'usufruit, a loué ses services pour
un tems, et que l'usufruit vienne à s'éteindre avant l'expiration du bail, ce qui en reste à finir, appartiendra au maître
de la propriété (4) ; et si dès le commencement de la location il avait stipulé une certaine somme pour son salaire,
on doit faire le même raisonnement dans le cas où l'usufruit

---

(3) L. 21. supr. h. t.
(4) L. 25. §. 2. supr. eod.

operas certas stipulatus fuerit, capite diminuto
eo, idem dicendum est.

27. ULPIANUS, *lib.* 18. *ad Sabinum.*

De fructibus pendentibus.

Si pendentes fructus jàm maturos reliquisset
testator, fructuarius eos feret, si, die (1) legati
cedente, adhùc pendentes deprehendisset: nàm
(et) stantes fructus ad fructuarium pertinent.

De tabernis locandis.

§. 1. Si dominus solitus fuit tabernis ad merces
suas uti, vel ad negotiationem, utiquè permittetur fructuario locare eas et ad alias merces. Et
illud solùm observandum, ne vel abutatur usufructuarius, vel contumeliosè injuriosève utatur
(usufructû).

Si servum fructuarius instituerit.

§. 2. Si servi ususfructus legatus est, cujus
testator quasì ministerio vacuo utebatur, si eum
disciplinis, vel arte instituerit usufructuarius:
arte ejus vel peritiâ utetur.

De oneribus à fructuario subeundis.

§. 3. Si quid (2) cloacarii nomine debeatur,
vel si quid ob formam aquæductûs, quæ per
agrum transit, pendatur, ad onus fructuarii pertinebit (3). Sed et si quid ad collationem viæ,
puto hoc quoque fructuarium subiturum. Ergò et
quod ob transitum exercitûs confertur ex fruc-

---

(1) V. l. un. infr. quandò dies ususfr. legat. ced;
(2) V. l. 5o. §. 1. in fin. infr. de legat. 3. l. 59. §. 5. infr. de legat. 1.

viendrait à s'éteindre par le changement d'état de l'usufruitier.

27. ULPIEN, *liv.* 18. *sur Sabinus.*

Des fruits pendans.

Si un testateur avait laissé en mourant des fruits mûrs
sur la terre, l'usufruitier aura le droit de les percevoir,
pourvu qu'il les trouve encore pendans par les racines au jour
de l'échéance (1) de son legs; car les fruits qui sont sur
pied appartiennent à l'usufruitier.

Des boutiques qui peuvent être louées.

§. 1. Si le maître était dans l'usage de se servir de ses
boutiques pour y vendre des marchandises, ou y exercer
quelque profession, l'usufruitier pourra les louer, quand
même le locataire devrait y vendre des marchandises autres
que celles que l'on avait coutume d'y débiter. Tout ce que
l'usufruitier doit observer, c'est de ne pas abuser de son
usufruit, et de n'en pas faire un usage qui puisse préjudicier
au maître de la propriété.

Si l'usufruitier a fait instruire l'esclave dont l'usufruit lui a été légué.

§. 2. Si le testateur a légué l'usufruit d'un esclave dont
il ne tirait aucun service, et que l'usufruitier l'ait fait ins-
truire dans quelqu'exercice, ou dans quelqu'art, il pourra
tourner à son profit l'industrie qu'il lui aura procurée.

Des choses que doit supporter l'usufruitier.

§. 3. S'il y a des impositions dues pour l'entretien d'un
égout (2) ou pour un aqueduc qui passe par la terre, elles
sont à la charge de l'usufruitier (3). Je pense de même qu'il
doit aussi la taxe imposée sur la terre pour l'entretien des
routes. Il en sera donc de même à l'égard de ce qui est dû sur
les fruits pour le passage des troupes, ainsi que de ce qui
peut être dû au corps de ville où les terres sont situées,

---

(3) L. 7. §. 2. in fin. supr. h. t.

tibus. Sed et si quid municipio: nàm solent possessores certam partem fructûum municipio viliori pretio, addicere. Solent et fisco fusiones præstare. Hæc onera ad fructuarium pertinebunt.

De servitutibus.

§. 4. Si qua servitus imposita est fundo, necesse habebit fructuarius sustinere: undè et si per stipulationem servitus debeatur, idem puto dicendum.

De servo empto quibusdam interdictis.

§. 5. Sed et si servus sub pœnâ emptus sit, interdictis certis quibusdam, an, si ususfructus ejus fuerit legatus, observare hæc fructuarius debeat? Et puto debere eum observare, alioquin non boni viri arbitratû utitur (et) fruitur.

28. POMPONIUS, *lib. 5. ad Sabinum.*

De nomismatisbus.

Nomismatum (1) aureorum vel argenteorum veterum, quibus pro gemmis uti solent, ususfructus legari potest.

29. ULPIANUS, *lib. 18. ad Sabinum.*

De usufructû omnium bonorum.

Omnium (2) bonorum usumfructum posse legari, nisi (3) excedat dodrantis (4) æstimationem, Celsus lib. xxxII Digestorum, et Julianus libro sexagesimo primo scribit: et est verius.

---

(1) L. 9. §. 4. infr. ad exibend.
(2) L. 54. §. 2. infr. h. t.

parce que les possesseurs de terre sont dans l'usage de céder au corps de ville une certaine portion des fruits à meilleur compte ; ils sont également dans l'usage de payer une certaine redevance au fisc. Toutes ces impositions sont à la charge de l'usufruitier.

Des servitudes.

§. 4. Si la terre est grévée de quelque servitude, l'usufruitier doit l'acquitter ; d'où je suis porté à dire que si la servitude est due en conséquence d'une stipulation, l'usufruitier doit de même la souffrir.

De l'esclave acheté sous certaines conditions.

§. 5. Mais si un esclave avait été acheté sous de certaines conditions, à l'infraction desquelles eût été ajoutée une peine, par exemple, qu'on eût défendu que l'esclave fût transporté dans de certains endroits, si un tel esclave a été donné en usufruit, l'usufruitier sera-t-il obligé d'observer ces conditions ? Je pense qu'il le doit ; autrement il ne jouirait pas en bon père de famille.

28. POMPONIUS, *liv.* 5. *sur Sabinus.*

Des médailles.

Les médailles d'or et d'argent (1) dont on se sert en parures, peuvent être léguées pour en jouir en usufruit.

29. ULPIEN, *liv.* 18. *sur Sabinus.*

De l'usufruit d'une universalité de biens.

Celse, au liv. XXXII du Digeste, Julien, au liv. LXI, écrivent qu'on peut léguer l'usufruit (2) de tous ses biens, pourvu que ce legs (3) n'excède pas les trois quarts (4) de la totalité de la succession, et ce sentiment est le plus vrai.

---

(3) Immò vide l. 37. infr. de usù et usufr. legat..
(4) Adde Nov. 18. c. 3.

30. Paulus, *lib. 3. ad Sabinum.*

Si ædium luminibus obstruatur.

Si is, qui binas ædes habeat, aliarum usum-fructum legaverit, posse heredem, Marcellus scribit, alteras altiùs tollendo, obscurare luminibus (1) quoniam habitari potest, etiam obscuratis ædibus. Quod usquè adeò temperandum est, ut non (2) in totum ædes obscurentur, sed modicum lumen, quod habitantibus sufficit, habeant.

31. Idem, *lib. 10. ad Sabinum.*

Quæ sunt ex re fructuarii.

Ex re fructuarii etiam id intelligitur, quod ei fructuarius donaverit (3), concesseritve, vel ex administratione rerum ejus compendii servus fecerit.

32. Pomponius, *lib. 33. ad Sabinum.*

De jure ab eo, qui rem tradit, excepto.

Si quis unas ædes, quas solas habet, vel fundum tradit, excipere potest id, quod personæ, non prædii est: veluti usum, et usumfructum. Sed et si excipiat, *ut pascere sibi vel inhabitare liceat,* valet exceptio: cùm ex multis saltibus pastione fructus perciperetur. Et habitationis exceptione, sivè temporali, sivè usquè ad mortem ejus, qui excepit, usus (4) videtur exceptus.

---

(1) L. 4o. infr. de servit. præd. urban.
(2) D. l. 10. in fin. v. l. 1. in fin. infr. si ususfr. petatur.

3o. PAUL , *liv. 3. sur Sabinus.*

Si on intercepte le passage du jour d'une maison.

Si un testateur, ayant deux maisons, lègue l'usufruit de l'une d'elles, Marcellus écrit que l'héritier peut, en exhaussant celle qui lui reste, ôter le jour à celle dont l'usufruit est légué (1), parce qu'une maison ne laisse pas que d'être habitable, quoiqu'elle ne soit pas bien éclairée. Ce qui doit cependant s'entendre de manière que la maison ne soit pas totalement privée du jour (2), mais qu'il en reste suffisamment pour éclairer ceux qui l'occupent.

31. LE MÊME , *liv. 10. sur Sabinus.*

Qu'est-ce qui provient de la chose de l'usufruitier?

Par ces mots : *ce qui provient de la chose de l'usufruitier*, on doit entendre ce que l'esclave acquiert même avec les choses que l'usufruitier lui a données (3), ou abandonnées, ou que l'esclave a ménagées pour lui, sur l'administration qu'il a eu du bien de l'usufruitier.

32. POMPONIUS , *liv. 33. sur Sabinus.*

Du droit réservé sur celui qui livre la chose.

Celui qui livre une maison ou une terre qu'il a seul, peut se réserver une servitude, sinon réelle, du moins personnelle, comme l'usage et l'usufruit. Si même il se réserve le droit *de faire paître ses troupeaux dans la terre, ou de loger dans la maison*, la réserve aura son effet. Car on peut retirer quelques fruits de plusieurs pacages, en y faisant paître des bestiaux ; et lorsque l'on s'est réservé le droit d'habitation ou pour un tems ou jusqu'à sa mort, l'usage de la maison (4) est compris dans la réserve que l'on a faite.

---

(3) L. 37. §. 1. l. 49. infr. de adquir. rer. domin..
(4) V. l. 10. infr. §. 5. Inst. de usu et habitat. l. 13. C. h. t.

33. Papinianus, *lib.* 17. *quæstionum.*

Si fructuarius vivo testatore decesserit.

Si Titio fructus, Mævio proprietas legata sit, et vivo testatore Titius decedat, nihil apud scriptum heredem relinquetur (1). Et id Neratius quoquè respondit.

De jure accrescendi.

§. 1. Usumfructum in quibusdam casibus (2), non partis effectum obtinere convenit. Undè si fundi vel fructûs portio petatur, et absolutione secutâ posteà pars altera, quæ adcrevit, vindicetur: in lite quidèm proprietatis judicatæ rei exceptionem obstare, in fructus verò non obstare (3), scribit Julianus; quoniam portio fundi, velut alluvio, portioni personæ fructus adcresceret (4).

34. Julianus, *lib.* 35. *Digestorum.*

De usufructû duobus alternatim legato.

Quotièns duobus ususfructus legatur ità, *ut alternis annis utantur, fruantur*, si quidèm ità legatus fuerit, *Titio et Mævio:* potest dici, priori Titio, deindè Mævio, legatum datum. Si verò duo ejusdem nominis fuerint, et ità scriptum fuerit, *Titiis usumfructum alternis annis do;* nisi consenserint (5), uter eorum prior utatur invicèm sibi impedient. Quòd si Titius eo anno,

---

(1) V. l. 6. §. 1. infr. de usur. adcresc. adde l. 3. §. 1. infr. usufr. quemadm. caveat.
(2) L. 4. supr. h. t.

33. Papinien, *liv.* 17. *des questions.*

Si l'usufruitier meurt du vivant du testateur.

Si l'usufruit d'une terre a été légué à Titius, et la propriété à Mævius, et que Titius vienne à décéder du vivant du testateur, son usufruit accroîtra au profit du légataire de la propriété, et l'héritier n'aura rien à prétendre (1), Nératius pense aussi de même.

Du droit d'accroissement.

§. 1. Il est des circonstances (2) où l'usufruit ne peut pas être regardé comme une partie de la propriété. D'où il résulte que si on avait formé contre un possesseur la demande d'une portion d'un fonds ou d'un usufruit, et que le jugement eût été rendu en faveur du possesseur, qui ensuite ou voulût revendiquer une nouvelle portion par droit d'accroissement, Julien écrit qu'au pétitoire on serait repoussé par une fin de non-recevoir, tirée du jugement qui a été rendu, mais qu'on ne pourrait pas opposer cette fin de non-recevoir contre la demande de l'usufruit (3), parce qu'une portion du fonds ne peut accroître qu'à une portion qu'on a déjà, comme il arrive dans l'alluvion, au lieu que l'usufruit accroît à la personne, et non à la portion (4).

34. Julien, *liv.* 35. *du Digeste.*

De l'usufruit légué à deux personnes pour en jouir alternativement.

Lorsque l'usufruit est légué à deux personnes, *afin qu'elles en jouissent alternativement chacune par année*, si le legs est conçu en ces termes : *à Titius et Mævius* ; on peut dire que le legs est fait d'abord au premier nommé, et ensuite au second. Mais si les deux légataires avaient le même nom, et que le testateur eût dit simplement : *Je lègue l'usufruit aux deux Titius pour en jouir alternativement chacun par année*, s'ils ne veulent pas s'arranger (5) ensemble pour décider celui qui commencera la jouissance, ils se nuiront

---

(3) L. 14. §. 1. infr. de except. rei judicat.
(4) D. L. 14. §. 1.
(5) L. 2. §. fin. infr. quib. mod. ususfr. amitt.

quo frueretur, proprietatem accepisset : interim legatum non habebit, sed ad Mævium alternis annis usufructus pertinebit. Et si Titius proprietatem alienasset, habebit eum usumfructum, quia et si sub conditione ususfructus mihi legatus fuerit, et interim proprietatem ab herede accepero, pendente autem conditione eandem alienavero, ad legatum admittar (1).

Si ususfructus colono legetur. Quid intersit inter usumfructum omnium bonorum, et singularum rerum.

§. 1. Si colono tuo usumfructum fundi legaveris, usumfructum vindicabit, et cum herede tuo aget ex conducto (2) ; et consequetur, ut neque mercedes præstet, et impensas, quas in culturam fecerat, recipiat.

§. 2. Universorum bonorum, an singularum rerum ususfructus legetur, hactenùs interesse puto, quòd si ædes (3) incensæ fuerint, ususfructus specialiter ædium legatus peti non potest. Bonorum autem usufructú legato, areæ ususfructus peti poterit : quoniam qui bonorum suorum usumfructum legat, non solùm eorum, quæ in specie sunt, sed et substantiæ omnis usumfructum legare videtur ; in substantiâ autem bonorum etiam area est.

35. Idem, *lib.* 1. *ad Urseium Ferocem.*

Si heres in fraudem fructuarii tardius adierit.

Si ususfructus legatus est, sed heres scriptus

---

(1) V. l. 57. in pr. infr. h. t.
(2) L. 9. in fin. l. 10. l. 24. in fin. infr. locnti.

l'un à l'autre. Si des deux légataires de noms différens, Titius et Mævius, Titius dans l'année de la jouissance acquiert la propriété, il n'aura plus d'usufruit, et Mævius jouira de deux années l'une, et si Titius aliénait la nue propriété, il reprendrait son usufruit, parce que, si l'usufruit m'avait été légué sous condition, et qu'avant son évènement je pusse acquérir de l'héritier la nue propriété, et que je l'aliénasse, je n'en serais pas moins admis au legs de l'usufruit lorsque la condition arriverait (1).

Si l'usufruit est légué à un fermier; quelle différence il y a entre l'usufruit d'une universalité de biens, et l'usufruit d'une chose particulière.

§. 1. Si vous avez légué l'usufruit de votre terre à votre fermier, celui-ci aura une action pour revendiquer l'usufruit contre tout possesseur. Il aura d'ailleurs une action contre votre héritier, en conséquence de son bail (2), en vertu de laquelle il obtiendra de n'être plus tenu des loyers, et de se faire rendre les dépenses qu'il a faites pour la culture de la terre.

§. 2. Je pense qu'il existe une différence entre le legs de l'usufruit de tous ses biens, et le legs de l'usufruit d'une chose particulière, et voici en quoi elle consiste; c'est que si (3) une maison dont on a légué l'usufruit en particulier, vient à être brûlée, l'usufruitier n'a plus rien à prétendre; au lieu que si on avait légué l'usufruit de tous ses biens dans lesquels cette maison serait comprise, l'usufruit du terrein resterait dû, parce que celui qui lègue l'usufruit de tous ses biens semble, avoir légué non pas seulement l'usu-fruit des choses dans l'espèce où elles se trouvent, mais encore celui de la substance de tous les biens dans laquelle est compris le terrein sur lequel une maison est bâtie.

35. LE MÊME, *liv.* 1. *sur Urseius Feros.*

Si l'héritier, pour frustrer l'usufruitier, diffère d'accepter la succession.

Si l'usufruit étant légué, l'héritier diffère d'accepter la

---

(3) V. l. 6. infr. de usû et usufr. legat.

ob hoc tardiùs adit, ut tardiùs (1) ad legatum perveniretur: hoc quoque præstabitur (2), ut Sabino placuit.

De usufructû servi legato, ità ut finito usufructû liber sit.

§. 1. Ususfructus servi mihi legatus est, isque, cùm ego uti frui desissem, liber esse jussus est, deindè ego ab herede æstimationem legati tuli. Nihilo magis eum liberum fore, Sabinus respondit: nàmque videri me uti frui homine, pro quo aliquam rem habeam (3); conditionem autem ejus libertatis eandem manere, ità ut mortis meæ aut capitis diminutionis interventû liber futurus esset.

36. AFRICANUS, *lib. 5. quæstionum.*

De re extinctâ et restitutâ.

Qui usumfructum areæ legaverat, însulam ibi ædificavit, ea vivo eo, decidit, vel deusta est: usumfructum deberi existimavit (4). Contrà autem non idem juris esse, si insulæ usufructû legato, area (5), deindè insula facta sit. Idemque esse, et si scyphorum ususfructus legatus sit, deindè massa facta, et iterùm scyphi: licèt enim pristina qualitas scyphorum restituta sit, non tamen illos esse, quorum ususfructus legatus sit.

De morte debitoris nudæ proprietatis.

§. 1. Stipulatus sum de Titio fundum Cornelianum, detracto usufructû; Titius decessit: quæsitum est, quid mihi heredem ejus præstare oportet? Respondit, referre, quâ mente ususfructus

---

(1) L. 36. §. ult. l. 37. infr. h. t. l. 55. infr. de fideicomm. libertat.
(2) V. l. 39. infr. h. t.

succession dans l'intention de faire arriver plus tard le jour de l'échéance (1) de l'usufruit, il sera tenu d'en tenir compte à (2) l'usufruitier, suivant l'avis de Sabinus.

Du legs de l'usufruit d'un esclave, fait de manière à ce qu'il soit libre lorsque l'usufruit sera éteint.

§. 1. On m'a légué l'usufruit d'un esclave, et, d'après les intentions du testateur, cet esclave devait être libre à l'expiration de l'usufruit; ensuite l'héritier ne me livrant pas l'esclave, m'a donné l'estimation de mon usufruit. Suivant l'avis de Sabinus, cet esclave n'en devient pas moins libre, parce que je suis censé jouir d'un esclave quand j'ai autre chose pour remplacer ma jouissance (3). Ainsi la condition attachée à sa liberté reste la même, de sorte qu'à ma mort, ou dans le cas où je perdrais mon état, il deviendra libre.

36. AFRICANUS, *liv. 5. des questions.*

De la chose éteinte et restituée.

Un testateur avait légué un terrein sur lequel il bâtit ensuite une maison qui, de son vivant, tomba en ruine, ou fut dévorée par les flammes; j'ai pensé que l'usufruit était dû (4). Il n'en serait pas de même si on avait légué l'usufruit d'une maison, laquelle étant détruite, aurait été rebâtie (5). Il en est de même dans le legs d'usufruit de vases qui ont été réduits en masse, et qui ont été de nouveau façonnés en vases; car encore qu'il soit vrai que l'ancienne forme de ces vases ait été rétablie; ce ne sont cependant plus les mêmes dont l'usufruit a été légué.

De la mort du débiteur de la nue propriété.

§. 1. J'ai fait obliger Titius de me livrer le fonds qui me vient de Cornélius en en séparant l'usufruit. Titius est venu à mourir. On a demandé à quoi je suis tenu envers son héritier? Il a été répondu qu'il était important de savoir

---

(3) V. l. 71. infr. eod.
(4) L. 10. §. 1. quib. mod. usufr. amitt.
(5) L. 10. §. 1. infr. quib. mod. usufr. amitt.

exceptus sit: nàm si quidèm hoc actum est, ut in cujuslibet personâ ususfructus constitueretur, solam proprietatem heredem debiturum : sin autem id actum sit, ut promissori duntaxat, ususfructus reciperetur, plenam proprietatem heredem ejus debiturum. Hoc ità se habere, manifestiùs in causâ legatorum apparere. Etenim si heres, à quo detracto usufructû proprietas legata sit, priùs, quàm ex testamento ageretur, decesserit : minùs dubitandum, quin heres ejus plenam proprietatem sit debiturus. Idemque, et si sub conditione similiter legatus sit, et pendente conditione heres decessit.

Si post moram heredis moriatur servus cujus ususfructus legatus est.

§. 2. Ususfructus servi Titio legatus est : cùm per heredem staret, quominùs præstaretur, servus mortuus est : aliud dici non posse ait, quàm in id obligatum esse heredem, quanti legatarii intersit (1), moram factam non esse : ut scilicèt ex eo tempore in diem, in quo servus sit mortuus, ususfructûs æstimetur. Cui illud quoque consequens esse, ut si ipse Titius moriatur, similiter ex eo tempore, quo mora sit facta, in diem mortis æstimatio ususfructûs heredi ejus præstaretur.

37. IDEM *lib.* 7. *quæstionum.*

Si promissor ususfructûs vel operarum servi per quinquennium mihi dederit.

Quæsitum est, si, cum *in annos decem proximos usumfructum de te dari* stipulatus essem,

---

(1) V. l. 35. in pr. supr. l. 47. infr. h. t.

dans quelle intention l'usufruit avait été excepté; car si l'intention était que l'usufruit fût distrait au profit de quiconque représenterait la personne du promettant, je ne pourrai avoir que la nue propriété. Si au contraire celui qui a contracté n'a entendu réserver l'usufruit que pour lui seul, alors son héritier doit me livrer la pleine propriété. On voit plus clairement en matière de legs que cela doit être ainsi. En effet, si un héritier à qui la propriété a été léguée, distraction faite de l'usufruit, vient à mourir avant que j'aie formé ma demande en usufruit, il n'y a pas de doute que son héritier ne doive me fournir la pleine propriété. Il en est de même lorsqu'un fonds a été légué sous condition, et qu'avant l'évènement de la condition l'héritier en faveur de qui l'usufruit avait été distrait, vient à mourir.

Si l'esclave, dont l'usufruit a été légué, meurt, l'héritier
ayant été en retard de le livrer.

§ 2. L'usufruit d'un esclave a été légué à Titius; l'héritier différant d'en faire la délivrance, l'esclave est mort. Africanus pense que dans ce cas, on ne peut rien dire autre chose, sinon que l'héritier n'est obligé envers le légataire qu'à lui payer l'intérêt qu'il a eu à ce que l'esclave lui fût livré sans délai (1), ensorte que l'usufruit sera estimé à compter de ce jour, jusqu'à celui de la mort de l'esclave. Conséquemment si l'usufruitier venait à mourir lui-même avant la délivrance de l'esclave, différée sans raison par l'héritier, on ferait l'estimation de l'usufruit, à compter du jour où l'héritier aura été en demeure, jusqu'au tems de la mort de l'usufruitier.

37. LE MEME *liv.* 7. *des questions.*

Si celui qui s'est obligé de fournir l'usufruit d'une chose,
ou du travail d'un esclave, n'a rien donné pendant un
espace de cinq ans.

On a demandé ce qu'il fallait décider dans l'espèce qui suit: *Vous vous êtes obligé à me fournir l'usufruit d'une chose pendant les dix prochaines années*, et vous êtes resté en

per te steterit (1), quominùs dares , et quinquenium transierit, quid juris sit ? Item, si *Stichî
decem annorum proximorum operas de te darî*
stipulatus sim, et similiter quinquenium præteriît?
Respondit, ejus temporis usumfructum, et operas rectè peti, quod (2) per te transactum est, quominùs darentur.

38. Marcianus *lib.* 3, *institutionum.*

Per quas personas usufructuarius fruitur utitur.

Non utitur usufructuarius (3), si nec ipse utatur,
nec nomine ejus alius ; putà qui emit , vel qui conduxit, vel cui donatus est, vel qui negotium ejus
gerit. Planè illud interest , quòd si vendidero usumfructum, etiamsi emptor non utatur, videor usumfructum retinere.

39. Gajus *lib.* 7. *ad edictum provinciale.*

Quia qui pretio fruitur, non minùs habere intelligitur, quàm qui principali re utitur fruitur (4).

40. Marcianus *lib.* 3. *institutionum.*

Quòd si donavero , non aliàs retineo , nisi ille
utatur.

41. Idem *lib.* 7. *institutionum.*

De statuis et imaginibus.

Statuæ et imaginis (5) usumfructum posse

---

(1) V. l. 6. infr. de usû et usufr. legat.
(2) L. 35. in pr. supr. h. t.
(5) L. 12. §. 2. supr. eod.

demeure (1) de me mettre en jouissance, ensorte qu'il s'est écoulé cinq ans, ou dans cette autre; *Vous vous êtes obligé à me fournir les ouvrages de Stychus pendant les dix années prochaines, et il s'est de même écoulé cinq ans sans que vous m'ayez fait jouir.* J'ai répondu que l'usufruitier avait droit de demander la jouissance et le salaire des ouvrages de tout le tems pendant lequel celui qui s'était obligé (2) de les fournir, a été en retard de le faire.

38.   MARCIEN, *liv.* 3. *des institutes.*

Par qui l'usufruitier est censé jouir de son usufruit.

L'usufruitier est censé ne pas jouir (3) s'il ne jouit pas par lui-même, ou par un autre qui tienne de lui la chose à titre d'achat, de loyer, de donation, ou de gestion des affaires d'autrui. Mais il y a ici une différence remarquable, c'est que l'usufruitier qui a vendu son usufruit, est toujours censé jouir et conserver son usufruit, quoique l'acheteur ne se serve pas de la chose qui y est sujette.

39. GAJUS, *liv.* 7. *sur l'édit provincial.*

Parce que celui qui jouit du prix, n'a pas moins d'avantage que celui qui jouit de la chose elle-même (4).

40. MARCIEN, *liv.* 3. *des institutes.*

Mais si j'ai donné mon usufruit, je ne le conserve qu'autant que mon donataire en jouit.

41. LE MÊME, *liv.* 7. *des institutes.*

Des statues et des peintures.

On peut léguer l'usufruit *des tableaux et des statues* (5), parce qu'ils peuvent procurer quelques avantages à l'usu-

---

(4) V. l. 35. §. 1. in fin. supr. eod. l. 22. in. fin. supr. de hered. petit. l. 33. l. 34. l. 35. infr. de pecul.

(5) Adde l. 28. supr. h. t.

relinqui , magis est : quia et ipsæ habent (aliquam)
utilitatem , si quo loco opportuno ponantur.

De agris usufructuosis.

§. 1. Licèt prædia quædam talia sint , ut magis
in ea impendamus , quàm de illis adquiramus ,
tamen ususfructus eorum relinqui potest.

42. FLORENTINUS *lib.* 11. *institutionum.*

*Si alii usus , alii fructus legetur , quid intersit inter rerum
et æstimationis legatum.*

Si alii *usus* , alii *fructus* ejusdem rei legetur ,
id percipiet fructuarius , quod usuario supererit :
nec minùs (et) ipse fruendi causâ et usum habebit.

§. 1. *Rerum* an *æstimationis* ususfructus
tibi legetur , interest. Nàm si quidèm *rerum* legetur , deducto eo , quod prætereà tibi legatum
est , (ex) reliquis bonis usumfructum feres : sin
autem *æstimationis* (ususfructus) legatus est , id
quoque æstimabitur , quod prætereà tibi legatum
est. Nàm , sæpiùs idem legando , non ampliat
testator legatum (1) : re autem legatâ ; etiam æstimationem ejus legando , ampliare legatum possumus.

43. ULPIANUS *lib.* 7. *regularum.*

De usufructû partis bonorum legato.

Etiam partis bonorum ususfructus legari potest.
Si tamen non sit specialiter facta partis mentio ,
dimidia (2) pars bonorum continetur.

---

(1) Adde l. 18. infr. de verb. oblig.

fruitier, s'il les place dans un endroit convenable, et qu'il
veut décorer.

Des terres grévées d'usufruit.

§. 1. Encore qu'il y ait des terres qui causent plus de
dépenses que de profits, on peut cependant en léguer l'u-
sufruit.

42. FLORENTINUS, *liv.* 11. *des institutes.*

*Si on lègue à l'un l'usage, à l'autre l'usufruit, quelle
est la différence entre le legs d'une chose et celui du
prix d'une chose.*

Si on lègue à l'un *l'usage*, à l'autre *l'usufruit* d'une
même chose, l'usufruitier percevra les fruits qui resteront,
après que l'usager aura pris sa subsistance.

§. 1. Il y a de la différence entre léguer l'usufruit *des
choses elles-mêmes, ou leur estimation.* Car si on vous
a légué l'usufruit *des choses elles-mêmes*, vous aurez
l'usufruit de ces choses, excepté de celles dont la propriété vous a été léguée. Si au contraire on vous a légué
l'usufruit de l'estimation, ce qui vous a été légué d'ailleurs
entrera aussi dans l'estimation; car (1) souvent le testateur
n'ajoute rien au legs en léguant plusieurs fois la même
chose, tandis que nous pouvons ajouter à un legs quand,
après avoir légué une chose, nous en léguons l'estimation.

43. ULPIEN, *liv.* 7. *des règles.*

Du legs de l'usufruit d'une partie des biens.

On peut même léguer l'usufruit d'une partie des biens.
Si cependant l'on n'avait pas spécialement fait de donation
de la partie que l'on voulait léguer, l'on sera censé avoir
légué la moitié (2).

––

(2) L. 164. §. 1. infr. de verb. sign.

44. Nératius *lib.* 3. *membranarum.*

De tectorio.

Usufructuarius novum (1) tectorium parietibus,
qui rudes fuissent, imponere non potest : quia
tametsi, meliorem excolendo ædificium, domini
causam facturus esset, non (2) tamen id jure
suo facere potest ; aliudque est, tueri quod accepisset, an novum faceret.

45. Gajus *lib.* 7. *ad edictum provinciale.*

De impensis cibariorum valetudinis.

Sicut stipendia(3) cibariorum in servum, cujus ususfructus ad aliquem pertinet, ita et vale-
tudinis impendia ad eum respicere natura manifestum est.

46. Paulus *lib.* 9. *ad Plautium.*

De bonorum possessione contra tabulas in quibus nuda proprietas matri legata est.

Si extraneo scripto, et emancipato præterito,
matri defuncti, deducto usufructû, proprietas
legata sit : petita contra tabulas bonorum possessione, plena proprietas respectû, matri præstanda
pietatis est (4).

De insulâ a proprietario reficiendâ.

§. 1. Si testator jusserit, *ut heres reficeret
insulam*, cujus usumfructum legavit, potest

---

(1) L. 61. infr. h. t.
(2) L. 7. in fin. l. 8. supr. eod. Immò vide l. 13. §. 5. in fin. supr. eod.

44. Nératius, *liv.* 3. *de ses feuilles.*

De l'enduit appliqué à l'objet donné en usufruit.

L'usufruitier ne peut pas mettre un nouvel (1) enduit aux murs de la maison, qui n'ont pas encore été crépis, parce que, quoiqu'en travaillant ainsi à ce bâtiment, il rend la propriété meilleure ; cependant il n'a pas le droit de le faire (2). Autre chose est de conserver une maison dans l'état où on l'a reçue, autre chose est d'y ajouter quelque chose de nouveau.

45. Gajus, *liv.* 7. *sur l'édit provincial.*

Des dépenses faites pour la nourriture et la maladie de l'esclave sujet à l'usufruit.

Il est clair que les dépenses faites dans la maladie d'un esclave, donné en usufruit, sont à la charge de l'usufruitier, de même que celles auxquelles sa nourriture (3) donne lieu. Cette obligation est fondée sur la nature.

46. Paul, *liv.* 9. *sur Plautius.*

De la possession des biens accordée contre les dispositions d'un testament, par lequel la nue propriété a été léguée à la mère.

Si un testateur passe sous silence son fils émancipé, et institue un étranger, qu'il charge de remettre à la mère de lui testateur, la nue propriété qu'il a légué à celle-ci, déduction faite de l'usufruit, au profit de l'étranger institué, le fils ayant obtenu du préteur la possession des biens contre le testament de son père, sa mère est fondée dans ce cas, à demander la propriété pleine et entière, en considération de la tendresse filiale (4).

D'une maison que le propriétaire doit réparer.

§. 1. Si le testateur a ordonné à son héritier *de réparer une maison dont il a légué l'usufruit*, l'usufruitier a

---

(3) L. 15. §. 2. supr. eod.
(4) V. l. 5. in fin. infr. de legat. præstand.

Tom. 5.

fructuarius ex testamento agere, ut heres reficeret (1).

47. POMPONIUS *lib. 5. ex Plautio.*

Quod si heres hoc non fecisset, et ob id fructuarius frui non potuisset : heres etiam fructuarii eo nomine habebit actionem, quanti (2) fructuarii interfuisset non cessasse heredem ; licèt ususfructus morte ejus interisset.

48. PAULUS, *lib. 9. ad Plautium.*

Si hæres quasì negotiatione fructuarii gerens ædes refecerit.

Si absente fructuario, heres, quasi negotium ejus gerens, reficiat ; negotiorum gestorum actionem adversùs fructuarium habet; tametsì sibi in futurum heres prospiceret. Sed si paratus (3) sit recedere ab usufructû fructuarius, non est cogendus reficere ; sed actione negotiorum gestorum liberatur.

De fructibus immaturis.

§. 1. Silvam cæduam, etiamsi intempestivè cæsa sit, in fructû esse constat; sicut olea immatura lecta ; item fœnum immaturum cæsum in fructû est.

49. POMPONIUS, *lib. 7. ad Plautium.*

De usufructû duobus legato a duobus heredibus.

Si mihi, et tibi, à Sempronio et Mucio here-

---

(1) L. 47. l. 65. in fin. infr. h. t.
(2) L. 36. §. 2. supr. eod.

contre lui une action en vertu du testament pour forcer celui-ci à la réparer (1).

47. POMPONIUS, *liv. 5, sur Plaute.*

Si l'héritier ne remplit pas les intentions du testateur, et qu'à cause de cela l'usufruitier ne puisse jouir, l'héritier de celui-ci aura contre le premier une action pour le faire condamner à lui payer l'intérêt que l'usufruitier (2) à ce qu'il ne différât pas de faire ce dont il était chargé, quoique l'usufruit se trouve éteint par la mort de celui à qui il avait été légué.

48. PAUL, *liv. 9. sur Plaute.*

Si l'héritier a rétabli une maison de la succession en qualité de gérent d'affaires de l'usufruitier.

Si pendant l'absence de l'usufruitier, l'héritier fait des réparations à la chose dont l'usufruit a été légué, comme faisant les affaires de l'usufruitier, l'héritier a contre ce dernier l'action de la gestion des affaires d'autrui pour se faire rendre ses dépenses; quoique par ces réparations il ait eu en vue ses intérêts futurs. Mais si l'usufruitier est (3) disposé à renoncer à son usufruit, il n'est pas forcé à réparer, et n'est plus soumis à cette action.

Des fruits qui ne sont pas encore mûrs.

§. 1. Il est constant que les bois taillis coupés avant le tems, font partie des fruits. Il en est de même des olives recueillies avant leur maturité, et du foin coupé avant le tems de la fenaison.

49. POMPONIUS, *liv. 7. sur Plaute.*

De l'usufruit légué à deux personnes, et qui doit être fourni par deux héritiers.

Si un testateur a laissé deux héritiers, Simpronius et Mucius,

---

(3) L. 64. infr. eod.

dibus ususfructus legatus sit ; ego in partem Sempronii quadrantem , in partem Mucii alterum quadrantem habebo; tu item in utriusque parte eorum quadrantes partes (habebis).

5o. Paulus , *lib*. 3. *ad Vitellium.*

De impensis ab herede usumfructum restituro deducendis.

Titius Mævio fundum Tusculanum reliquit , ejusque fidei commisit , *ut ejusdem fundi partis dimidiæ usumfructum Titiæ prestaret*; Mævius villam, vetustate corruptam , necessariam cogendis et conservandis fructibus ædificavit. Quæsitum est , an sumptûs partem , pro portione ususfructûs , Titia adgnoscere debeat? Respondit Scævola , si priùs , quàm ususfructus præstaretur , necessariò ædificasset , non aliàs cogendum (1) restituere , quàm ejus sumptûs ratio haberetur.

51. Modestinus , *lib*. 9. *differentiarum.*

De usufructû in tempus mortis collato.

Titio , *cum morietur*, ususfructus inutitiler (2) legari intelligitur; in id tempus videlicet collatus, quo à personâ discedere incipit.

52. Idem , *lib*. 9. *regularum.*

De tribulis præstandis.

Usufructû relicto , *si tributa ejus rei præstentur* (3), ea usufructuarium præstare debere dubium non est ; nisi specialiter nomine fidei-

---

(1) L. 32. §. 5. infr. de usù et usufr. legat.
(2) L. 5. infr. d. t.

en les chargeant l'un et l'autre de nous fournir à vous et à moi l'usufruit d'une chose, je prendrai le quart de la portion de Simpronius, le quart de celle de Mucius, et vous, vous aurez le quart des portions de tous deux.

50. PAUL, *liv.* 3. *sur Vitellius.*

Des dépenses que l'héritier qui doit rendre l'usufruit, peut déduire.

Titius à laissé à Mœvius le fonds Tusculanum, et l'a chargé par fidei-commis *de donner à Titia l'usufruit de la moitié du fonds.* Mœvius a rebâti une maison qui était tombée en ruine, et qui était nécessaire pour y ramasser et y conserver les grains. On a demandé si Titia, usu-fruitière de la moitié du fonds, devait tenir compte de cette dépense pour sa portion. Scévola a répondu, que dans le cas où le propriétaire aurait été obligé de bâtir, avant d'a-voir fait la délivrance de l'usufruit, il ne pourrait être forcé à faire cette délivrance, qu'autant que l'usufruitière serait disposée à (1) lui tenir compte de ses dépenses.

51. MODESTINUS, *liv.* 9. *des différences,*

De l'usufruit laissé au tems de la mort.

Si Titius, à qui il a été légué l'usufruit d'une chose, vient à mourir au moment du legs, cet usufruit (2) est nul, en ce qu'il se reporte à un tems où il doit cesser d'appar-tenir à l'usufruitier.

52. LE MÊME, *liv.* 9. *des règles.*

Des impôts qui doivent être payés.

Il n'y a pas de doute que lorsque l'usufruit est donné à *la charge de payer les impositions* dont la chose est gre-vée (3), l'usufruitier ne doive les acquitter, à moins qu'il ne soit évidemment prouvé que l'intention du testateur a

______

(3) L. 7. §. 2. supr. h. t. l. 28. infr. de usû et usufr. legat.

commissi testatori placuise probetur, hæc qnoque ab herede dari.

53. JAVOLENUS, *lib.* 2. *epistolarum.*

Si portio insulæ manet.

Si cui insulæ ususfructus legatus est, quamdiù quælibet portio ejus insulæ remanet , totius soli usumfructum retinet.

54. IDEM , *lib.* 3. *epistolarum.*

De vindictione fundi cujus ususfructus sub conditione legatus est.

Sub conditione ususfructus fundi, à te herede , Titio legatus est ; tu fundum mihi vendidisti, et tradidisti detracto usufructu. Quæro, si non extiterit conditio ; aut extiterit, et interiit ususfructus ; ad quem pertineat ? Respondit : intelligo , (te) de usufructû quærere, qui legatus est : itaque si conditio ejus legati extiterit, dubium non est, quìn ad legatarium (is) ususfructus pertineat ; et, si aliquo casû ab eo amissus (1) fuerit, ad proprietatem fundi revertatur. Quòd si conditio non extiterit, ususfructus ad heredem pertinebit : ita ut in ejus personâ omnia eadem serventur, quæ ad amittendum usumfructum pertinent, et servari solent.

Cæterùm in ejusmodi venditione spectandum id erit, quod inter ementem vendentemque convenerit ; ut, si apparuerit legati causâ eum usumfructum exceptum esse, etiamsi conditio non extiterit, restitui à venditore emptori debeat.

---

(1) L. 46. in pr. infr. de evict.

été d'en charger son héritier par une espèce de fidéicommis.

53. JAVOLENUS, *liv.* 2. *des lettres.*

Si une portion de la maison subsiste.

Celui à qui on a laissé l'usufruit d'une maison, conserve, tant qu'il reste une portion de l'édifice, l'usufruit
du terrein entier.

54. LE MÊME, *liv.* 3. *des lettres.*

De la vente du fonds dont l'usufruit a été légué sous condition.

L'usufruit d'un fonds a été légué, sous condition, à Titius
dans un testament où vous êtes nommé héritier ; vous m'avez
vendu ce fonds et vous me l'avez laissé, en en exceptant
l'usufruit. Je demande à qui appartiendra l'usufruit si la
condition n'arrive pas, ou si elle arrive après que l'usufruit sera éteint ? J'ai répondu : Je comprends qu'il s'agit
de l'usufruit qui a été légué ; ainsi si la condition arrive,
il n'y a pas de doute que cet usufruit n'appartienne à celui
à qui il a été légué, et si par quelque cause que ce soit,
il vient à être perdu (1), il retourne à la propriété. Si la
condition n'arrive pas, l'usufruit retournera à l'héritier
vendeur, de sorte que l'on observera dans sa personne les
mêmes règles établies, quand il est question de la perte de
l'usufruit ; et desquelles il est d'usage de ne pas s'écarter.

Au surplus, il faudra examiner dans une vente de cette
espèce, quelle aura été l'intention des contractans, de sorte
que s'il paraît que le vendeur a réservé l'usufruit en considération du legs dont il était chargé, il sera obligé de le
rendre à l'acheteur, dans le cas où la condition ne serait
pas arrivée.

55. Pomponius, *lib.* 26. *ad Quintum Mucium.*

De usû infantis legato.

Si infantis usus tantummodò legatus sit, etiamsi nullus interìm sit (1), cum tamen infantis ætatem excesserit, esse incipit.

56. Gajus, *lib.* 17. *ad edictum provinciale.*

De municipibus fructuariis.

An ususfructus nomine actio municipibus dari debeat, quæsitum est. Periculum enim esse videbatur, ne perpetuus fieret; quia neque morte, nec facile capitis deminutione periturus est; quâ ratione proprietas inutilis esset futura, semper abscedente usufructû. Sed tamen placuit dandam esse actionem. Undè sequens dubitatio est; quòusque tuendi essent in eo usufructû municipes? Et placuit, centum (2) annis tuendos esse municipes (3); quia is finis vitæ longævi hominis est (4).

57. Papinianus, *lib.* 7. *responsorum.*

De consolidatione rescisâ. De morte quorûmdam ex fructuariis.

Dominus fructuario prædium, quod ei per usumfructum serviebat, legavit; idque prædium aliquamdiù possessum legatarius restituere filio, qui causam inofficiosi testamenti rectè pertulerat, coactus est; mansisse fructus jus integrum, ex postfacto (5) apparuit.

---

(1) L. 12. §. 3. supr. h. t.
(2) L. 8. infr. de usû. et usufr. legat. obst. l. 68. in fin. pr. infr. ad leg. Falcid.

55. POMPONIUS, *liv.* 26. *sur Quintus Mucius.*

Du legs de l'usage d'un enfant.

Quoique l'on ne puisse tirer aucun parti d'un esclave encore enfant, cependant l'usufruit d'un tel esclave serait valable, (1) parce que l'on commencera à en retirer quelque chose lorsqu'il sortira de l'enfance.

56, GAJUS, *liv.* 17. *sur l'édit provincial.*

Des corps de ville à qui un usufruit a été légué.

On a demandé si l'on devait accorder à des communautés une action à l'effet de demander un usufruit qui leur aurait été légué. En effet, on craignait que cet usufruit ne fût perpétuel en leurs mains, parce qu'il ne peut pas aisément s'éteindre, ni par la mort, ni par le changement d'état, et qu'alors la propriété deviendrait inutile, l'usufruit en étant continuellement séparé. Il a cependant été décidé qu'elles pouvaient former cette demande, ce qui a donné lieu à cette nouvelle question, pour savoir combien de tems ces communautés devraient conserver cet usufrnit; et on a décidé (2) qu'elles le garderaient cent ans (3), parce que cet espace de tems est le terme de la vie la plus longue (4).

57. PAPINIEN, *liv.* 9 *des réponses.*

De la consolidation rescindée. De la mort de quelques-uns des usufruitiers.

Le propriétaire a légué à l'usufruitier le fonds sujet à l'usufruit, et le légataire, après l'avoir possédé pendant quelque tems, a été forcé de rendre le fonds au fils du testateur, qui avait fait casser le testament de son père, comme inoficieux. L'événement a démontré (5) que l'usufruit était toujours demeuré dans la personne du fils.

---

(3) Excip. l. 21. infr. quib. mod. ususfr. amitt.
(4) L. 23. vers. et nobis. C. de sacrosanct. eccles.
(5) L. 34. in fin. pr. supr. h. t.

§. 1. Per fideicommissum fructû prædiorum ob
alimenta libertis relicto , partium emolumentum
ex personâ vitâ decedentium ad dominum proprietatis (1) recurrit.

58. Scævola , *lib.* 3. *responsorum.*

De herede fructuarii.

Defunctâ fructuariâ mense Decembri , jam
omnibus fructibus , qui in his agris nascuntur ,
mense Octobri per colonos sublatis ; quæsitum est,
utrùm pensio heredi fructuariæ solvi deberet ,
quamvis fructuaria ante Kalendas Martias , quibus
pensiones inferri debeant , decesserit ; an dividi
debeat inter heredem fructuariæ, et Rempublicam,
cui proprietas legata est ? Respondi , Rempublicam
quidèm cum colono nullam actionem habere ;
fructuariæ vero heredem suâ die , secundùm ea ,
quæ proponerentur , integram pensionem percep-
turum.

De legato sextæ partis ex redactû fructûum.

§. 1. *Sempronio do , lego ex redactû fructûum,
oleris et porrinæ , quæ habeo in agro Farra-
riorum, partem sextum* ; Quæritur , an his verbis
ususfructus legatus videatur ? Respondi : non usumfructum , sed ex eo, quod redactum esset , partem
legatam. Itèm quæsitum est , si ususfructus non
esset, an quotannis partem sextam redactam legaverit ? Respondi , quotannis videri relictum ;
nisi contrarium specialiter ab herede adprobetur.

---

(1) Immò vide l. 10. in fin. infr. de usufr. adcresc.

§. 1. Les revenus d'une terre étant laissés par fidéicommis pour la nourriture des affranchis du testateur, retournent à la propriété (1), à mesure que ceux à qui les alimens sont dûs, viennent à mourir.

58. SCEVOLA, *liv.* 5. *des réponses.*

De l'héritier de l'usufruitier.

L'usufruitière étant morte au mois de décembre, tous les fruits qui naissent dans les champs, ayant été récoltés par les fermiers au mois d'octobre, on a demandé, au moyen de ce que les fermiers ne doivent payer qu'aux calendes de mars, si l'héritier de l'usufruitière pouvait toucher les fermages de cette année, quoiqu'elle fût morte avant les calendes de mars, ou si ces fermages devaient être partagés entre lui et la république qui était légataire de la propriété. J'ai répondu que la république n'avait pas d'action pour rien exiger du fermier, et que l'héritier de l'usufruitière toucherait les fermages en entier à leur échéance.

Du legs de la sixième partie des revenus des fruits.

§. 1. *Je donne et lègue à Simpronius le sixième dans ce qui reviendra des fruits des potagers que j'ai dans le champ des Farrarius.* On demande si ces paroles font présumer un legs d'usufruit. J'ai répondu qu'il n'y avait pas ici de legs d'usufruit, mais que l'on avait simplement légué le sixième de ce qu'on retirerait des fruits. On a également demandé, puisqu'il n'y avait pas d'usufruit dans cette espèce de legs, si au moins on avait légué par chaque année le sixième des fruits perçus. J'ai répondu que le legs était fait par chaque année, à moins que l'héritier ne prouvât évidemment le contraire.

59. Paulus, *lib*. 3. *sententiarum.*

De arboribus vi tempestatis eversis.

Arbores vi tempestatis, non culpâ fructuarii, eversas, ab eo substitui non placet.

De eo, quod in fundo nascitur, vel indè percipitur de pensionibus locatorum agrorum.

§. 1. Quidquid in fundo nascitur, (vel) quidquid indè percipitur, ad fructuarium pertinet (1); pensiones quoque jam anteà locatorum agrorum, si ipsæ quoque specialiter comprehensæ sint. Sed ad exemplum venditionis (2), nisi fuerint specialiter exceptæ, potest usufructuarius conductorem repellere.

De vectigali fundi quod in compendio cæsæ arundinis, vel pali consistit.

§. 2. Cæsæ arundinis vel pali compendium, si (3) in eo (quoque) fundi vectigal esse consuevit, ad fructuarium pertinet.

60. Idem, *lib*. 5. *sententiarum.*

De usufructuario prohibito vel dejecto.

Cujuscunque fundi usufructuarius prohibitus, aut dejectus, de restitutione omnium rerum simùl occupatarum agit (4); sed et si, medio tempore, alio casû interciderit ususfructus, æquè de perceptis anteà fructibus utilis actio tribuitur.

---

(1) L. 9. supr. h. t.
(2) L. 9. C. de locato.

59. PAUL, *liv.* 3. *des sentences.*

Des arbres arrachés par la violence de la tempête.

Il est décidé que l'usufruitier n'est pas tenu de remplacer les arbres renversés par la violence des vents, sans qu'il y ait de sa faute.

De ce qui naît sur le fonds, ou de ce qui en provient.

§. 1. Tout ce qui provient du fonds sujet à l'usufruit, tout ce que l'on perçoit à son occasion, appartient à l'usufruitier (1), même les fermages des terres louées avant son usufruit, s'ils sont spécialement exprimés dans son legs; mais à l'exemple de ce qui a lieu dans la vente (2), s'il n'y a point eu de réserve, l'usufruitier peut expulser le fermier.

Du revenu de la terre qui consiste en roseaux ou arbres propres à faire des pieux pour la réparation de la maison.

§. 2. Ce que l'on retire de la coupe des roseaux, ou des arbres destinés à faire des pieux, appartient encore à l'usufruitier, si le revenu de la terre consistait dans cette exploitation.

60. LE MÊME, *liv.* 5. *des sentences.*

De l'usufruitier troublé dans sa jouissance ou dépouillé.

L'usufruitier d'un bien, quel qu'il soit, troublé dans sa jouissance, ou dépouillé par violence, a une action (4) pour se faire rendre en même tems tous les fruits qu'on lui a pris, et si son usufruit venait à s'éteindre, il aurait toujours une action utile pour se faire rendre les fruits qu'on aurait perçus pendant sa durée.

---

(3) L. 9. §. alt. supr. h. t.
(4) L. 5. §. pen. l. 10. infr. de vi et vi armat.

De usufructû vindicando a non domino. Si de proprietate vel usufructû sit controversia.

§. 1. Si fundus, cujus ususfructus petitur, non à domino possidetur, actio redditur (1). Et ideò si de fundi proprietate inter duos quæstio sit, fructuarius nihilominùs in possessione esse debet; satisque ei à possessore cavendum (2) est, *quod non sit prohibiturus frui eum, cui ususfructus relictus est, quamdiù de jure suo probet.* Sed, si ipsi usufructuario quæstio moveatur, interim ususfructus ejus offertur; sed caveri de restituendo eo, quod ex his fructibus percepturus est, vel si satis non detur, ipse frui permittitur.

61. NÉRATIUS, *lib.* 2. *responsorum.*

De rivo parietibus imponendo. De ædificio consummando.

Usufructuarius novum rivum (3) parietibus non potest imponere. Ædificium inchoatum, fructuarium consummare non posse, placet; etiamsi eo loco alitèr uti non possit. Sed nec ejus quidèm usumfructum esse; nisi in constituendo vel legando usufructû, hoc specialitèr adjectum sit, ut utrumque ei liceat.

62. TRYPHONINUS, *lib.* 7. *disputationem.*

De venatione.

Usufructuarium venari (4) in saltibus vel montibus possessionis, probè dicitur; nec aprum, aut cervum, quem ceperit, proprium domini ca-

---

(1) L. 5. §. 1. infr. si ususfr. petatur.
(2) V. l. 7. infr. de aqua quotidiana.

De la revendication de l'usufruit sur celui qui n'est pas propriétaire du fonds. S'il y a contestation sur la propriété ou l'usufruit.

§. 1. Si le fonds dont on réclame l'usufruit, n'est pas dans la puissance du propriétaire, l'héritier conserve son action contre tout possesseur (1). C'est pourquoi s'il y a contestation entre deux personnes sur la propriété, l'usufruitier doit toujours être en possession, et le possesseur doit lui donner caution *qu'il ne l'empêchera pas de jouir, en faisant apparaître de son titre.* Mais si c'est à l'usufruitier lui-même que la contestation est faite, son usufruit est suspendu, et néanmoins le propriétaire lui donnera caution de lui rendre, en cas qu'il succombe, les fruits qu'il doit percevoir; ou s'il refuse de donner cette caution, l'usufruitier aura le droit d'entrer lui-même en jouissance.

61. NÉRATIUS, *liv.* 2. *des réponses.*

Des gouttières qui sont pour être mises à un bâtiment. De l'achèvement d'un édifice.

L'usufruitier ne peut pas (3) mettre de nouvelles gouttières au-dessus des murs, ni finir un bâtiment commencé avant son usufruit, quand bien même il n'en pourrait sans cela tirer aucun usage. On doit dire même en ce cas qu'il n'en a pas l'usufruit, à moins que, lors de la constitution, ou du legs, ou de l'usufruit, il n'ait été spécialement ajouté que l'une et l'autre de ces deux choses lui serait permise.

62. TRYPHONINUS, *liv.* 7. *des disputes.*

De la chasse, et du gibier renfermé dans des parcs ou garènes.

L'on peut dire avec juste raison, que l'usufruitier a le droit (4) de chasser dans les bois et sur les montagnes qui sont sur ses possessions, et s'il prend un sanglier ou un cerf, il ne l'acquiert pas au propriétaire, mais il lui

---

(3) L. 44. supr. h. t.
(4) L. 9. §. 5. supr. eod. vide tamen l. 26. infr. de usur.

pit. Sed fructus aut jure (civili) ; aut gentium (1)
suos facit.

§. 1. Si vivariis inclusæ feræ in ea possessione
custodiebantur, quandò ususfructus cœpit, num
exercere eas fructuarius possit, occidere non possit ? aliàs, si quas initio incluserit operis suis, vel
(post) sibimet ipsæ inciderint, delapsæve fuerint,
hæ fructuarii juris sint ? commodissimè tamen ne
per singula animalia facultatis fructuarii, propter
discretionem difficilem, jus incertum sit, sufficit
eundum numerum per singula quoque genera fe-
rarum, finito usufructû, domino proprietatis ad-
signari, qui fuit cœpti ususfructûs tempore.

63. Paulus, *lib. singulari de jure singulari.*

Qui usumfructum constituere possit.

Quod nostrum non est, transferemus ad alios;
velut is (2), qui fundum habet, quamquam usumfructum non habeat, tamen usumfructum cedere
potest.

64. Ulpianus, *lib. 5i. ab edictum.*

De domo reficiendâ.

Cum fructuarius paratus est usumfructum derelinquere (3), non est cogendus domum reficere,
in quibus casibus (et) usufructuario hoc onus
incumbit. Sed et post acceptum contrà eum indi-
cium, parato fructuario derelinquere usumfructum, dicendum est absolvi eum debere à judice.

---

(1) §. 12. Inst. de rer. divis.
(2) L. 72. infr. h. t.

appartient

appartient en toute propriété, ou par le droit civil, ou par le droit des gens (1).

§. 1. Mais si le gibier était renfermé dans des garènes, à l'époque où l'usufruit a commencé, l'usufruitier n'a-t-il seulement que le droit de le chasser pour son propre amusement, ou peut-il le tuer? Ou si l'usufruitier y a lui-même renfermé d'autres animaux, ou qu'ils s'y soient pris ou renfermés d'eux-mêmes, ces derniers lui appartiendront-ils? On peut dire que, pour ne pas laisser dans l'incertitude le droit de l'usufruitier sur ces animaux, à cause de la difficulté qu'il y aurait à distinguer ceux qui y étaient dès le commencement de l'usufruit, et ceux qui y sont venus depuis, il suffit qu'à la fin de l'usufruit l'on rende au maître de la propriété, dans chaque espèce d'animaux, le même nombre qui s'y est trouvé au commencement de l'usufruit.

63. PAUL, *liv. unique, du droit particulier.*

Quel est celui qui a le droit d'établir un usufruit.

Nous pouvons transférer à d'autres ce qui n'est pas à nous. Par exemple, celui (2) qui a la propriété du fonds, peut en céder l'usufruit, quoiqu'il ne l'ait pas.

64. ULPIEN, *liv.* 51. *sur l'édit*

De la maison qui est à réparer.

Lorsque l'usufruitier est disposé à renoncer à l'usufruit, (3) il ne peut être contraint à faire les réparations qui, en cas de jouissance, seraient à sa charge. On doit dire que quand même il se serait présenté en jugement pour contester ces réparations, le juge doit le renvoyer absous, dès l'instant où il offre d'abandonner l'usufruit.

---

(3) L. 48. in pr. supr. l. 65. in pr. infr. eod.

65. Pomponius, *lib. 5. ex Plautio.*

Sed cùm fructuarius debeat, quod suo suorum-
que facto deterius factum sit, reficere, non est
absolvendus, licét usumfructum derelinquere paratus sit; debet (1) enim omne, quod diligens
pater familiâs in suâ domô facit, et ipse facere.

§. 1. Non magis heres reficere debet, quod
vetustate jam deterius factum reliquisset testator,
quàm (2) si proprietatem alicui testator legasset.

66. Paulus, *lib.* 47. *ad edictum.*

Quæ actiones cum usufructuario competunt.

Cum usufructuario non solùm legis Aquiliæ
actio competere potest ; sed et servi corrupti, et
injuriarum, si servum torquendo (3), deteriorem
fecerit.

67. Julianus, *lib.* 1. *ex Mincio.*

De venditione usufructûs.

Cui ususfructus (4) legatus est, etiam invito
herede eum extraneo vendere potest.

68. Ulpianus, *lib.* 17. *ad Sabinum.*

De partû.

Vetus fuit quæstio, *an partus ad fructuarium
pertineret*? Sed Bruti sententia obtinuit, fructua-

----

(1) Immò vide l. 10. infr. de damno infect.
(2) Adde l. 46. in fin supr. h. t.
(3) L. 23. in fin. supr. eod.

65. POMPONIUS, *liv.* 5. *sur* **Plautius**.

Mais l'usufruitier, encore qu'il offre d'abandonner l'usufruit, est toujours tenu de réparer ce qui a été détérioré par
sa faute ou par les siens. Car il doit (1). faire à l'égard de la
chose dont il a l'usufruit, tout ce qu'un bon père de famille
ferait pour conserver la sienne.

§. 1. Il n'y a pas plus d'obligation pour l'héritier de la
nue propriété à réparer ce que le testateur lui-même a laissé
tomber en ruine, que si cette nue propriété eût été léguée
à un étranger (2).

66. PAUL, *liv.* 47. *sur l'édit*.

Quelles sont les actions qui regardent l'usufruitier.

L'usufruitier peut être tenu non-seulement de l'action de
la loi *Aquilia*, mais même de celle qui a lieu dans les cas
où il s'agit d'un esclave détérioré, et dans celui de l'injure
reçue, lorsqu'il a diminué la valeur d'un esclave par les
tourmens qu'il lui a fait (3) souffrir.

67. JULIEN, *liv.* 1. *sur* **Mincius**.

De la vente de l'usufruit.

Le légataire d'un usufruit (4) peut, malgré l'héritier, le
vendre à un étranger.

68. ULPIEN, *liv.* 17. *sur* **Sabinus**.

De l'accouchement.

On a agité anciennement la question de savoir : *si les
enfans d'une femme esclave soumise à l'usufruit, appartenaient à l'héritier ;* mais on a suivi sur cette question l'avis
de Brutus, qui a pensé que l'usufruitier n'y avait aucun
droit. Et en effet un homme ne peut pas être regardé comme

______

(4) §. 1. Inst. l. 2, l. 9. C. eod.

rium in eo locum non habere. Neque (4) enim in fructû hominis homo esse potest. Hâc ratione, nec usumfructum in eo fructuarius habebit. Quid tamen, si fuerit etiam partûs ususfructus relictus, an habeat in eo usumfructum ? Et cum possit partus legari, poterit et ususfructus ejus.

De fœtû.

§. 1. Fœtus tamen pecorum Sabinus et Cassius opinati sunt ad fructuarium pertinere (2).

De grege vel armento supplendo.

§. 2. Planè, si gregis vel armenti sit ususfructus legatus; debebit (3) ex agnalis gregem supplere; id est, in locum capitum defunctorum.

69. POMPONIUS, *lib. 5. ad Sabinum.*

Vel inutilium, alia summittere; ut, post substituta, fiant propria fructuarii, ne lucro ea res cedat domino. Et sicùt substituta statim domini fiunt, ità priora quoquè, ex naturâ fructus desinunt ejus esse. Nàm alioquin, quod nascitur, fructuarii est; et, cùm substituit, desinit ejus esse.

70. ULPIANUS, *lib. 17. ad Sabinum.*

Quid ergo, si non faciat, nec suppleat? Teneri eum proprietario, Gajus Cassius scribit lib. **x.** Juris civilis.

§. 1. Interìm tamen, quamdiû submittantur et suppleantur capita, quæ demortua sunt, cujus

---

(1) L. 28. in fin. infr. de usur. §. 37. Inst. de rer. divis. l. 27 supr. de hered petit.

(2) D. §. 37. Inst. de rer. divis.

un fruit (1) provenu d'un autre ; et par la même raison l'usufruitier n'aura pas même l'usufruit sur cet enfant. Qu'en serait-il cependant si on avait expressément légué l'usufruit sur les enfans à naître de l'esclave, le légataire aurait-il le droit d'en jouir ? Puisque l'on peut léguer la propriété de l'enfant, nul doute que l'on n'en puisse léguer l'usufruit.

Du croît.

§. 1. Cependant Sabinus et Cassius ont pensé que le croît des troupeaux appartenait à l'usufruitier (2).

D'un troupeau de petit ou de gros bétail, qui doit servir à remplacer les bestiaux morts.

§. 2. Si on a légué l'usufruit d'un troupeau, de petit ou de gros bétail, l'usufruitier doit remplacer par le croît qui survient (3), les animaux qui meurent.

69. POMPONIUS, *liv.* 5. *sur Sabinus.*

Ou ceux qui sont inutiles ; ensorte qu'après en avoir substitué de nouveaux, les anciens lui appartiennent en propriété, parce que ce remplacement ne doit pas tourner au profit du propriétaire ; et comme les animaux substitués lui appartiennent à l'instant, de même les anciens, comme l'exige la nature des fruits, cessent aussi d'être à lui. Car d'ailleurs les animaux qui naissent du troupeau appartiennent à l'usufruitier, et cessent d'être à lui quand il s'en sert pour en remplacer d'autres.

70. ULPIEN, *liv.* 17. *sur Sabinus.*

Que serait-ce si l'usufruitier ne faisait pas ce remplacement ? Gajus Cassius, au livre x du droit civil, écrit qu'il doit en tenir compte au maître de la propriété.

§. 1. On demande à qui appartient le croît des animaux, en attendant qu'il y ait lieu à remplacer les animaux morts ? Julien, au livre xxxv du Digeste, écrit que la propriété

____

(3) §. 38. Inst. d. t.

sit fœtus quæritur? Et Julianus lib. xxxv. Digestorum scribit, pendere (1) eorum dominium; ut, si submittantur, sint proprietarii; si non submittantur, fructuarii : Quæ sententia vera est.

§. 2. Secundùm quæ, si decesserit fœtus, periculum erit fructuarii, non proprietarii; et necesse habebit alios fœtus submittere. Undè Gajus Cassius lib. viii. scribit, carnem (2) fœtûs demortui ad fructuarium pertinere.

§. 3. Sed quod dicitur, *debere eum summittere*, totiès verum est, quotiès gregis, vel armenti, vel equitii, id est, universitatis, ususfructus legatus est; cæterùm, si singulorum capitum, nihil supplebit.

§. 4. Item, si fortè eo tempore, quo fœtus editi sunt, nihil fuit, quod summiti deberet, nunc (et) post editionem, utrùm ex his, quæ edentur, summittere debebit, an ex his, quæ edita sunt, videndum est. Puto autem verius, ea, quæ pleno grege edita sunt, ad fructuarium pertinere; sed posteriorem gregis casum nocere debere fructuario.

§. 5. *Summittere* autem facti est. Et Julianus propriè dicit, dispertire, et dividere, et divisionem quandam facere. Quod dominium erit summissorum proprietarii.

71. MARCELLUS, *lib.* 17. *Digestorum.*

De re mutatâ et ad pristinam formam restitutâ.

Si in areâ, cujus ususfructus alienus esset, quis ædificasset intrà tempus, quo ususfructus perit;

---

(1) L. 12. in fin. supr. h. t.

du croît est en suspens (1), de manière que si le croît sert à remplacer les animaux morts, il appartient au propriétaire, et dans le cas contraire, à l'usufruitier ; et cette opinion est vraie.

§. 2. D'après ce qui vient d'être dit, si ce croît vient lui-même à périr, ce sera au risque de l'usufruitier, et non pas du propriétaire, et il n'en demeurera pas moins obligé de remplacer les animaux morts par un nouveau croît D'où Gajus Cassius écrit au livre VIII, que le corps de l'animal (2) mort appartient à l'usufruitier.

§. 3. Quand à ce que l'on dit *qu'il doit remplacer*, cela n'est vrai qu'autant qu'on a légué l'usufruit d'un troupeau entier, soit de gros bétail, soit d'un haras de chevaux, c'est-à-dire, l'usufruit d'un troupeau en nom collectif ; car si on lui a légué l'usufruit de chaque animal en particulier, il n'est pas obligé à remplacer.

§. 4. Il faut encore examiner, si dans l'hypothèse, ou à l'instant du croît, il n'y avait pas d'animaux à remplacer, et que quelques-uns viennent à mourir après, ils doivent être remplacés sur le croît déjà survenu, ou sur celui que l'on attend. Je pense qu'il est plus vrai de dire que le croît arrivé pendant que le troupeau était encore entier, appartient à l'usufruitier, de sorte que la mort survenue depuis dans le troupeau, doit lui nuire.

§. 5. *Remplacer est une chose de fait.* C'est pourquoi Julien a dit que l'on doit faire un partage, et séparer les animaux utiles de ceux qui ne le sont pas, et par ce moyen les animaux substitués appartiendront au propriétaire.

71. MARCELLUS, *liv.* 17. *du Digeste.*

De la chose changée et rendue à sa première forme.

Si quelqu'un bâtit sur un terrein dont l'usufruit est à un autre, dans le tems où cet usufruit vient à s'éteindre, les

---

(2) Immò vide l. 3o. infr. quib. mod. ususf. amitt.

superficie sublatâ, restitui (1) usumfructum, veteres responderunt.

72. Ulpianus, *lib.* 17. *ad Sabinum.*

Si proprietarius usumfructum legaverit.

Si dominus nudæ proprietatis usumfructum
legaverit (2), verum est, quod Mæcianus scripsit
lib. III. quæstionum de fideicommissis, valere
legatum ; et, si fortè in vitâ testatoris, vel antè
aditam hereditatem proprietati accesserit, ad legatarium pertinere. Plùs admittit Mæcianus, etiam
si post aditam hereditatem accessisset ususfructus,
utiliter diem cedere, et ad legatarium pertinere.

73. Pomponius, *lib.* 5. *ad Sabinum.*

Si fructuarius in areâ casam ædificet.

Si areæ ususfructus legatus sit mihi, posse me
casam ibi ædificare custodiæ causâ earum rerum,
quæ in areâ sint.

74. Gajus, *lib.* 7. *ad edictum provinciale.*

De usufructû duobus servis legato.

Si *Sticho servo tuo et Pamphilo meo* legatus
fuerit ususfructus ; tale est legatum, quale, si
mihi, et tibi legatus esset. Et ideò dubium non
est, quin æqualiter (3) ad nos pertineat.

---

(1) L. 36. in pr. supr. h. t. l. 23. l. 24. in pr. infr. quib. mod. ususfr.
amitt.
(2) V. l. 63. supr. h. t.

anciens ont répondu que l'édifice étant détruit, l'usufruit devait être rétabli (1).

72. ULPIEN, *liv.* 17. *sur Sabinus.*

Si le propriétaire a légué l'usufruit d'une chose.

Si le maître de la nue propriété a légué l'usufruit (2), c'est avec raison que Mécianus écrit, au livre III des questions, sur les fidéi-commis, que le legs est valable, et que si l'usufruit retourne à la propriété du vivant du testateur, ou avant que sa succession soit acceptée, il passe au légataire. Mécianus va plus loin, car il pense que quand même l'usufruit ne retournerait à la propriété qu'après que la succession a été acceptée, le legs de l'usufruit serait dû, et passerait au légataire.

73. POMPONIUS, *liv.* 5. *sur Sabinus.*

Si l'usufruitier bâtit un hangard sur le fond sujet à l'usufruit.

Si on m'a légué l'usufruit d'un terrein, je puis y bâtir un hangard pour y garder ce qui y sera renfermé.

74. GAJUS, *liv.* 7. *sur l'édit provincial.*

De l'usufruit légué à deux esclaves.

Si l'usufruit a été légué à votre esclave Stychus et à mon esclave Pamphile, il faut dans ce cas observer les mêmes règles que si l'usufruit nous avait été légué à vous et à moi. Par conséquent nul doute (3) qu'il ne nous appartienne à tous deux.

---

(3) L. 4. in fin. infr. tit. prox. l. 81. in pr. infr. ad leg. Falcid.

TITULUS SECUNDUS.

De usufructû adcrescendo.

1. ULPIANUS, *lib* 17. *ad Sabinum.*

Si ususfructus legetur duobus conjunctim vel separatim.

QUOTIÈNS ususfructus legatus est, ità (1) inter fructuarios est jus adcrescendi, si conjunctim sit ususfructus relictus; cæterùm, si separatim unicuique partis rei ususfructus sit relictus, sinè dubio jus adcrescendi cessat.

Si communi servo.

§. 1. Denique apud Julianum lib. **XXXV.** Digestorum quæritur, si communi servo usufructus sit relictus, et utrique domino adquisitus; an altero repudiante, vel amittente usumfructum, alter totum habeat? et putat ad alterum pertinere (2); et licèt dominis ususfructus non æquis partibus, sed pro dominicis adquiratur; tamen personâ ejus, non dominorum, inspectâ, ad alterum ex dominis pertinere, non proprietati accedere.

Si communi servo, et separatim Titio. Si duobus conjunctim et alteri separatim.

§. 2. Idem ait, et si *communi servo* et separatim *Titio* ususfructus legatus sit, amissum ab

______
(1) V. l. 3. infr. h. t.

TITRE SECOND.

De l'accroissement de l'usufruit.

1. ULPIEN, *liv.* 17. *sur Sabinus.*

Si l'usufruit est légué conjointement ou séparément.

TOUTES les fois que l'usufruit est laissé à plusieurs personnes (1), l'accroissement a lieu entre les légataires, quand le legs leur est fait conjointement. Mais si l'usufruit d'une partie de la chose a été laissé séparément à chacun d'eux, nul doute que l'accroissement n'a pas lieu.

S'il est légué à un esclave commun.

§. 1. Julien, au livre **XXXV** du Digeste, se livre à l'examen de cette question : si un usufruit avait été légué à un esclave commun à deux maîtres, ensorte qu'il fut acquis à chacun d'eux, dans l'hypothèse où l'un répudierait l'usufruit, ou le perdrait, l'autre l'aurait-il en entier ? Julien pense que l'usufruit appartient en entier à ce dernier (2), encore que l'usufruit ne fut pas acquis à ces deux maîtres par portions égales ; cependant on considère la personne de l'esclave, et non celle des maîtres, raison pour laquelle l'usufruit ne retournerait pas à la propriété, mais accroîtrait à l'autre maître.

S'il est légué à un esclave commun, et séparément à Titius, ou à deux personnes conjointement, et en outre à une autre séparément.

§. 2. Le même jurisconsulte dit que si l'usufruit avait été légué à un esclave commun, et en outre à Titius, l'usufruit

---

(2) Obst. l. 20. infr. de legat. 2.

altero ex sociis usumfructum, non ad Titium;
sed ad solum socium pertinere debere, quasi solum
conjunctum. Quæ sententia vera est; nàm, quamdiù vel unus utitur, potest dici usumfructum in
suo statû esse. Idem est, si duobus conjunctìm, et
alteri separatìm ususfructus esset relictus.

De re conjunctis.

§. 3. Interdùm tamen, etsi non sint conjuncti,
tamen ususfructus legatus alteri adcrescit; utputà
si mihi fundi ususfructus separatim totius, et tibi
similiter fuerit relictus. Nàm (ut [et] Celsus
lib. XXXVIII. Digestorum, et Julianus lib. XXXV,
scribit) concursû (1) partes habemus (2). Quod
et in proprietate contingeret; nàm, altero repudiante, alter (totum) fundum haberet. Sed in
usufructû hoc plùs est; quia et constitutus, et
posteà amissus, nihilominùs jus adcrescendi admittit. Omnes enim auctores apud Plautium de
hoc consenserunt. Et (ut Celsus, et Julianus ele-
ganter ajunt) ususfructus cottidiè constituitur et
legatur; non, ut proprietas, eo solo tempore, quo
vindicatur. Cùm primùm itaque non inveniet alter eum, qui sibi concurrat, solus utetur in totum.
Nec refert, conjunctìm, an separitìm (3) relinquatur.

Si duobus heredibus institutis proprietas legetur.

§. 4. Idem Julianus lib. XXXV. Digestorum
scripsit : Si duobus heredibus institutis *deducto
usufructû, proprietas legetur*, jus adcrescendi
heredes non habere ; nàm videri usumfructum
constitutum ; non per concursum divisum.

---

(1) L. 80. infr. de legat. 3.
(2) Adde l. 15. §. 18. infr. de damno infect.

perdu par l'un des deux maîtres, accroîtrait à l'autre, et non à Titius, comme si le legs n'était fait conjointement qu'aux deux maîtres ; et cette opinion est vraie. Car tant qu'un des deux maîtres jouit, on peut dire que l'usufruit reste toujours dans l'état où il a été légué. Il en est de même si l'usufruit a été légué conjointement à deux personnes, et que le testateur ait ajouté séparément un troisième légataire.

De ceux qui sont associés à cause de la chose.

§. 3. Il arrive cependant quelquefois que l'usufruit accroît entre deux légataires, quoiqu'il ne leur ait pas été légué conjointement ; par exemple, supposez que le testateur m'ait légué l'usufruit entier d'un bien fonds, et qu'il vous ait fait séparément le même legs. Car comme le disent Celse, livre xviii du Digeste, et Julien, livre xxxv, c'est parce que nous concourons ensemble (1), que nous n'avons chacun que moitié (2) ; c'est ce qui arriverait dans le legs de la propriété. Car dans cette hypothèse, l'un renonçant à son legs, l'autre le prendrait en entier. Mais il y a cela de plus dans l'usufruit, c'est que lors même qu'il est éteint, après avoir été établi au profit de chaque légataire, le droit d'accroissement a encore lieu. Et en effet tous les auteurs cités par Plautius, sont de cet avis. Et Celse et Julien disent avec raison, que c'est parce qu'il y a tous les jours une nouvelle délivrance et un nouveau legs de l'usufruit, ce qui n'est pas de même dans la propriété, dont le legs n'est délivré qu'une seule fois à l'instant où on en fait la demande. Par conséquent dès que l'un des deux usufruitiers ne trouvera plus personne pour concourir avec lui, il jouira seul de l'usufruit en entier, et il importera peu que le legs ait été fait conjointement ou séparément (3).

Si la propriété est léguée à deux héritiers.

§. 4. Le même Julien a écrit au livre xxxv du Digeste, que si *la nue propriété sans usufruit*, a été léguée, le testateur ayant institué deux héritiers, les héritiers n'ont pas entr'eux le droit d'accroissement. La raison est que l'usufruit paraît divisé entr'eux, par sa constitution même, et non par la nécessité de concourir ensemble.

---

(3) §. 8. Inst. de legat. 1, un. §. 11. vers. sin. vero non. C. de caduc. tollend.

2. AFRICANUS, *lib.* 5. *quæstionum.*

Ideòque amissa pars ususfructûs ad legatarium, eundemque proprietarium redibit.

3. ULPIANUS, *lib.* 17. *ad Sabinum.*

Idem Neratius putat, cessare jus adcrescendi, lib. I. Responsorum. Cui sententiæ congruit ratio Celsi dicentis, totièns (1) jus adcrescendi esse, quotièns in duobus, qui in solidum habuerunt, concursû divisus est.

Si duo domini proprietatem tradiderint.

§. 1. Undè Celsus lib. **XVIII.** scribit, si duo fundi domini, deducto usufructû, proprietatem tradiderint, uter eorum amiserit usumfructum, ad proprietatem redire : sed non ad totum, sed cujusque usumfructum ei parti accedere, quam ipse tradiderit; ad eam enim partem redire debet, à quâ initio divisus est.

Si uni usufructus, alteri fundus legetur. Si apud alterum
ex fructuariis consolidetur.

§. 2. Non solùm autem, si duobus ususfructus legetur, est jus adcrescendi; verùm (2) et si alteri ususfructus, alteri fundus legatus est; nàm, amittente usumfructum altero, cui erat legatus, magis jure adcrescendi ad alterum pertinet, quàm redit ad proprietatem. Nec novum; nàm, et si duobus ususfructus legetur, et apud alterum sit consolidatus, jus adcrescendi non perit, nèque ei, apud quem consolidatus est, neque ab eo; et ipse,

---

(1) L. 1. supr. h. t.

2. AFRICANUS, *liv.* 5. *des questions.*

C'est pourquoi si l'un des héritiers perd son usufruit, sa portion retournera au légataire s'il a la nue propriété.

3. ULPIEN, *liv.* 17. *sur Sabinus.*

Nératius, au livre 1 des réponses, pense que dans ce cas il n'y a pas lieu au droit d'accroissement, et c'est avec raison que l'on peut faire l'application de la règle de Celse, suivant laquelle il n'y a (1) lieu au droit d'accroissement que lorsque deux légataires, qui avaient l'usufruit en entier, se trouvent forcés de le partager à cause de leur concours.

Si deux maîtres ont livré la propriété d'une chose.

§. 1. C'est ce qui a fait dire à Celse, au livre **XVIII**, que si deux propriétaires d'un fonds, avaient vendu leur propriété en en réservant l'usufruit, et que l'un d'eux fût perdu, cette portion d'usufruit retournera à la propriété, non pas à la propriété entière, mais l'usufruit de chacun, retournera à la portion de propriété qu'il aura aliéné. Car c'est une justice qu'il retourne à la portion dont il a été séparé.

Si l'ususufruit est légué à l'un, et la propriété à l'autre.
Si l'usufruit se trouve confondu dans la personne de
l'un des usufruitiers.

§. 2. Non-seulement il y a lieu au droit d'accroissement, si l'usufruit a été légué à deux personnes, mais encore (2) lorsque l'usufruit a été légué à l'un, et la propriété à l'autre; car l'un perdant l'usufruit qui lui a été légué, cet usufruit passe à l'autre plutôt par droit d'accroissement, que par un retour à la propriété, et cela n'a rien d'étonnant; car si l'usufruit est légué à deux personnes, et que l'une d'elles l'eût consolidé en acquérant la propriété, le droit d'accroissement ne serait nullement éteint, soit à l'égard de celui qui a acquis la propriété, et a par conséquent consolidé son usufruit, ni à l'égard de l'autre; et le légataire lui-même

---

(2) L. 6. in fin. pr. infr. de usufr. ear. rer.

quibus modis amitteret antè consolidationem , iisdem et nunc amittet. Et ità et Neratio et Aristoni videtur, et Pomponius probat.

4. JULIANUS, *lib.* 35. *Digestorum.*

De duobus usufructuariis , et habente plenum dominium conjunctis.

Si tibi proprietas fundi legata fuerit, mihi autem et Mævio et tibi ejusdem fundi ususfructus; habebimus ego et Mævius trientes in usufructû , unus triens proprietati miscebitur. Sivè autem ego, sive Mævius, capite minuti fuerimus, triens inter te; et alterutrum nostrum dividetur; ità ut semissem in usufructû habeat is, qui ex nobis capite minutus non fuerat, ad te proprietas cùm parte dimidiâ ususfructûs pertineat.

5. GAJUS , *lib.* 7. *ad edictum provinciale.*

Et si tradideris alicui proprietatem , *deducto ususfructû,* nihilominùs putat Julianus adcrescere; nec videri novum , tibi adquiri usumfructum.

6. ULPIANUS, *lib.* 17. *ad Sabinum.*

Idem et si apud unum ex tribus fructuariis consolidatus sit ususfructus.

Si uni proprietas , alteri pars ususfructûs legetur.

§, 1. Sed si cui proprietas, deducto usufructû, legata sit, et mihi pars ususfructûs; videndum erit, an inter me et heredem jus adcrescendi versetur? et verùm est, ut quisquis amiserit, ad proprietatem revertatur (1).

---

(1) V. l. 53. in pr. supr. de usufr. l. 4. infr. si ususfr. petatur.

qui

qui a acquis la propriété peut encore perdre son usufruit, par les mêmes moyens qu'il le pouvait avant cette acquisition. C'est le sentiment de Nératius et d'Ariston, approuvé par Pomponius.

4. JULIEN, *liv.* 35. *du Digeste.*

De deux usufruitiers joints ensemble, pour jouir de l'usufruit, la propriété étant léguée à un autre.

Si l'on vous a légué la propriété d'un bien fonds, et à Mævius et à moi l'usufruit de ce même bien fonds, nous aurons Mævius et moi chacun un tiers dans l'usufruit, et le troisième tiers sera confondu dans votre propriété; et si Mævius ou moi venons à perdre l'état civil, le tiers de celui qui aura perdu son état, sera partagé entre vous et l'autre légataire. De sorte que celui des légataires qui n'aura pas souffert de changement dans son état, aura la moitié dans l'usufruit, et l'autre moitié se confondra dans votre propriété.

5. GAJUS, *liv.* 7. *sur l'édit provincial.*

Si vous vendez votre propriété, en *vous réservant l'usufruit*, Julien pense qu'il n'y aura pas moins lieu au droit d'accroissement, et qu'il ne doit pas paraître étonnant que l'usufruit vous soit acquis.

6. ULPIEN, *liv.* 17. *sur Sabinus.*

Il faut dire la même chose, si de trois légataires de l'usufruit, l'un venait à acquérir la propriété.

Si la propriété est léguée à l'un, et une partie de l'usufruit à l'autre.

§. 1. Mais si la nue propriété a été léguée à quelqu'un avec réserve de l'usufruit, et qu'une portion de cet usufruit m'ait été léguée, c'est le cas d'examiner s'il y avait lieu au droit d'accroissement entre moi et l'héritier du testateur. Or il est juste que dès que l'un de nous perd sa portion, elle doive retourner à la propriété (1).

Si ususfructus uni purè, alteri sub conditione legetur

§. 2. Si mihi ususfructus fundi purè, tibi sub conditione legatus sit ; potest dici, totiûs fundi usumfructum ad me pertinere interim; et, si capite, minutus fuero, totum amittere (1) sed, si extiterit conditio, totum usumfructum ad te pertinere, si fortè capite deminutus sum; cæterùm cùm in meo statû maneo, communicandum usumfructum.

7. PAULUS, *lib.* 3. *ad Sabinum.*

De usufructû relicto Attio, et heredibus, vel Attio et Sejo, cum heredibus suis, vel mulieri cum liberis, vel his cum matre.

Si quis Attio et heredibus suis usumfructum legaverit, dimidiam Attius, dimidiam heredes habebunt. Quòd si ità scriptum sit, *Attio et Sejo, cum heredibus meis*, tres (2) partes fient ; ut unam habeant heredes, alteram Attius, tertiam Sejus. Nec enim interest (3) ità legetur, *illi et illi cùm Mœvio* : an ità, *illi et illi et Mœvio.*

8. ULPIANUS, *lib.* 17. *ad Sabinum.*

Si mulieri cùm liberis suis ususfructus legetur, amissis liberis, ea usumfructum habet ; (sed) et matre mortuâ, liberi ejus nihilominùs usumfructum habent, jure adcrescendi. Nàm et Julianus lib. xxx. Digestorum ait, idem intelligendum in eo, qui solos liberos heredes scripserit ; licèt non, ut legatarios, eos nominaverit, sed ut ostenderet magis velle se, matrem ità frui, ut liberos secùm habeat fruentes.

---

(1) L. 1. infr. quib. mod. ususfr. amitt. l. 16. C. de usufr.
(2) V. l. 34. in pr. infr. de legat. 1.

Si l'usufruit est légué à celui-ci purement, et à celui-là sous condition.

§. 2. Si l'usufruit d'un fonds m'a été légué purement et simplement, et à vous sous condition, on peut dire que jusqu'à l'accomplissement de la condition, la totalité de l'usufruit m'appartient ; que si je perds mon état, je perds l'usuf uitier en entier (1) ; mais que si la condition arrive, tout l'usufruit vous appartient, dans le cas où je viendrais à perdre mon état. Du reste, tant que je le conserve, il doit être partagé entre nous deux.

7. PAUL, *liv.* 3. *sur Sabinus.*

De l'usufruit légué à Attius et à ses héritiers, ou à Attius et Sejus, avec leurs héritiers, ou à une femme avec ses enfans, ou à ceux-ci avec leur mère.

Si quelqu'un a légué l'usufruit à Attius conjointement avec ses héritiers, Attius et ses héritiers en jouiront chacun par moitié. Que si le testateur s'est exprimé ainsi : *je lègue l'usufruit à Attius et Sejus, conjointement avec mes héritiers*, l'usufruit sera alors partagé (2) en trois portions ; et en effet il n'y a pas de différence entre ces deux formules (3), *à un tel et à un tel* conjointement avec *Mævius*, et celle-ci *à tel et tel, et à Mævius.*

8. ULPIEN, *liv.* 17. *sur Sabinus.*

Si l'usufruit a été légué à une femme, conjointement avec ses enfans, dans le cas où elle perdrait tous ses enfans, elle aura l'usufruit entier, de même que si les enfans venaient à perdre leur mère, les enfans l'auront également par droit d'accroissement ; car Julien écrit au livre XXX du Digeste, qu'il faudrait en dire de même si le testateur n'avait institué que les enfans pour héritiers, léguant l'usufruit à leur mère, conjointement avec eux, quoiqu'il ne les eût pas nommés pour légataires, mais qu'il eût simplement prétendu montrer que son intention était que la mère jouît concurremment

____

(3) L. 56. §. 2. infr. d. t.

Sed et Pomponius quærit , quid si mixti fuerint
liberi, et extranei heredes? et ait , filios legatarios
esse intelligendos. Et per contrarium, si voluerit
eos liberos simùl cùm matre frui ; debere dici ,
matrem legatariam esse intelligendam; et per omnia similem esse (et) in hoc casû juris eventum.

9. AFRICANUS , *li. 5. quæstionum.*

*Si dominium duobus, ususfructus uni , vel ususfructus
duobus , dominium uni legetur.*

Si proprietas fundi duobus (1), ususfructus uni
legatus sit, non trientes in usufructû habent, sed
semissem duo, semissem fructuarius. Item contrà,
si duo fructuarii , et unus fundi legatarius sit.

10. ULPIANUS , *lib. 17. ad edictum.*

De usufructû ei qui partem amitit adcrescente.

Interdùm pars ususfructûs et non habenti partem suam, sed amittenti adcrescit. Nàm si ususfructus duobus fuerit legatus, et alter lite contes-
tatâ amiserit usumfructum , et mòx collegatarius,
qui litem contestatus non erat, usumfructum
amisit : partem dimidiam duntaxàt, quam amisit,
qui litem contestatus est adversùs eum, qui se
liti obtulit, à possessore consequitur : pars enim
collegatarii ipsi adcrescit, non domino proprietatis; ususfructus enim personæ (2) adcressit,
et si fuerit amissus.

----

(1) L. 26. §. fin. infr. de usû et usufr. legat.
(2) L. 14. §. 1. infr. de except. rei judic.

avec ses enfans. Mais Pomponius demande ce qu'il en serait si les enfans étaient institués héritiers avec d'autres ? et il dit que dans ce cas les enfans doivent être regardés comme légataires. Par la raison contraire, si son intention a été que les enfans dussent jouir avec leur mère, qu'il a institué héritière, on doit dire que la mère doit être regardée comme légataire, et dans ce cas, les choses seront faites de la même manière que dans le premier.

9. AFRICANUS, *liv.* 5. *des questions.*

Si le domaine est légué à deux personnes, à l'une l'usufruit,
ou l'usufruit à deux, et le domaine à une seule.

Si la propriété a été léguée à deux personnes (1), et l'usufruit à une seule, l'usufruit ne sera pas partagé par tiers; mais les co-propriétaires auront la moitié de l'usufruit, et l'usufruitier l'autre moitié; il en sera de même s'il y a deux usufruitiers et un seul légataire de la propriété.

10. ULPIEN, *liv.* 17. *sur l'édit.*

De l'usufruit accroissant à celui qui a perdu sa portion.

Quelquefois une portion de l'usufruit accroît à un légataire qui n'a pas sa portion, ou qui l'a perdue. Car si l'usufruit a été légué à deux personnes, et que l'une attaquée en justice, perde sa portion, et qu'ensuite le collégataire qui n'avait eu aucune part dans le procès, vienne également à perdre la sienne, le propriétaire ne peut exiger que la moitié perdue par celui qui a souffert la contestation; car la portion perdue de l'autre, accroît à son collégataire, et non au maître de la propriété, par la raison que l'usufruit accroît à la personne (2), lors même qu'elle a perdu sa portion.

11. **Papianus**, *lib.* 2. *definitionum.*

De usufructû singulis, a singulis heredibus relicto.

Cùm singulis, ab heredibus singulis, ejusdem rei fructus legatur, fructuarii separati videntur, non minùs quàm si æquis portionibus, duobus ejusdem rei fructus legatus fuisset : undè fit, ut inter eos jus adcrescendi non sit,

12. **Ulpianus**, *lib.* 17. *ad Sabinum.*

Cùm alius ab alio herede usumfructum vindicat.

11. PAPINIEN, *liv.* 2. *du Digeste.*

De l'usufruit qui doit être délivré par chaque hérititier à différens légataires.

Lorsque chaque héritier est chargé de livrer l'usufruit d'une même chose à des légataires différens, les usufruitiers sont distincts et séparés, de même que si l'usufruit d'une seule et même chose, eût été légué à deux personnes par égales portions; ce qui fait qu'il n'y a pas lieu entr'eux au droit d'accroissement.

12. ULPIEN, *liv.* 17. *sur Sabinus.*

Puisque chaque légataire forme sa demande en usufruit séparément contre chaque héritier.

TITULUS TERTIUS.

Quandò dies ususfructûs legati cedat (1).

1. ULPIANUS, *lib.* 17 *ad Sabinum.*

Quotiès dies ususfructûs cedit.

QUANQUAM ususfructus ex fruendo consistat, id est, facto aliquo ejus, qui fruitur et utitur : tamen semèl cedit dies (2) aliter atquè si cui *in menses*, vel (*in*) *dies*, vel (*in*) *annos singulos* quid legetur; tunc enim per dies singulos, vel menses, vel annos dies legati cedit. Undè quæri potest, si ususfructus cui *per dies singulos* legetur, vel *in annos singulos*, an semèl cedat? Et puto non cedere simùl, sed per tempora adjecta, ut plura legata (3) sint. Et ità lib. IV Digestorum Marcellus probat in eo, cui *alternis diebus* ususfructus legatus est.

De fructû qui quotidiè percipi non potest.

§. 1. Et ideò, si (is) fructus legatus sit, qui quotidiè percipi non potest, non erit inutile legatum sed dies habebunt legatum, quibus frui potest.

---

(1) Adde lib. 36. tit. 2, infr. Quando dies legatorum vel fideicommissorum cedat.

TITRE TROIS.

De l'époque ou le legs de l'usufruit commence à être dû (1).

1. ULPIEN, *liv.* 17. *sur Sabinus.*

Combien de fois l'usufruit est dû.

ENCORE que l'usufruit consiste dans la jouissance, c'est-à-dire, dans le fait de celui qui jouit, cependant le legs n'est dû qu'une seule fois (2), et à seul jour fixe. Il en est autrement si on a légué quelque chose qui dût être touché *par mois, ou par jour, ou par année*; car alors le legs est dû de nouveau chaque jour, chaque mois, ou chaque année. D'où l'on peut demander, si de même l'usufruit légué *par chaque jour,* ou par chaque année, ne serait dû qu'une seule fois. Pour moi, je pense qu'il n'est pas seulement dû une fois, mais autant de fois qu'il y a d'époques fixées, comme s'il y avait autant de legs (3) particuliers : et c'est ainsi que pense Marcellus, au liv. IV du Digeste, lorsqu'il parle de celui à qui l'usufruit a été laissé pour en jouir *de deux jours l'un.*

Des fruits qui ne peuvent être perçus tous les jours.

§. 1. C'est pourquoi s'il a été légué un usufruit tel que l'on ne puisse en jouir tous les jours, le legs n'en sera pas pour cela regardé comme inutile, et il sera censé fait pour les jours où il est possible d'en jouir.

____

(2) V. l. 213. in pr. infr. de verb. sign.
(3) L. 10. infr. quando dies legator.

Quandò dies ususfructûs.

§. 2. Dies autem ususfructûs, item usûs, non priùs cedet, quàm hereditas adeatur (1). Tunc enim constituitur ususfructus, cùm quis jam frui potest. Hâc ratione et si servo hereditario (2) ususfructus legetur, Julianus scribit, quamvis cætera legata hereditati adquirantur, in usufructû tamen personam domini, expectari, qui uti et frui possit.

§. 3. Itèm si ex die ususfructus legetur, dies ejus nondùm cedet, nisi cùm dies venit (3). Posse enim usumfructum ex (4) die legari, et in diem, constat.

Vel actio de usufructû cedat.

§. 4. Non solùm autem usufructûs antè aditam hereditatem dies non cedit, sed nec actio de usufructû. Idemque, et si ex die fuerit legatus ususfructus. Denique Scævola ait, agentem antè diem ususfructûs, nihil facere : quamvis aliàs, qui antè diem agit, malè (5) agit (6).

---

(1) L. 2. infr. d. t. adde l. un. §. 6. C. de caduc. tollend.
(2) L. 18. infr. tit. prox.
(3) L. 2. et 5. infr. quando dies legator.

Quand arrive le jour de l'usufruit,

§. 2. L'usufruit ou l'usage ne sera dû que du jour où la succession aura été acceptée (1). Et en effet l'usufruit ne peut être établi, qu'au moment où l'usufruitier peut jouir. Par cette raison, si l'usufruit est légué à l'esclave d'une succession vacante (2), Julien écrit que quoique les autres legs soient acquis à la succession, il n'en est pas de même du legs d'usufruit qui exige que la succession ait un maître qui soit en état de jouir.

§. 3. De même si l'usufruit est légué pour ne devoir commencer qu'à une certaine époque, il ne commencera à être dû que du jour de l'échéance de l'époque fixée (3). Car il est constant que l'usufruit peut être légué pour ne commencer qu'à une certaine époque (4) ; ou pour ne durer que pendant un certain tems.

Ou quand on peut exercer une action relativement à un usufruit.

§. 4. Non-seulement l'usufruit n'est pas dû avant l'acceptation de la succession, mais même avant cette acceptation, l'usufruitier n'a pas d'action. Il en est de même de l'usufruit qui ne doit commencer qu'à une certaine époque. Enfin Scevola dit, que celui qui agit avant l'époque où l'usufruit doit commencer, fait un acte nul, quoique dans les autres actions, celui (5) qui forme sa demande avant le tems, fasse simplement une mauvaise procédure (6).

---

(4) L. 4. supr. de usufr.
(5) Excip. l. 14. in pr. infr. de pignor. et hypoth.
(6) L. 2. §. 6. infr. de eo quod certo loco.

TITULUS QUARTUS.

Quibus modis usufructus, vel usus amittitur.

1. ULPIANS, *lib.* 17. *ad Sabinum.*

De capitis diminutione.

Non solùm usumfructum amitti *capitis minutione* (1) constat, sed et actionem de usufructû. Et parvi refert, utrùm jure sit constitutus ususfructus, an verò tuitione (2) prætoris. Proindè traditus quoque ususfructus, item in fundo vectigali, vel superficie, (non) jure constitutus, capitis minutione amittitur.

§. 1. Sed ità demùm amittitur capitis diminutione ususfructus, si jàm constitutus est: cæterùm, si antè aditam hereditatem, aut antè diem cedentem quis capite minutus est; constat non admitti.

§. 2. Si tibi fundus ex die legatus est, et usum'fructum mihi rogatus es restituere, videndum erit, si capite minutus fuero intrà diem legato tuo insertum, ne fortè salvus sit mihi ususfructus:

____

(1) L. 16. C. de usufr. l. 6. in fin. supr. de usufr. accresc. §. 3. Inst, de usufr. §. 1. Inst. de adquis. per arrog.

TITRE QUATRE.

De quelles manières on perd l'usufruit, ou l'usage.

I. ULPIEN, *liv.* 17. *sur Sabinus.*

Du changement d'état.

Il est certain que l'usufruit se perd non-seulement *par le changement* d'état (1) mais encore que l'action que l'on a pour se le faire donner, s'éteint par ce même changement d'état, et il importe peu que cet usufruit ait été établi par le droit civil, ou par un jugement émané de l'autorité (2) du préteur; ainsi l'usufruit, soit qu'il soit donné par le propriétaire d'un fonds tenu à bail emphytéotique, ou par celui qui n'a que la superficie, encore qu'il ne soit pas établi par les règles du droit civil, sera cependant perdu par le changement d'état de l'usufruitier.

§. 1. Mais l'usufruit ne pourra être perdu de cette manière, qu'après qu'il aura été acquis. Au reste, il est certain que si le changement d'état a eu lieu à l'égard de l'usufruitier, ou avant l'acceptation de la succession, ou avant le jour où l'usufruit a commencé à être dû, celui-ci ne perd pas son droit.

§. 2. Si l'on vous a légué la propriété d'un fonds dans un tems fixe, et que l'on vous ait chargé de m'en donner l'usufruit, il y aura lieu à examiner si, moi ayant souffert un changement d'état dans l'intervalle du tems qui était fixé pour votre legs, je conserverai néanmoins mon droit

____

(2) L. 9. §. 1. infr. usufr. quemadm. caveat.

quasi antè diem cedentem, capitis minutio interveniat? quod benignè dici poterit.

§. 3. Usquè adeò autem capitis (1) minutio
eum demùm usumfructum perimit, qui jàm
constitutus est, ut si *in singulos annos*, vel *menses*, vel *dies* legatus sit, is demùm amittitur, qui
jàm processit : et si fortè *in annos singulos*
legatus est, illius duntaxat anni ususfructus
amittetur; et si *in menses*, ejus mensis; si *in dies*,
ejus diei.

2. Papianus, *lib.* 17. *quæstionum.*

De usufructû alternis annis relicto.

Si duobus separatim, *alternis annis* (2), ususfructus relinquatur, continuis annis, proprietas
nuda est : cùm si legatarium unum substituas,
cui alternis annis legatus sit ususfructus, plena sit
apud heredem proprietas eo tempore, quo jus
fruendi legatario non est. Quòd si ex duobus illis
alter decedat, per vices temporum plena proprietas erit. Neque enim adcrescere alteri quicquam
potest : quoniàm propria quisque tempora, non
concurrente altero, fructus integri habuit.

§. 1. Si non mors (3), sed capitis diminutio
intercesserit : quià plura legata sunt, illius anni
tantùm, si modò jus fruendi habuit, fructus amissus erit. Quod et in uno legatario, qui fructum
in singulos annos accepit defendendum est : ut
commemoratio temporum, repetitionis potestatem habeat.

§. 2. Cùm singulis fructus alternis annis legatur,

---

(1) In pr. supr. hic.
(2) L. 54. in pr. supr. de usufr..

sur l'usufruit, comme si ce changement était arrivé avant le tems où l'usufruit a commencé à être dû. L'on pourrait en s'écartant un peu de la rigidité des principes, soutenir l'affirmative.

§. 3. Il est tellement constant que le changement d'état (1) ne fait perdre que l'usufruit déjà acquis; que s'il était question d'un usufruit laissé *par année*, *par mois*, *ou par jour*, il n'y aurait que celui qui court qui serait perdu, c'est-à-dire, celui *de l'année*, *du mois*, *ou du jour*, où ce changement serait arrivé.

2. Papinien, *liv.* 17. *des questions.*

De l'usufruit légué pour en jouir de deux années l'une.

Si l'usufruit est laissé à deux personnes séparément, pour en jouir chacune alternativement (2) d'année en année, la propriété est nue pendant tout le tems, au lieu que si vous ne léguiez l'usufruit qu'à une seule personne, pour en jouir de deux années l'une, la propriété serait pleine dans la personne de l'héritier pendant le tems où l'usufruitier n'aurait pas droit de jouir. Si de ces deux légataires de l'usufruit, l'un vient à mourir, la propriété sera alternativement pleine et nue, car il n'y a pas lieu, en ce cas, au droit d'accroissement au profit de l'autre, parce que chaque légataire a eu son tems de jouissance entière, certaine et fixe, sans jamais concourir avec l'autre.

§. 1. Si la perte de l'usufruit avait eu lieu, non pas (3) parce que l'un des légataires serait mort, mais parce qu'il aurait changé d'état, comme il existe plusieurs legs, il n'y aura de perdu que l'usufruit de l'année où ce changement d'état sera arrivé, pourvu toutes fois que ce fût son année de jouissance; on doit observer la même chose, lorsqu'il n'y a qu'un seul légataire à qui l'usufruit a été laissé par chaque année, en ce que cette mention d'époques a la force d'un legs qui se répète d'une époque à une autre.

§. 2. Lorsque l'usufruit est légué à deux personnes, pour

---

(3) D. 5. in pr. infr. h. t.

si consentiant (1) in eundem annum, impediuntur: quod non id actum videtur, ut concurrerent. Multùm etenìm refert *duobus simùl alternis annis* legetur, (quod sanè ultrà primum annum procedere non poterit, non magìs quàm si uni legatus ità fuisset), *an singulis alternis annis.* Nàm si concurrere volent, aut impedient invicèm propter voluntatem, aut, si ea non refragabitur, singulorum annorum fructus vacabit.

3. Ulpianus, *lib.* 17. *ad Sabinum.*

De repetitione ususfructûs, et jure adcrescendi.

Sicut *in annos singulos* ususfructus legari potest, ità et capitis minutione amissus legari potest : ut adjiciatur, *quotièsque capite minutus erit, ei lego* : vel sic : *quotiès amissus erit.* Et tunc, si capitis minutione amittatur, repetitus (2) videbitur. Undè tractatum est si cui *quamdiù vivat,* ususfructus legatus sit : an videatur repetitus quotièns amissus est. Quod et Mæcianus tentat. Et puto repetitum videri. Quarè, si *usquè ad tempus* sit legatus, ut putà *usquè ad decennium,* idem erit dicendnm.

§. 1. Hæc autem repetitio, quæ fit post amissum capitis minutione usumfructum, quæritur, an (et) jus adcrescendi secùm (salvum) habeat : utputà, *Titio et Mævio* ususfructus legatus est, et, si Titius capite minutus esset, eidem usum-

***

(1) L. 54. supr. de usufr. l. 84. in fin. infr. de legat. 1.

en.

en jouir chacune alternativement d'année en année, si elles consentent à prendre la même année (1), elles ne peuvent le faire, parce que le testateur n'a pas voulu qu'elles concourussent. Car il importe beaucoup d'examiner si l'usufruit a été légué en même tems *à deux personnes pour en jouir chacune alternativement,*) et alors il ne peut y avoir de difficulté entre elles que pour la première année, comme si l'usufruit n'avait été légué qu'à une seule personne), *ou si l'usufruit a été légué à chaque personne en particulier pour en jouir alternativement d'année en année,* car alors, ou elles ne pourront pas concourir, et prendre la même année, en ce que cela est contraire à l'intention du testateur, ou quand même ce ne serait pas aller contre, la jouissance d'une année alternativement serait vacante.

3. ULPIEN, *liv.* 17. *sur Sabinus.*

De la répétition de l'usufruit, et du droit d'accroissement.

Comme l'usufruit peut être légué par chaque année, de même, dans le cas où il aurait été perdu par un changement d'état, il peut être légué de nouveau, de manière que le testateur peut aussi ajouter : *toutes les fois que mon légataire changera d'état,* ou *toutes les fois qu'il perdra son usufruit, je le lui donne et lègue de nouveau;* et alors si l'usufruit est perdu par le changement d'état, il sera censé (2) renouvellé. De-là on a agité la question de savoir si l'usufruit laissé à une personne, *pendant sa vie,* devra être censé renouvellé toutes les fois qu'elle le perdra. Mécianus soutient qu'il est censé renouvellé, et je suis de son avis. C'est pourquoi il faudra dire la même chose, si l'usufruit a été légué *pour un certain tems,* par exemple, *pour dix ans.*

§. 1. On demande si ce renouvellement de l'usufruit qui a lieu, après qu'il a été perdu par le changement d'état, emporte et conserve avec lui le droit d'accroissement : par exemple, l'usufruit a été légué à *Titius* et à *Mævius,* et il a été renouvellé en la personne de *Titius,* s'il venait à changer d'état. On a demandé, dans l'hypothèse où Titius serait en jouissance par le renouvellement de son

---

(2) V. l. 13. infr. de usù et usufr. legat.

fructum legavit : quæsitum est, si Titius ex repetitione usumfructum haberet, an inter eos jus
adcrescendi salvum esset? et Papinianus lib. XVII
quæstionum scribit, salvum esse, perindè ac si
alius esset Titio in usufructû substitutus: hos enìm,
tametsi non verbis, re tamen conjunctos videri(1).

§. 2. Idem Papinianus quærit, *si Titio et Mævio*
usufructû legato, in repetitione ususfructûs non
totum, sed partem Titio relegasset : an viderentur
conjuncti? Et ait, si quidèm Titius amiserit, totum
socio adcrescere : quòd si Mævius amisisset, non
totum adcrescere, sed partem ad eum ; partem ad
proprietatem redire, quæ sententia habet rationem. Nequè (enìm) potest dici, eo momento,
quo quis amittit usumfructum, et resumit, etiam
ipsi quicquam ex usufructû adcrescere : placet
enìm nobis ei, qui amittit usumfructum, ex eo,
quòd amittit, nihil adcrescere.

De morte.

§. 3. *Morte* (2) quoque amitti usumfructum,
non recipit dubitationem : cùm jus fruendi morte
extinguatur; sicutì si quid aliud, (quod) personæ
cohæret.

4. MARCIANUS, *lib.* 3. *institutionum.*

De usufructû à legatario restituendo.

Si legatum usumfructum legatarius alii restituere rogatus est, id agere prætor debet, ut ex
fideicommissarii (3) personâ magis, quàm ex legatarii, pereat ususfructus.

---

(1) L. 89. infr. de legat. 3.

usufruit, si le droit d'accroissement aurait lieu entre les deux légataires. Papinien, au livre 17 des questions, écrit que le droit d'accroissement subsiste comme s'il y avait un nouveau légataire substitué à Titius dans son usufruit. Car ces légataires sont censés conjoints (1), non pas à la vérité par la clause du testament, mais par la chose elle-même.

§. 2. Le même Papinien demande si l'usufruit ayant été légué à Titius et Mævius, ils seraient conjoints dans l'hypothèse où le testateur renouvellant l'usufruit à Titius, ne le lui aurait pas légué tout entier, mais seulement une partie ; et il dit que dans le cas où Titius viendra à perdre son usufruit, il accroîtra en entier à son collégataire; que si Mævius perd le sien, il n'accroîtra pas tout entier à Titius, mais seulement en partie; et l'autre partie retournera à la propriété. Ce sentiment n'est pas dénué de raison: car on ne peut pas dire que l'usufruit accroît à quelqu'un, quand il le perd et le reprend. Et en effet, nous pensons que celui qui perd son usufruit, et le reprend, ne reçoit pas par accroissement ce qu'il avait perdu.

De la mort.

§. 3. Il n'y a pas de doute que l'usufruit ne s'éteigne par la mort (2), puisque le droit de jouir, ainsi que toutes les autres espèces de droits qui sont inhérens à la personne, s'éteignent par la mort.

4. MARCIEN, *liv. 3. des institutes.*

De l'usufruit qui doit être rendu par le légataire.

Si le légataire de l'usufruit est chargé de le faire passer à un autre, le préteur devra, lorsqu'il s'agira de l'extinction de l'usufruit, avoir plutôt égard à la personne du fidéicommissaire (3), qu'à celle du légataire.

---

(2) L. 8. infr. de annuis legat. l. 29. infr. de usû et usufr. legat. l. 3. in pr. l. 10. l. 12. l. 16. C. §. S. Inst. de usufr.
(3) V. l. 29. in fin. infr. h. t.

5. Ulpianus, *lib.* 17. *ad Sabinum.*

De repetitione usufructûs post mortem.

Repeti (1) potest (legatus) ususfructus amissus qualicunque ratione : dummodò (2) non morte, nisi fortè heredibus legaverit.

De usufructû servi , perquem ususfructus est adquisitus, alienato.

§. 1. Si quis usumfructum solùm (3) servi alienaverit , per quem ususfructus ei adquisitus est , dubium non est, quìn ususfructus per eum adquisitus, retineatur.

De rei mutatione. De ædibus collapsis vel exustis.

§. 2. *Rei mutatione* (4) interire usumfructum, placet. Veluti, ususfructus mihi ædium legatus est, ædes corruerunt, vel exustæ sunt : sinè dubiò extinguitur. (5) An et areæ? Certissimum est, exustis ædibus, nec (6) areæ (7), nec cæmentorum usumfructum deberi. Et ità (et) Julianus.

De ædificio in areâ pisito.

§. 3. Si areæ sit ususfructus legatus , et in eâ ædificium sit positum, rem mutari (8) et usumfructum extingui constat. Planè si proprietarius hoc fecit, ex testamento, vel de dolo tenebitur(9 .

---

(1) L. 3. supr. eod. l. 25. infr. de usû et usufr. legat.
(2) L. 2. §. 1. supr. h. t.
(3) Adde l. 15. C. de usufr.
(4) L. 23 l. 24. infr. h. t.
(5) L. 20. §. 2. infr. de servit. præd. urban.

5. ULPIEN, *liv.* 17. *sur Sabinus.*

De la répétition de l'usufruit après la mort.

L'usufruit légué pourra être renouvellé par le testateur (1) pour tous les cas où il viendra à se perdre, excepté pour celui de la mort (2), à moins qu'il ne le lègue aux héritiers de l'usufruitier.

De l'aliénation de l'usufruit de l'esclave par lequel il est acquis

§. 1. Si quelqu'un aliène seulement (3) l'usufruit d'un esclave par lequel l'usufruit lui avait déjà été acquis à lui-même, il n'est pas douteux qu'il conserve l'usufruit qu'il avait acquis avant par son esclave.

Du changement de la chose. Des maisons tombées en ruine ou brûlées.

§. 2. Il a été décidé que l'usufruit s'éteint par le *changement de la* (4) *chose* qui en fait l'objet; par exemple : on m'a légué l'usufruit d'une maison; elle s'est écroulée, ou elle a été brulée; nul doute que, dans ce cas, l'usufruit ne soit éteint (5). Mon usufruit sur le terrein sera-t-il également éteint? Il est très-certain que la maison étant une fois brûlée, l'usufruit n'existe plus (6) ni sur le terrein (7), ni sur les matériaux. C'est le sentiment de Julien.

D'un édifice bâti sur un terrein donné en usufruit.

§. 3. Si on a légué l'usufruit d'un terrein, et qu'il ait été ensuite bâti sur ce terrein, il est constant que le changement de la chose (8) entraine avec lui l'extinction de l'usufruit. Mais si c'est le propriétaire qui a fait la construction, l'usufruitier a contre lui une action qui vient du testament, ou celle qui dérive du dol (9).

---

(6) L. 34. in fin. L. 36. in pr. supr. de usufr. §. 3. in fin. Inst. eod.
(7) Immò vide l. 22. in fin. infr. de legat. 1.
(8) L. 12. infr. h. t.
(9) L. 2. infr. si ususfr. petatur. junct. l. ult. infr. de usû et habitat.

6. POMPONIUS, *liv.* 5. *ad Sabinum.*

Sed et interdictum *quod vi aut clàm* usufructuario competit.

7. JULIANUS, *lib.* 35 *digestorum.*

Nisi, sublato ædificio, usumfructum areæ (mihi) cesserit : tempore scilicèt, quo ususfructus perit, transacto.

8. ULPIANUS, *lib.* 17 *ad Sabinum.*

Si villa diruta sit.

Fundi usufructû legato, si villa diruta sit, ususfructus non extinguetur (quia villa fundi accessio est) (1) non magis, quàm si arbores deciderint.

9. PAULUS, *lib.* 3 *ad Sabinum.*

Sed et eo quoquè solo, in quo fuit villa, uti frui potero.

10. ULPIANUS, *lib.* 17. *ad Sabinum.*

Quid tamen, si fundus villæ fuit accessio ? Videamus ne etiam fundi ususfructus extinguatur. Et idem dicendum est, ut non extinguatur.

De ædibus restitutis, vel refutis.

§. 1. Non tantùm, si ædes ad aream (2) redactæ sint, ususfructus extinguitur, verùm etiam, si

---

(1) Vide tamen l. 10. in pr. infr. h. t.

6. POMPONIUS, *liv.* 5. *sur Sabinus.*

Il a même une action prétorienne, c'est-à-dire, qu'il peut recourir à l'interdit accordé à ceux qui ont été dépossédés par violence ou clandestinement, pour recouvrer leur possession.

7. JULIEN, *liv.* 35. *du digeste.*

A moins que le propriétaire ne m'eût cédé l'usufruit du terrein, lorsque le bâtiment a été détruit, ou après l'expiration du tems nécessaire pour que l'usufruit soit éteint.

8. ULPIEN, *liv.* 17. *sur Sabinus.*

Si une ferme vient à être détruite.

Si la maison bâtie sur une terre dont l'usufruit a été légué, vient à être détruite, l'usufruit ne sera pas pour cela éteint, parce que cette maison n'est qu'un accessoire de la terre. C'est la même chose que si des arbres viennent à tomber.

9. PAUL, *liv.* 3. *sur Sabinus.*

Je pourrai même jouir du terrein sur lequel la maison était bâtie.

10. ULPIEN, *liv.* 17 *sur Sabinus.*

Qu'arriverait-il si la terre était un accessoire de la maison? Examinons si l'usufruit de la terre s'éteint par la destruction de la maison. Il faut dire, dans ce cas, qu'il subsiste toujours.

De la maison reconstruite, ou réparée.

§. 1. Non-seulement l'usufruit est éteint lorsque la maison (2) n'existe plus, mais encore si le testateur, après

---

(2) L. 36. in pr. supr. de usufr.

demolitis ædibus, testator alias novas restituerît. Planè, si per (1) partes reficiat, licèt omnis nova facta sit, aliud erit nobis dicendum.

De inundationne.

§. 2. *Agri* vel *loci* ususfructus legatus, si fuerit inundatus (2) ut stagnum jàm sit, aut palus, procul dubiò extinguetur.

Si stagnum exaruerit.

§. 3. Sed et si stagni ususfructus legetur, et exaruerit sic, ut ager sit factus, mutatâ re, ususfructus extinguitur.

De arve et vineâ. De sylvâ cæsâ.

§. 4. Non tamen, si *arvi* ususfructus legetur, et ibì vineæ sint positæ, vel contrà, puto extingui. Certè, *sylvæ* usufructû legato, si sylvâ cæsâ illìc sationes fuerint factæ, sinè dubiò ususfructus extinguitur.

De massâ, et vase.

§. 5. Si *massæ* ususfructus legetur, et ex eâ vasa sint facta, vel contrà : Cassius apud Urseium scribit, interire usumfructum. Quam sententiam puto veram.

De ornamento dissoluto, vel transfigurato.

§. 6. Proindè et ornamentum dissolutum, aut transfiguratum extinguit usumfructum.

------

(1) §. 7. infr. hic. l. 65. §. 2. infr. de leget. 1.

qu'elle a été détruite, en a construit une nouvelle. Certes, il faudra raisonner autrement, si la maison (1) est réparée partiellement, encore qu'en définitif elle devienne une maison neuve.

De l'inondation.

§. 2. Si le champ ou le lieu dont l'usufruit a été légué, a été tellement (2) inondé, qu'il ne fasse plus qu'un étang, ou un marais, nul doute que l'usufruit n'en soit éteint.

Si un étang se dessèche.

§. 3. Mais si on a légué l'usufruit d'un étang, et qu'il soit venu à se dessécher, au point qu'il fasse un champ, l'objet légué ayant changé de nature, il n'y a plus d'usufruit.

D'un champ en jachères, d'une vigne. D'un bois taillis.

§. 4. Je ne crois cependant pas que l'usufruit d'un champ soit éteint, parce qu'au lieu de lui faire rapporter du bled, ou toute autre espèce de grain, on y aura planté des vignes. Assurément, si on avait légué l'usufruit d'un *bois*, et qu'après avoir fait abattre ce bois, on en ait fait un champ, il n'y a pas de doute que l'usufruit est éteint. Il en est de même dans le sens contraire.

D'une masse de métal, et d'un vase.

§. 5. Si on a légué une masse de métal, et qu'il en ait été fait des vases, ou que des vases de métal aient été fondus et mis en masse, Cassius cité par Urseius, dit que dans ces cas l'usufruit est éteint.

D'un ornement rompu, ou changé de forme.

§. 6. Ainsi l'ornement détruit, ou changé de forme, éteint l'usufruit dont il faisait l'objet.

---

(2) L. 23. infr. h. t.

De nave refectâ, vel dissolutâ et restauratâ. De domô restitutâ.

§. 7. In *navis* quoque usufructû Sabinus scribit, si quidèm per partes (1) refecta sit, usumfructum non interire : si autem dissoluta (2) sit, licét iisdem tabulis, nullâ 'prætereâ adjectâ, restaurata sit, usumfructum extinctum. Quam sententiam puto veriorem. Nàm et si domus fuerit restituta, ususfructus extinguitur.

Si unus ex equis decesserit.

§. 8. *Quadrigæ* usufructû legato, si unus ex equis decesserit, an extinguatur ususfructus, quæritur? Ego puto multùm interesse, *equorum*, an *quadrigæ*, ususfructus sit legatus : nàm si *equorum*, supererit in residuis (1) ; si *quadrigæ*, non remanebit, quoniàm quadriga esse desiit.

11. Paulus, *lib. 3. ad Sabinum.*

Nisi alius antè diem legati cedentem substitutus sit.

12. Ulpianus, *lib. 17. ad Sabinum.*

De rei mutatione.

Si cui *balnei* ususfructus legatus sit, et testator habitationem hoc fecerit ; vel si *tabernæ*, et diætam fecerit : dicendum est usumfructum extinctum.

---

(1) §. 1. supr. h. l.
(2) L. 88. §. 2. infr. de legat. 3.

Du vaisseau radoubé ou détruit. De la maison reconstruite.

§. 7. Sabin écrit que l'usufruit d'un vaisseau ne s'éteint pas par les réparations partielles (1) que l'on y fait. Mais s'il est détruit (2), encore que ce soit avec les mêmes planches, et sans qu'il en ait été ajouté aucune nouvelle, qu'il ait été reconstruit, l'usufruit est éteint. Ce sentiment me paraît très-juste : car lorsqu'une maison est entièrement rebâtie, l'usufruit est éteint.

Si l'un des chevaux qui composaient un attelage, vient à mourir.

§. 8. On demande, dans le cas où l'on aurait légué l'usufruit d'un attelage à quatre chevaux, et qu'il y en eût un qui vint à périr, si l'usufruit est éteint par la mort de ce cheval ? Quant à moi, je pense qu'il faut examiner avec soin si l'on a légué l'usufruit de quatre chevaux séparément, ou d'un attelage de quatre chevaux. Car si c'est l'usufruit séparé de chaque cheval, l'usufruitier conserve son usufruit sur les trois qui restent (3). Si au contraire c'est l'usufruit d'un attelage de quatre chevaux, il n'y a plus d'usufruit, parce qu'il n'y a plus d'attelage à quatre chevaux.

11. PAUL, *liv. 3. sur Sabinus.*

A moins que ce cheval ne fût mort avant que l'usufruit ait commencé à être dû, et qu'il n'eut été remplacé par un autre.

12. ULPIEN, *liv.* 17 *sur l'édit.*

Du changement de la chose.

Il faut dire que si l'usufruit d'un *bain* a été légué, et qu'ensuite le testateur en ait fait une maison d'habitation, ou si d'une *boutique*, il en a fait une salle à manger, il n'y a plus alors d'usufruit.

---

(3) L. 11. infr. h. t. l. 65. §. 1. infr. de legat. 2. adde l. 22. infr. de legat. 1.

§. 1. Proindè et si *histrionis* reliquerit usumfructum, et eum ad (1) aliud ministerium transtulerit, extinctum esse usumfructum, dicendum erit.

13. Paulus, *lib.* 3. *ad Sabinum.*

Qui fructus pertinent ad heredem fructuarii.

Si fructuarius messem fecit, et decessit, stipulam, quæ in messè jacet, heredis ejus esse Labeo ait : spicam, quæ terrâ teneatur, domini fundi esse (2) fructumque percipi, spicâ aut fœno cæso, aut uvâ ademptâ, aut excussâ oleâ : quamvis nondùm tritum frumentum, aut oleum factum, vel vendemia coacta sit. Sed, ut verum est, quod de oleâ excussâ scripsit, ità aliter observandum de eâ oleâ quæ per se deciderit. Julianus ait, fructuarii fructus tunc fieri, cùm eos perceperit : bonæ fidei autem possessoris, mòx quàm à solo separati sint (3).

14. Pomponius, *lib.* 5. *ad Sabinum.*

De interitû ususfructûs pro parte.

Exceptâ capitis minutione, vel morte (4), reliquæ causæ vel pro (5) parte interitum ususfructûs recipiunt.

15. Ulpianus, *lib.* 18. *ad Sabinum.*

De manumissionne.

Interdùm (6) proprietarius ad libertatem per-

---

(1) V. l 65. §. 1. infr. de legat. 3.
(2) V. l. 8. in fin. infr. de annuis legat.
(3) L. 48. in pr. infr. de adquir. rer. domin.

§. 1. Parconséquent l'usufruit sera également détruit et éteint, si le testateur a légué l'usufruit d'un esclave comédien de profession, et qu'il l'ait occupé depuis à un autre emploi (1).

13. PAUL, *liv*. 3. *sur Sabinus.*

Quels sont les fruits qui appartiennent à l'héritier de l'usufruitier.

Si l'usufruitier a fait la moisson, et qu'il soit venu à décéder avant que les gerbes aient été enlevées du champ, Labeon dit qu'elles appartiennent à son héritier ; quant aux bleds qui ne sont pas encore coupés, ils appartiennent au maître de la propriété (2). Il ajoute que le fruit est censé perçu dès que le bled ou le foin est à bas, l'olive et le raisin cueillis ; encore que le bled n'ait pas encore été converti en farine, l'olive en huile, et le raisin en vin. Mais en admettant comme vrai ce que dit ce jurisconsulte relativement à l'olive cueillie, on ne peut pas raisonner de même sur celle qui est tombée d'elle-même. Julien dit que l'usufruitier ne fait les fruits siens que lorsqu'il les a cueillis lui-même ; mais qu'ils appartiennent au propriétaire de bonne-foi, dès l'instant où, de quelque manière que ce soit, ils sont separés de la terre (3).

14. POMPONIUS, *liv*. 5. *sur Sabinus.*

De la perte d'une partie de l'usufruit.

Excepté les cas du changement d'état, ou celui de la mort (4), l'usufruit ne se perd qu'en partie (5), par toutes les autres causes qui le font perdre.

15. ULPIEN, *liv*. 18. *sur Sabinus.*

De l'affranchissement.

Quelquefois le propriétaire (6) peut affranchir l'esclave

---

(4) L. 2. §. 1. l. 5. in pr. supr. h. t.
(5) L. 25. infr. eod.
(6) V. l. 1. C. commun. de manumiss.

ducet : si fortè ususfructus fuerit tamdiù legatus , *quamdiù manumittatur* : nàm incipiente proprietario manumittere, extinguetur ususfructus.

16. IDEM , *lib. 5. disputationum.*

Si usumfructum qui sub conditionne legatus fuerat , heres,
pendente conditionne , legaverit.

Si sub conditione mihi legatus sit ususfructus,
medioque tempore sit penès heredem : potest heres usumfructum alii legare. Quæ res facit , ut
si conditio extiterit mei legati , ususfructus ab
herede relictus finiatur. Quod si ego usumfructum
amisero , non revertetur ad legatarium , cui ab
herede purè legatus fuerat : quià ex diversis
testamentis jus conjunctionis non contingit.

17. JULIANUS , *lib. 35. digestorum.*

De consolidationne.

Si tibi fundi ususfructus purè proprietas autem
sub conditione Titio legata fuerit, pendente conditione dominium proprietatis adquisieris , deindè
conditio extiterit : pleno jure fundum Titius habebit. Nequè interest , quod , detracto usufructû,
proprietas legata sit : dùm enim proprietatem ad-
quiris, jus omne legati ususfructus amisisti (1).

18. POMPONIUS , *lib. 3 ad Sabinum.*

Si ususfructus servo hereditario legetur.

Si servo hereditario antè aditam hereditatem

---

(1) L. 4. infr. usufr. quemadm. caveat. §. 3. Inst. de usufr.

donné en usufruit ; si, par exemple, l'usufruit sur l'esclave n'a été légué que jusqu'à ce qu'*il fût affranchi.* Car le propriétaire venant à lui donner la liberté, l'usufruit est éteint.

16. LE MÊME, *liv.* 5. *des disputes.*

Si l'héritier a légué un usufruit laissé conditionnellement dans le tems intermédiaire de la condition.

Si l'usufruit m'a été légué conditionnellement, et que dans le tems intermédiaire de l'accomplissement de la condition, il soit entre les mains de l'héritier, l'héritier peut léguer l'usufruit à un autre ; ce qui fait que si la condition imposée à mon legs, vient à avoir lieu, l'usufruit laissé par l'héritier sera éteint. Si je perds mon usufruit, il ne retournera pas au légataire à qui il avait été légué purement et simplement par l'héritier, parce que deux légataires nommés par différens testamens, ne peuvent jamais être joints de manière à jouir du droit d'accroissement.

17. JULIEN, *liv.* 35. *du digeste.*

De la confusion.

Si l'usufruit d'un fonds de terre vous a été légué purement et simplement, et que la propriété en ait été léguée à Titius, sous condition ; que jusqu'à ce que la condition ait été remplie, vous ayez acquis la propriété de ce fonds de terre ; qu'ensuite la condition vienne à avoir lieu, Titius aura de plein droit la propriété du fonds, et il importe peu que la propriété ait été léguée, abstraction faite de l'usufruit : car en acquérant la propriété, vous avez perdu tous les droits que vous aviez sur l'usufruit (1).

18. POMPONIUS, *liv.* 3. *sur Sabinus.*

Si l'usufruit a été légué à l'esclave de la succession.

Si l'usufruit avait été légué à un esclave d'une succession vacante, et avant qu'elle fût acceptée, il est décidé qu'il passera à vous, qui aurez accepté la succession, et

legatus ususfructus fuisset, magis placet, aditâ
hereditate, eum usumfructum ad te transire : nec
interire, quasi mutato dominio : quià nec dies
antè (1) cesserit, quàm tu heres extiteris.

19. GAJUS, *lib.* 7 *ad edictum provinciale.*

De mutatione dominii.

Neque ususfructus, neque iter, actusve dominii mutatione (2) amittitur.

20. PAULUS, *lib.* 15. *ad Plautium.*

Si usufructuarius utatur tantùm.

Is, qui usumfructum habet, si tantùm utatur,
quià existimet, se usum tantùm habere, an usumfructum retinet? Et si quidèm sciens se usumfructum habere tantùm uti velit, nihilominùs et
frui videtur. Si verò ignoret, puto eum amittere
fructum : non enìm (ex) eo, quòd habet, utitur,
sed (ex) eo, quòd putavit se habere.

21. MODESTINUS, *lib.* 3. *differentiarum.*

De civitate aratrum passâ.

Si ususfructus civitati legetur, et aratrum in
eam inducatur, civitas esse desinit, ut passa est
Carthago : ideòque, quasi morte desinit habere
usumfructum.

---

(1) L. un. §. 2. supr. tit. prox. l. 26. infr. de stipul. servor.

qu'il

qu'il n'est pas éteint, parce que l'esclave a changé de maître; car l'usufruit n'a commencé à être dû (1) que du moment où vous vous êtes porté héritier.

19. GAJUS, *liv.* 7. *sur l'édit provincial.*

Du changement du domaine.

Lorsque la propriété change de maître, ce changement ne fait pas perdre(2) à l'usufruitier son droit, ni le droit de celui qui a quelque servitude réelle sur le fonds aliéné.

20. PAUL, *liv.* 15. *sur* *Plautius.*

Si l'usufruitier jouit à titre d'usage seulement.

Si celui qui a l'usufruit d'une chose, mais qui croyant n'en avoir que le simple usage, se contente d'en user sans en jouir, conserve-t-il son usufruit? S'il a connaissance qu'il est usufruitier, et qu'il se contente de se servir de la chose, il est, malgré tout, censé jouir; si au contraire il l'ignore, je pense qu'il perd son usufruit : car il ne se sert pas du droit qu'il a, mais de celui qu'il croit avoir.

21. MODESTINUS, *liv.* 3. *des différences.*

D'une ville qui a été râsée.

Si l'usufruit a été légué à une ville qui soit par la suite râsée, la ville cesse d'exister, tel a été le sort de Carthage; c'est pourquoi l'usufruit cesse d'avoir lieu, comme dans le cas de mort.

---

(2) L. 17. §. 2. supr. de usufr. l. 12. infr. commun. prædior. l. 44. §. 5. infr. de usurp. et usucap. l. 5. C. de servit.

22. Pomponius, *lib. 6 ad Quintum Mucium.*

Per quas personas ususfructus retinetur.

Si mulieri usus domûs legatus sit, et illa trans
mare profecta (sit, et) constituto tempore ad amittendum usum, abfuerit, maritus verò domô usus
fuerit, retinetur nihilominùs usus : quemadmodùm, si familiam suam in domò reliquisset, eaque
peregrinaretur. Et hoc magis dicendum est, si
uxorem in domô reliquerit maritus, cùm ipsi
marito usus domûs legatus sit.

23. Idem, *lib. 26, ad Quintum Mucium.*

De inundatione, et alveo.

Si ager, cujus ususfructus noster sit, flumine
vel mari inundatus (1) fuerit ; amittitur ususfructus : cùm ipsa etiam proprietas eo casû amittatur. Ac
ne piscando quidèm retinere poterimus usumfructum. Sed quemadmodùm, si eodem impetû dis-
cesserit aqua, quo venit, restituitur proprietas,
ità et usumfructum restituendum, dicendum est.

24. Javolenus, *lib. 3. ex posteriorum Labeonis.*

Cùm usumfructum *horti* haberem, flumen hortum occupavit, deindè ab eo recessit : jus quoque
ususfructûs restitutum esse, Labeoni videtur :
quià id solum perpetuò ejusdem juris mansisset.
Ità id verum puto ; si flumen inundatione hortum occupavit : nàm si, alveo mutato, indè ma-
nare cœperit, amitti usumfructum existimo, cùm

____

(1) L. 5. §. 2. l. 10 §. 2. supr. h. t.

22. POMPONIUS, *liv.* 6. *sur Quintus Mucius.*

Par quelles personnes on conserve l'usufruit.

Si l'usage d'une maison a été légué à une femme ; qu'elle ait passé la mer, et ait été absente pendant le tems fixé pour la perte de l'usage, mais que le mari ait habité la maison ; dans ce cas l'usage lui en est conservé, de la même manière qu'elle le conserverait, si elle eut laissé tous ses esclaves chez elle, et qu'elle eut fait un voyage. A plus forte raison doit on dire la même chose, si le mari a laissé sa femme dans une maison dont l'usage lui a été laissé.

23. LE MÊME, *liv.* 26. *sur Quintus Mucius.*

De l'inondation, et du lit de la rivière.

Si un champ dont l'usufruit nous a été laissé, vient à être inondé, soit par la crue d'un fleuve, soit par la mer (1), cette inondation fait cesser l'usufruit ; et puisque dans ce cas la propriété même en serait perdue, nous ne pourrions en conserver l'usufruit, même pour en réclamer le droit de pêche. Mais par la même raison, que si l'eau venant à se retirer avec la même impétuosité qu'elle y serait arrivée, le droit de propriété se trouve rétabli, de même il faudra dire que l'usufruit se trouve par cela même rétabli.

24. JAVOLENUS, *liv.* 3. *sur les derniers livres de Labéon.*

Un fleuve a inondé un jardin dont j'avais l'usufruit. Il s'est ensuite retiré. Suivant Labéon l'usufruit que j'avais perdu par cette inondation, se trouve rétabli par la retraite des eaux. La raison est fondée sur ce que le sol n'a pas changé de maître. Je pense que cela est également vrai, si le jardin s'est trouvé inondé par une crue du fleuve ; car je pense, que si le fleuve, ayant changé de lit, il avait pris son cours au travers du jardin, l'usufruit serait éteint, parce qu'alors ce nouveau lit serait devenu une propriété

is locus alvei publicus esse cæperit : neque in pristinum statum restitui posse (1).

§. 1. Idem juris itinere et actû custodiendum esse, ait Labeo : de quibus rebus ego idem, quod in usufructû, sentio.

§. 2. Labeo : nec si summâ terrâ sublatâ ex fundo meo, et alia regesta esset, idcircò meum solum esse desinit : non magis, quàm stercorato agro.

25. POMPONIUS, *lib.* 11. *ex variis lectionibus.*

De amissione pro parte.

Placet vel certæ partis (2), vel pro indiviso, usumfructum non utendo (3) amitti.

26. PAULUS, *lib.* 1. *ad Neratium.*

De postliminio.

Si ager ab hostibus occupatus, servusve captus liberatus fuerit, jure postliminii restituetur ususfructus.

27. IDEM, *lib.* 1. *manualium.*

De consolidatione per noxæ deditionem.

Si servus, in quo ususfructus alienus est, noxæ dedatur à domino proprietatis usufructuario ; liberabitur, confusâ servitute ( ), proprietatis comparatione.

---

(1) Immò vide l. 5o. §. 2. in fin. infr. de adquir. rer. domin. adde l. 14. infr. quemadm. servit. amitt.
(2) L. 14. supr. h. t.

publique, et ne pourrait pas être rétabli dans son premier état (1).

§. 1. Labéon dit que l'on doit observer la même chose, à l'égard des servitudes qui consistent dans un droit de chemin et de passage, avec des bestiaux. Je pense que pour ce qui est relatif à ces sortes de choses, il faut suivre ce qui a été dit à l'égard de l'usufruit.

§. 2. Labéon ajoute, que dans le cas où on aurait enlevé la première terre de mon champ, pour y en substituer d'autre, ce champ n'en serait pas moins à moi, que si on y avait jetté de l'engrais pour le fumer.

25. POMPONIUS, *liv.* 11. *des différentes leçons.*

De la perte d'une partie de l'usufruit.

Il est décidé que l'usufruit se perd par le non-usage d'une partie (2), déterminée, ou indivise (3).

26. PAUL, *liv.* 1. *sur Nératius.*

Du droit de retour.

Si les ennemis se sont emparés d'un champ, ou d'un esclave, l'usufruit que l'on avait sur l'un ou sur l'autre, sera rétabli par le droit de retour, dès l'instant ou, soit le champ, soit l'esclave, ne sera plus en leur pouvoir.

27. LE MÊME, *liv.* 1. *des manuels.*

De la confusion opérée par l'abandon de l'esclave.

Si un esclave dont l'usufruit appartient à un autre, est abandonné par le propriétaire à l'usufruitier en réparation d'un délit que l'esclave à commis, l'usufruit sera éteint, la servitude (4) se trouvant confondue par l'acquisition de la propriété.

---

(3) L. 78. §. 2. infr. de jure dot. adde l. 3. infr. si ususfr. petatur.
(4) L. 4. infr. usufr. quemadm. caveat.

28. Idem , *lib.* 13. *ad Plautium.*

An ususfructus alternis annis relictus , non utendo amittatur.

Si ususfructus alternis (1) annis legetur , non posse, non utendo, eum amitti ; quia plura sunt legata (2).

29. Ulpianus , *lib.* 17. *ad Sabinum.*

Per quas personas ususfructus retinetur.

Pomponius quærit , si fundum à me proprietarius conduxerit , eumque fundum vendiderit Sejo, non deducto usufructû ; an usumfructum per emptorem retineam? Et ait, licèt proprietarius mihi pensionem solverit , tamen usumfructum amitti ; quia non meo nomine , sed suo, fruitus est emptor. Teneri planè mihi ex locato proprietarium, quanti mea interfuit, id factum non esse. Quanquàm , si à me conductum usumfructum quis alii locaverit, retinetur ususfructus; sed, si proprietarius eum locasset suo nomine, dicendum amitti ; non enim meo nomine fruitur colonus.

§. 1. Sed, si emptum à me usumfructum proprietarius vendidisset, amitterem usumfructum, quærendum est? Et puto amitti : quoniam et hic, non ut à me empto, fruitur fundi emptor.

§. 2. Idem Pomponius quærit, si (3) legatum mihi usumfructum rogatus sim tibi restituere, an per te frui videar, ne amittatur ususfructus? Et ait, dubitare se de hâc quæstione. Sed et verius,

---

(1) L. 13. infr. de usu et usufr. legat.
(2) L. 11. infr. de annuis legat.

28. LE MÊME, *liv.* 13. *sur Plautius.*

Si l'usufruit qui a été légué pour n'en jouir que de deux
années l'une, s'éteint par le non-usage.

Si l'usufruit est légué (1) pour en jouir de deux années
l'une, le non-usage ne le fait pas perdre, parce qu'il y a
plusieurs legs (2).

29. ULPIEN, *liv.* 17. *sur Sabinus.*

Par quelles personnes l'usufruit est conservé.

Pomponius demande si, dans le cas où le propriétaire
d'un fonds dont j'ai l'usufruit, le tient à loyer de moi, et
qu'ensuite il le vende à Séjus, sans déduction de l'usufruit,
je conserve mon droit par la jouissance de l'acquéreur, et
il dit, que quoique le propriétaire me payât un fermage,
je n'en perdais pas moins mon usufruit, parce que ce n'est
pas en mon nom que l'acquéreur jouit, mais au sien. Cependant, suivant lui, le propriétaire est tenu envers moi par
l'action qui dérive de la location, *ex locato* à un dédommage-
ment proportionné à l'intérêt que j'avais à ce que la vente qu'il
avait faite, n'eût pas lieu, quoique je conservasse mon usufruit, dans le cas où je l'aurais donné à loyer à quelqu'un
qui l'aurait loué à un autre ; mais si le propriétaire l'avait
loué en son nom, il faudrait dire qu'il serait éteint, car le
fermier ne jouirait pas en mon nom.

§. 1. Mais on peut demander, dans le cas où le propriétaire
aurait vendu l'usufruit qu'il aurait acheté de moi, si je perdrais cet usufruit? Je pense qu'il serait éteint, parce que
l'acheteur jouirait du fond en vertu de son acquisition, *ex*
empto et non pas comme le tenant de moi.

§. 2. Le même Pomponius demande si, étant obligé de
vous restituer un usufruit qui m'a été légué (3), je puis paraître jouir par vous, ensorte que vous ne perdrez pas votre
usufruit? Il répond que cette question fait naître chez lui
quelques doutes. Mais la remarque de Marcellus, suivant

---

(3) Adde l. 4. supr. h. t. l. 3. infr. si ususfr. petatur.

quod Marcellus notat, nihil hanc rem fideicomissario nocere; suo enim nomine utilem actionem
eum habiturum.

30. G a j u s , *lib. 7. ad edictum provinciale.*

De morte pecoris.

Caro (1), et corium mortui pecoris in fructû
non est; quia mortuo eo , ususfructus extinguitur (2).

31. P o m p o n i u s , *lib. 4. ad Quintum Mucium.*

Si grex desierit.

Cùm *gregis* ususfructus legatus est, et usquè
eo numerus pervenit gregis, ut grex non intelligatur (3), perit (4) ususfructus.

---

(1) L. 70. §. 2. supr. de usufr.
(2) L. 49. in pr. infr. de legat. 2.

lequel cela ne préjudicie en rien aux intérêts du fidei-commissaire, est plus juste; car il a en son propre nom une action utile, qu'il peut exercer.

3o. Gajus , *lib.* 7. *sur l'édit provincial.*

De la mort d'un animal.

La chair (1) et le cuir d'un animal mort, ne sont pas rangés dans la classe des fruits , parce que l'usufruit est éteint par la mort de l'animal (2).

31. Pomponius , *liv.* 4. *sur Quintus Mucius.*

Si le troupeau diminue au point qu'il n'en fasse plus un.

Lorsqu'on a légué l'usufruit d'un troupeau , et que le nombre de bêtes qui composent ce troupeau est tel , que l'on ne puisse plus concevoir l'idée d'un troupeau (3) , l'usufruit est éteint (4).

---

(3) V. l. ult. in pr. infr. de abigeis.
(4) Vide tamen §. 18. Inst. de legat.

TITULUS QUINTUS.

De usufructû earum rerum , quæ usû consumuntur, vel minuuntur.

1. ULPIANUS, *lib. 18. ad Sabinum.*

Summa senatus-consulti.

SENATUS censuit (1), *ut omnium rerum, quas in cujusque patrimonio esse constaret , usus-fructus legari possit.* Quo senatus-consulto inductum videtur, ut earum rerum, quæ usû tolluntur, vel minuuntur, (2) possit ususfructus legari.

2. GAJUS, *lib. 7. ad edictum provinciale.*

De cautione ab usufructuario præstandâ.

Sed de pecuniâ reetè caveri (3) oportet his, à quibus ejus pecuniæ ususfructus legatus erit.

De effectu senatus-consulti.

§. 1. Quo senatus-consulto non id effectum est, ut pecuniæ ususfructus propriè esset; nec enim naturalis ratio (4) auctoritate senatûs commutari

____

(1) L. 1. infr. de usû et usufr. legat.
(2) §. 2. Inst. de usufr.

TITRE CINQ.

De l'usufruit des choses qui se consomment par l'usage, ou que l'usage altère et diminue.

1. ULPIEN, *liv.* 18. *sur Sabinus.*

Précis du sénatus-consulte.

LE Sénat a décidé par un sénatus-consulte, *que l'on pouvait* (1) *léguer l'usufruit de toutes les choses qui se trouvent dans le patrimoine d'un chacun.* On est donc fondé à conclure de ce sénatus-consulte, que l'on peut léguer l'usufruit de toutes les choses que l'usage ou détruit, ou diminue (2).

2. GAJUS, *liv.* 17. *sur l'édit provincial.*

De la caution que doit fournir l'usufruitier.

Mais lorsqu'il s'agit de l'usufruit d'une somme d'argent, il faut que celui à qui cet usufruit a été légué, donne caution (3).

Effet du sénatus-consulte.

§. 1. Ce sénatus-consulte n'opère pas la possibilité d'établir un usufruit proprement dit sur une somme d'argent, car la raison naturelle (4) n'a pu être changée par ce sénatus-consulte, mais le moyen de remédier à l'inconvénient

---

(3) V. l. 9. l. 10. infr. h. t.
(4) L. 8. supr. de capite minut. adde l. 8. infr. de reg. jur.

potuit ; sed , remedio introducto, cœpit quasi (1) ususfructus haberi.

3. ULPIANUS , *lib.* 18. *ad Sabinum.*

De nominibus.

Post quod omnium (2) rerum ususfructus legari poterit ; an et nonimum ? Nerva negavit ; sed est verius , quod Cassius et Proculus existimant , posse legari. Idem tamen Nerva , ipsi quoquè debitori posse usumfructum legari scribit , et remittendas ei usuras.

4. PAULUS , *lib.* 1. *ad Neratium.*

Ergò cautio etiam ab hoc exigenda erit.

5. ULPIANUS , *lib.* 18. *ab Sabinum.*

De re alienâ.

Hoc senatus-consultum non solùm ad eum pertinet , qui pecuniæ usumfructum , vel cæterarum rerum , quas habuit, legavit , verùm et si fuerint alienæ.

De cautione amissâ.

§. 1. Si pecuniæ sit ususfructus legatus , vel aliarum rerum , quæ in abusû consistunt , nec cautio interveniat ; videndum , finito usufructû , an pecunia, quæ data sit, vel cæteræ res , quæ in absumptione sunt , condici possint ? Sed , si quidèm adhùc constante usufructû , cautionem quis velit condicere , dici potest , omissam (3) cautionem

---

(1) §. 2. in fin. Inst. de usufr.
(2) L. 29. supr. d. t. l. 69. infr. ad leg. Falcid.

d'un semblable usufruit, étant trouvé, il a été possible (1)
d'établir à l'égard d'une somme d'argent une espèce d'usufruit.

3. ULPIEN, *liv.* 18. *sur Sabinus.*

Des obligations.

D'après ce sénatus-consulte, on pourra (2) léguer l'usufruit de toute sorte de choses. Mais pourra-t-on léguer
l'usufruit des obligations? Nerva prétend que non; mais
Cassius et Proculus pensent le contraire, et leur opinion
est la plus vraie. Le même Nerva écrit cependant que l'usufruit d'une obligation peut être légué au débiteur lui-même,
et que les intérêts doivent lui être remis.

4. PAULUS, *liv.* 1. *sur Nératius.*

Donc alors il faudra exiger de lui une caution.

5. ULPIEN, *liv.* 18. *sur Sabinus.*

De la chose d'autrui.

Ce sénatus-consulte concerne celui qui a non-seulement
légué l'usufruit d'une somme d'argent ou autres choses à
lui appartenantes, mais encore l'usufruit de choses qui sont
la propriété d'un autre.

De l'omission de la caution.

§. 1. Si on a légué l'usufruit d'une somme d'argent, ou
d'autres choses qui se détruisent par l'usage, et qu'il n'ait
pas été donné de caution, il faut examiner, l'usufruit étant
éteint, si l'argent qui a été donné, ou les autres choses qui
se consomment par l'usage, peuvent être redemandés, en
vertu de quelqu'action? Si, pendant que l'usufruit subsiste
encore, quelqu'un veut exiger une caution, on peut dire qu'il
peut le faire, et qu'il a (3) pour l'obtenir l'action en vertu

---

(3) L. 7. in pr. infr. usufr. quemadm. caveat.

posse condici (1) incerti condictione ; sed, (si)
finito usufructû, ipsam quantitatem Sabinus putat
posse condici. Quam sententiam et Celsus, lib.
XVIII, Digestorum probat. Quæ mihi non inarguta
videtur.

De usû earum rerùm, quæ usû constituuntur.

§. 2. Quæ in usufructû pecuniæ diximus, vel
cæterarum rerum, quæ sunt in abusû, eadem et
in usû dicenda sunt ; nàm idem continere usum
pecuniæ (2), et usumfructum, (et) Julianus scribit, et Pomponius lib. VIII de stipulationibus.

6. JULIANUS, *lib.* 35. *digestorum.*

Si uni res, alteri ususfructus,

Si tibi decem (millia) legata fuerint, mihi
eorundem decem (millium) ususfructus : fient quidèm tua tota decem (millia), sed mihi quinquè nu-
merati debebunt ; ità ut tibi caveam, *tempore
mortis meæ aut capitis deminutionis restitutum
iri.* Nàm et si fundus tibi legatus fuisset, et mihi
ejusdèm fundi ususfructus ; haberes tu quidèm
totiûs fundi proprietatem, sed partem cum usufructû, partem sinè usufructû ; et non heredi,
sed tibi (3) caverem boni viri arbitratû.

Vel duobus ususfructus legetur.

§. 1. Sed si duobus eorundem decem (millium)
ususfructus legatus fuerit ; quina (millia) accipient,
et invicèm (et) heredi satisdabunt,

---

(1) Immò vide l. 69. §. 3. vers. quod si cautio. infr. de legat. 2.
(2) L. 10. §. 1. infr. h. t.

de laquelle on demande une chose (1) indéterminée ; mais Sabin pense qu'à l'expiration de l'usufruit, il peut même répéter la quantité qui a fait l'objet de l'usufruit légué, opinion approuvée par Celse au liv. XVIII du Digeste, et que j'adopte également comme étant juste.

De l'usage des choses qui se consomment par l'usage.

§. 2. Ce que nous avons dit de l'usufruit d'une somme d'argent, ou des autres choses qui se consomment, est également relatif à leur usage ; car Julien écrit avec Pomponius, au livre VIII des stipulations, que les mêmes choses ont lieu (2) à l'égard de l'usage et de l'usufruit d'une somme d'argent.

6. JULIEN, *liv.* 35. *du Digeste.*

Si la chose est léguée à l'un, l'usufruit de cette même chose à l'autre,

S'il vous a été légué une somme de dix mille pièces, par exemple, et que l'usufruit de ces dix mille pièces m'ait été légué, les dix mille pièces vous appartiendront sans difficulté, mais cinq mille devront m'être comptées, sauf à moi à vous donner caution *qu'elles vous seront rendues dans le cas où je viendrais à mourir,* ou à éprouver un changement d'état, car si on vous avait légué la propriété d'un bien fonds, et à moi l'usufruit de ce même bien fonds, vous auriez bien à la vérité la propriété de la totalité du bien fonds, mais vous en auriez une partie avec l'usufruit, et une partie sans l'usufruit, et ce ne serait pas à l'héritier, mais à vous que je devrais donner caution (3) de jouir comme doit le faire un homme d'honneur et de probité, un bon père de famille.

Ou si l'usufruit est légué à deux personnes.

§. 1. Mais si l'usufruit de ces dix mille pièces a été légué à deux personnes, elles recevront chacune cinq mille pièces, et donneront réciproquement caution, ainsi qu'à l'héritier.

---

(3) L. 8. infr. usufr. quemadm. caveat.

7. GAJUS, *lib. 7. ad edictum provinciale.*

Si vini, olei, frumenti ususfructus legatus erit;
proprietas ad legatarium transferri debet, et ab eo
cautio desideranda est, *ut quandòque is mortuus
aut* (1) *capite deminutus sit, ejusdem qualitatis
res restituatur*; aut, æstimatis (2) rebus, certæ
pecuniæ nomine cavendum est ; quod et commo-
dius est. Idem scilicèt de cæteris quoque rebus,
quæ usû continentur, intelligemus.

8. PAPINIANUS, *lib. 17. quæstionum.*

De legato cautionis.

Tribus heredibus institutis, usumfructum quin-
decim millium Titio legavit, et duos ex heredibus
jussit pro legatario satisdare. Placebat , utile esse
cautionis quoque legatum, nec refragari senatus-
consultum, quia cautio non impediretur; et esse
alterum legatum velùt certi, alterum incerti. Ususfructus itàque nomine partem pecuniæ petendam
ab eo, qui satìs accepit à coherede; incertique cum
eodem agendum, si satìs non dedisset. Eum verò,
qui satis præstitit, ac propter moram coheredis
satis non accepit, nequè fructûs nomine interìm
teneri propter senatus-consultum, neque actione
incerti, quia coheredi satìsdedit. Illud etiam nobis placet, legatarium cogendum promittere. Finito
autem usufructû, si coheredes ex causâ fidejussoriâ
convenirentur, eos mandati non acturos ; non
enim suscepisse mandatum, sed voluntati paruisse.
Denique cautionis legato liberatos. De illo nec diù
tractandum fuit, secundùm legatum, id est, cau-

---

(1) L. 9. infr. h. t.

7. GAJUS.

7. GAJUS, *liv.* 7. *sur l'édit provincial.*

Si le legs consiste en vin, huile ou bled, la propriété en devra être transmise au légataire, et on devra exiger de lui caution *que dans le cas où il viendrait à mourir*, ou (1) *à éprouver un changement d'état, il rendra une même quantité des choses léguées*, ou les choses ayant été estimées (2), il donnera caution de rendre l'estimation en argent, ce qui est bien plus commode et plus avantageux; nous dirons la même chose de tout ce qui se détruit par l'usage.

8. PAPINIEN, *lib.* 17. *des questions.*

De l'héritier chargé d'être la caution du legataire.

Un testateur après avoir institué trois héritiers, légua à Titius l'usufruit de quinze mille pièces, et chargea deux de ses héritiers de cautionner le légataire. Il a été décidé que le legs de la caution fait par le testateur, devait être utile au légataire, et que le sénatus-consulte ne s'y opposait pas, puisque rien n'empêchait que la caution ne fut fournie; que dans cette hypothèse il y avait deux legs, l'un d'une chose déterminée, l'autre d'une chose indéterminée; d'où il résulte que l'usufruitier aurait une action pour demander l'usufruit à celui des deux héritiers qui aurait reçu caution de son cohéritier, et une autre action contre le même, à l'effet de le forcer à donner caution s'il ne l'avait pas fait, mais que quand à celui qui a donné caution à l'autre, sans en recevoir de lui, il ne sera tenu, envers l'usufruitier, ni par l'action en demande de fruits, parce que, suivant le senatus-consulte, il n'est pas obligé à les lui donner, sans en avoir reçu caution; ni par l'action en demande d'une chose incertaine, puisqu'il a donné caution à son cohéritier. Nous décidons aussi qu'on peut forcer le légataire à s'obliger à rendre la somme; et si l'usufruit étant éteint, l'usufruitier ne rendant pas, les cohéritiers étaient attaqués comme ayant répondu pour lui; ils ne pourront pas recourir

---

(2) §. 2. vers. *cæteræ quoque. Inst.* de usufr.

10

tionis, non heredum videri ; sed ejus, cui pecuniæ ususfructus relictus est, cuique testator prospicere voluit, et cujus interesse credidit, fidejussores non suo periculo quærere.

9. PAULUS, *lib.* 1. *ad Neratium,*

De forma cautionis.

In stipulatione de reddendo usufructû pecuniæ, duo soli (1) casus interponuntur, *mortis* (2), et *capitis deminutionis.*

10. ULPIANUS, *liv.* 17. *ad edictum.*

Quoniam pecuniæ usus aliter amitti non potest, quàm his casibus.

§. 1. Si usus tantùm pecuniæ legatus sit, quia in (3) hâc specie *usûs* appellatione etiam fructum (4) contineri magis accipiendum est, stipulatio ista erit interponenda. Et quidam ajunt, non antè hanc interponi stipulationem, quàm data fuerit pecunia ; ego autem puto, sivè anteà (5), sivè posteà (ea) pecunia data sit, tenere stipulationem.

11. IDEM, *lib.* 18. *ad Sabinum.*

De lanâ, odoribus, aromatibus.

Si *lanæ* alicui legatus sit ususfructus, vel *odorum*, vel *aromatum* ; nullus videtur ususfructus

---

(1) L. 7. in fin. infr. usufr. quemadm. caveat.
(2) Adde l. 21. supr. quib. mod. ususfr. amitt.
(3) L. 5. in fin. supr h. t. adde l. 22. in pr. infr. de usû et habitat.

contre lui par l'action du mandat. Car ils ne sont pas regardés comme s'étant chargés d'un mandat, mais comme ayant exécuté les dispositions du testament ; enfin, par ce moyen ils sont libérés du legs de la caution qu'ils devaient ; quant à ce legs, il y a cette observation à faire, c'est que celui de la caution n'est pas fait en faveur des héritiers, mais bien en faveur de celui à qui on a laissé l'usufruit de la somme, et que le testateur a voulu favoriser, parce qu'il a pensé qu'il était intéressant pour lui de ne pas chercher des répondans à ses risques.

9. PAUL, *liv.* 1. *sur Nératius.*

De la forme de la caution.

Dans la stipulation qui a lieu de la part de l'usufruitier, de rendre la somme dont l'usufruit lui a été légué, on ne fait mention que de ces deux cas (1), celui de *la mort* (2), et celui du *changement d'état.*

10. ULPIEN, *lib.* 79. *sur l'édit.*

Parce que l'usufruit ne peut être éteint que dans ces deux cas.

§. 1. Si on a seulement légué l'usage d'une somme d'argent, (3) comme il faut regarder que dans ce cas, l'usufruit se trouve compris également dans l'usage (4), il y aura lieu à la même stipulation. Il est des jurisconsultes qui disent que cette stipulation ne doit avoir lieu qu'après que l'argent aura été délivré ; quant à moi, je pense que la stipulation oblige, soit avant (5), soit après la délivrance de l'argent.

11. LE MÊME, *liv.* 18. *sur Sabinus.*

De la laine, des parfums, et des aromates.

Si des *laines*, des *parfums*, des *aromates*, ont été légués à quelqu'un, il ne paraît pas que l'on puisse établir sur ces

---

(4) Immò vide l. ult. infr. h. t.
(5) V. §. 3. Instit. de fidejuss.

in istis jure constitutus, sed ad Senatusconsultum erit descendendum, quod de cautionem eorum loquitur.

12. MARCIANUS, *lib.* 7. *Institutionum.*

De pecuniâ itâ legatâ, ut post mortem legatarii ad alium redeat.

Cùm pecunia erat relicta Titio, itâ, *ut post mortem legatarii ad Mœvium rediret*; quanquàm adscriptum sit, ut usum ejus Titius haberet, proprietatem (1) tamen ei legatam; et usûs mentionem factam, quia erat restituenda ab eo pecunia post mortem ejus, Divi Severus et Antoninus rescripserunt.

***

(1) L. 7. supr. h. t. l. 15. infr. de auro, argento.

sortes de choses aucun espèce d'usufruit ; mais il faudra alors recourir au sénatus-consulte dont nous avons parlé, et qui porte qu'il sera donné caution pour sûreté de la restitution de ces sortes de choses.

12. MARCIEN, *liv. 7. des Institutes.*

De l'argent légué de manière qu'après la mort du légataire ;
il retourne à un autre.

Une somme d'argent ayant été laissée à Titius, à condition qu'après la mort de ce dernier *cette somme retournerait à Mævius*, les empereurs Sévère et Antonin ont déclaré dans un rescript que quoiqu'il ait été dit par le testateur que Titius aurait l'usage de cet argent ; cependant (1) on pourrait croire qu'il lui en avait laissé la propriété, et qu'il n'a fait mention de l'usage que parce qu'après sa mort Titius devait rendre cet argent.

TITULUS SEXTUS.

Si ususfructus petatur, vel ad alium pertinere negetur.

1. ULPIANUS, *lib.* 18. *ad Sabinum.*

De servitute quæ debetur fundo fructuario.

Si fundo fructuario servitus debeatur, Marcellus, lib. VIII. apud Julianum, Labeonis et Nervæ sententiam probat, existimantium servitutem quidèm eum vindicare non (1) posse, verùm (2) usumfructum vindicaturum; ac per hoc vicinum, si non patiatur eum ire (et) agere, teneri ei, quasì non patiatur uti frui.

§. 1. Ususfructus legatus adminiculis (3), eget sinè quibus uti frui quis non potest. Et ideò, si ususfructus legetur, necesse est tamen, ut sequatur eum aditus; usquè adeò, ut si quis usumfructum loci leget ità, *ne heres cogatur viam præstare*, inutiler hoc adjectum videatur. Item si, usufructû legato, iter ademptum sit, inutilis est ademptio, quia semper sequitur usumfructum.

---

(1) Arg. 1. 2. §. 1. infr. si servit. vindic. obst. l. un. §. 4. in pr. infr. de remiss.
(2) L. 5. §. 1. in fin. infr. h. t.

TITRE SIX.

Si l'on demande l'usufruit, ou si l'on nie qu'il appartienne à un tiers.

1. ULPIEN, *liv.* 18. *sur Sabinus.*

De la servitude due au fond sujet à l'usufruit.

Sɪ une servitude est due au fonds sujet à l'usufruit, Marcellus, d'après Julien, au liv. VIII, approuve l'opinion de Labéon et de Nerva, qui pensaient que l'usufruitier ne pouvait pas (1) revendiquer la servitude, mais qu'il devait (2) revendiquer l'usufruit, et que par ce moyen, si le voisin ne voulait pas lui laisser la liberté du chemin, ou le passage pour ses bestiaux, celui-ci était tenu envers lui, comme s'opposant à la jouissance de son usufruit.

§. 1. L'usufruit légué ne peut exister sans le secours de quelques accessoires (3) qui, s'ils n'avaient pas lieu, rendraient l'usufruit illusoire ; c'est pourquoi, si l'usufruit d'un fonds est légué, il est de toute nécessité qu'il y ait la possibilité d'y arriver ; et cela est tellement vrai, que si quelqu'un avait légué un usufruit, et qu'il eût ajouté que son héritier *ne serait pas tenu de fournir à l'usufruitier un passage*, cette addition serait comme non-avenue. De même si on a supprimé, après le legs d'un usufruit, le droit de passage, cette suppression devient inutile, parce que le droit de passage est toujours inhérent à l'usufruit.

(3) L. 10. infr. de servit. præd urban. l. 2. §. 2. infr. si servit. vind. l. 15. §. 1. infr. de usu et usufr. legat.

§. 2. Sed si ususfructus sit legatus, ad quem aditus non est per hereditarium fundum ; ex testamento utique agendo fructuarius consequetur, ut cùm aditû sibi præstetur ususfructus.

§. 3. Utrùm autem aditus tantùm et iter, an verò et via debeatur fructuario, legato ei usufructû, Pomponius, lib. v. dubitat. Et rectè putat, prout ususfructûs perceptio desiderat, hoc ei præstandum.

§. 4. Sed an et alias utilitates et servitutes ei heres præstare debeat, putâ luminum, et aquarum an verò non ? Et puto, eas solas (1) præstare compellendum, sinè quibus omninò uti non potest; sed, si cum aliquo incommodo utatur, non esse præstandas.

2. POMPONIUS, *lib. 5. ad Sabinum.*

De usufructû deteriorato ab herede.

Si ab herede, ex testamento, fundi ususfructus petitus sit, qui arbores dejecisset, aut ædificium demolitus esset; aut aliquo modo deteriorem usumfructum fecisset, aut servitutes imponendo (2), aut vicinorum prædia liberando, ad judicis religionem pertinet, ut inspiciat, qualis antè judicium acceptum fundus fuerit, ut usufructuario hoc, quod interest, ab eo servetur.

3. JULIANUS, *lib. 7. Digestorum.*

De non utendo.

Qui usumfructum traditum sibi ex causâ fidei-

---

§. 2. Mais si l'on avait légué l'usufruit d'un bien-fonds, et qu'il ne se trouvât pas dans les autres biens-fonds dépendans de la succession, de chemin pour y arriver, l'usufruitier pourra exercer contre l'héritier une action testamentaire, par laquelle il fera condamner celui-ci à lui fournir un chemin qui puisse le mettre dans le cas de jouir de son usufruit.

§. 3. Pomponius, au liv. v, doute s'il est dû seulement à l'usufruit un passage, et un simple sentier pour arriver à l'endroit de la situation de son usufruit, ou si au contraire, on lui doit un chemin plus vaste et plus étendu, qu'un simple sentier ou passage. Il pense, et avec raison, que ce chemin doit être tel que peut l'exiger l'usufruit.

§. 4. Mais l'héritier lui doit-il, oui, ou non, d'autres choses commodes et utiles, comme des jours, des eaux ? Je pense qu'il est simplement tenu de lui fournir (1), les seules commodités sans lesquelles il ne pourrait jouir de son usufruit, et que même il n'est pas tenu de lui fournir celles qui rendraient sa jouissance moins incommode.

2. POMPONIUS, *lib.* 5. *sur Sabinus.*

De l'objet sujet à l'usufruit, détérioré par le fait de l'héritier.

Si l'usufruitier en vertu d'une action testamentaire demande l'usufruit à un héritier qui a arraché des arbres, ou détruit un édifice qui faisait partie de l'usufruit, ou qui aurait détérioré l'usufruit, soit en le laissant grêver (2) de servitudes, ou en libérant les biens-fonds voisins, il est de la religion et du devoir du juge d'examiner qu'elle était la situation du fonds avant la contestation, afin que l'usufruitier soit indemnisé de tout ce qu'il peut souffrir par la détérioration du fonds sujet à l'usufruit.

3. JULIEN, *lib.* 7. *du Digeste.*

Du non usage.

Si celui à qui un usufruit a été remis en vertu d'un fidei-

----

(2) V. l. 15. §. fin. supr. de usufr.

commissi desiit in usû habere tanto tempore (1),
quanto , si legitimè ejus factus esset , amissurus
eum fuerit, actionem ad restituendum eum habere non debet; est enim absurdum , plùs juris
habere eos , qui possessionem duntaxàt ususfructûs , non etiam dominium adepti sint.

4. IDEM , *lib.* 35. *Digestorum.*

Si cui fundus detracto usufructû, et alteri ejusdem fundi,
ususfructus legetur , sub conditione.

Fundus, detracto usufructû , legatus est Titio ,
et ejusdem fundi ususfructus Sempronio sub conditione. Dixi, interìm cum proprietate usumfructum esse ; licèt placeat, cùm , detracto usufructû ,
fundus legatur , apud heredem usumfructum
esse (2). Quia pater familiâs , cùm , detracto usufructû, fundum legat , et alii usumfructum sub
conditione, non hoc agit , ut apud heredem ususfructus remaneat.

5. ULPIANUS , *lib.* 17. *ad edictum.*

Quibus ,

Uti frui jus sibi esse, solus potest intendere, qui
habet usumfructum ; dominus (3) autem fundi
non potest ; quia , qui habet proprietatem , utendi
fruendi jus separatum non habet ; nec enim potest
ei suus fundus servire (4) de (5) suo enim, non
de alieno jure, quemque agere oportet. Quanquàm
enim actio negativa domino competat adversus

---

(1) V. l. 13. C. de servitut.
(2) V. l. 16. supr. quib. mod. ususfr. amitt. l. 12. §. ult. infr. famil.
erciisc. l. 1. §. 4. infr. de SC. Silan.
(3) V. l. 45. in pr. infr. de reg. jur.

commis, a cessé de posséder pendant un laps de tems assez considérable pour qu'il le perdît (1) par le non-usage, si cet usufruit lui eût été légué à lui-même, il ne doit pas avoir d'action pour se le faire rendre ; car il est absurde que ceux qui n'ont que la possession de l'usufruit, eussent plus de droits que ceux qui en ont la propriété.

4. LE MÊME, *lib.* 35. *du Digeste.*

Si le fonds a été légué à quelqu'un, distraction faite de l'usufruit, et l'usufruit de ce même fonds à un autre, mais sous condition.

Un bien-fonds a été légué à Titius, distraction faite de l'usufruit, et cet usufruit a été légué conditionnellement à Sempronius. J'ai dit que jusqu'à l'événement de la condition, l'usufruit n'était pas séparé de la propriété, quoique l'on dise ordinairement que, lorsque le fonds est légué avec distraction de l'usufruit, cet usufruit reste à l'héritier (2), parce que le père de famille, lorsqu'il lègue un fonds dont il distrait l'usufruit, et qu'il lègue ce même usufruit à un autre, n'a pas agi dans le dessein que l'usufruit restât à l'héritier.

5. ULPIEN, *liv.* 17. *sur l'édit.*

A qui,

Celui qui a l'usufruit, a seul le droit de demander à jouir ; le (3) propriétaire du fonds ne le peut pas, parce que celui qui a la propriété n'a pas un droit de jouir distinct et séparé, car son fonds n'est pas susceptible de servitudes à son égard (4) ; et chacun doit agir en vertu du droit qui lui est propre, et non en vertu du droit d'autrui (5). Quoique le maître de la propriété ait une action négatoire à exercer contre l'usufruitier, il semble cependant agir plus en vertu de son droit qu'en vertu de celui d'autrui, puisque alors il *nie que l'usufruitier ait droit de jouir malgré lui,* ou prétend *qu'il a le droit de s'y opposer.* Que si par hasard

---

(4) L. 26. infr. de servit. præd. urban.
(5) V. l. 125. in pr. infr. de reg. jur.

fructuarium, magis tamen de suo jure agere videatur, quàm alieno; cùm *invito se, negat jus esse utendi fructuario*, vel *sibi jus esse prohibendi*. Quod si forte qui agit, dominus proprietatis non sit, quamvis fructuarius jus utendi non habet; vincet tamen jure, quo possessores sunt potiores (1), licèt nullum jus habeant.

Et adversùs quos datur actio de usufructû.

§. 1. Utrùm autem adversùs dominum duntaxàt in rem actio usufructuario competat, an etiam adversùs quemvis possessorem, quæritur? Et Julianus libro septimo Digestorum scribit, hanc actionem adversùs quemvis possessorem ei competere; nàm, et si fundo fructuario servitus debeatur, fructuarius non servitutem (2), sed usumfructum vindicare debet adversùs vicini fundi dominum.

De usufructû partis fundi.

§. 2. Si partis fundi ususfructus constituatur, potest de eo in rem agi, sivè vindicet quis usumfructum, sivè alii neget.

De fructibus.

§. 3. In his autem actionibus, quæ de usufructû aguntur, etiam fructus (3) venire plùs quàm manifestum est.

§. 4. Si post litem de usufructû contestatam fuerit finitus ususfructus, an ulteriùs fructus desinant deberi? Et putò desinere; nàm, et si mortuus fuerit fructuarius, heredi ejus actionem præteritorum duntaxàt fructûum dandam, Pomp. lib. XL. scribit.

---

(1) L. 4. C. de edendo. l. ult. C. de rei vind. §. 4. vers. commodum. Inst. de interdict. l. 128. in pr. infr. de reg. jur.

celui qui exerce cette action n'est pas le maître de la propriété, quoique l'usufruitier n'ait pas le droit de jouir, il gagnera cependant en vertu du droit qui rend la condition des possesseurs beaucoup plus avantageuse (1), encore qu'il n'ayent aucun droit.

Et contre qui on accorde une action relativement à un usufruit.

§. 1. On demande si l'usufruitier à une action réelle seulement contre le maître de la propriété, ou même contre toute espèce de possesseurs ? Julien, au livre VII du Digeste, écrit qu'il peut exercer cette action contre toute espèce de possesseurs ; car s'il est dû une servitude au fonds sujet à l'usufruit, l'usufruitier doit revendiquer non pas la servitude (2), mais l'usufruit lui-même contre le maître du fonds voisin.

De l'usufruit d'une partie du fonds.

§. 2. Si l'usufruit n'est établi que sur une portion du fonds, on peut revendiquer l'usufruit, soit que quelqu'un le réclame, soit qu'il nie qu'il appartienne à un autre.

Des fruits.

§. 3. Il est plus que constant que dans les actions en demande d'usufruit, les fruits perçus font partie de ces actions (3).

§. 4. Les fruits ultérieurs cessent-ils d'être dûs, si l'usufruit est éteint, après que la contestation relative à l'usufruit a été engagée ? Je pense qu'ils ne sont pas dûs ; car si l'usufruitier venait à mourir, Pomponius écrit au liv. XL, que l'on n'accorderait à son héritier action que pour les fruits antérieurs.

---

(2) L. 1. in pr. supr. h. t.
(3) §. ult. infr. hic.

Et omni causâ.

§. 5. Fructuario, qui vicit, omnis causa restituenda est; et ideò, si *servi* fuerit ususfructus legatus, quidquid ex re fructuarii, vel ex operis suis consecutus est, possessor debebit restituere.

De cautione evictionis.

§. 6. Sed et si fortè tempore ususfructus amissus est, alio quidèm possidente, alio autem liti se offerente, non sufficit, eum usumfructum iterùm renovare; verùm cavere quoquè eum *de evictione ususfructûs* oportet. Quid enim, si servum aut fundum is, qui possidebat, pignori dedit, isque ab eo, qui (pignori) accepit, jure uti prohibetur? debebit itàque habere cautum.

De fructibus. Si possessor agat.

§. 7. Sicùt fructuario in rem confessoriam agenti (1) fructus præstandi sunt, ità et proprietatis domino, si negatoriâ actione utatur. Sed in omnibus ità demùm, si non sit possessor, qui agat; nàm et possessori competunt. Quod si possident, nihil fructûum nomine consequentur. Quod ergo officium erit judicis (quam hoc)? ut securus consequatur fructuarius fruendi licentiam ; proprietatis dominus, ne inquietetur.

6. PAULUS, *lib.* 21. *ad edictum.*

De eo qui desiit possidere.

Qui de usufructû judicium accepit, si desierit possidere sine dolo, absolvetur (2); quod si liti se obtulit, et (3) quasi possessor actionem de usufructû accepit, damnabitur.

---

(1) L. 4. §. 2. infr. si servit. vind.
(2) L. 27. §. 1. supr. de rei vind.
(3) L. 25. supr. d. t.

Et de toute autre cause.

§. 5. Tout ce qui fait partie de l'usufruit doit être restitué à l'usufruitier qui a gagné son procès. Par conséquent s'il s'agit de l'usufruit d'un esclave, le possesseur devra lui restituer tout ce qu'il aura touché, soit à raison des travaux de cet esclave, soit ce que l'esclave aura acquis avec la chose de l'usufruitier.

De la caution en cas d'éviction.

§. 6. Mais si par hasard l'usufruit s'était éteint pendant l'intervalle de la contestation, par le laps de tems ; qu'il y eût un autre possesseur qui se présentât pour défendre contre la demande, il ne suffit pas dans ce cas que le possesseur qui aura été condamné, renouvelle l'usufruit ; mais il faut qu'il donne caution de garantir et indemniser l'usufruitier en cas *qu'il soit évincé de son usufruit.* Car que serait-ce, si celui qui possédait, avait engagé ou l'esclave, ou le fonds sujet à l'usufruit, et que le créancier qui l'aurait reçu, voulût user du droit qu'il aurait de s'opposer à la jouissance de l'usufruit ? Il devra donc, comme nous venons de le dire, lui donner caution.

Des fruits. Si le possesseur est demandeur.

§. 7. Comme les fruits doivent être restitués à l'usufruitier qui est parvenu à prouver (1) la légitimité du droit qu'il avait sur la chose, de même doivent-ils l'être au propriétaire, si ayant intenté l'action négatoire, son adversaire est déclaré n'avoir aucun droit sur la chose ; mais cela n'a lieu que dans l'hypothèse où celui qui agit n'est pas possesseur, car ils appartiennent au possesseur. Si déjà il était en possession, il ne pourra pas demander les fruits qu'il a du percevoir. Ce que le juge aura à faire, consistera donc d'un côté à faire jouir tranquillement l'usufruitier, et de l'autre, à ce que le maitre de la propriété ne soit pas inquiété.

6. Paul , *liv.* 21. *sur l'édit.*

De celui qui a cessé de posséder.

Si celui qui s'est présenté pour défendre sur une demande en usufruit, vient à cesser de posséder sans dol, il sera renvoyé absous (2). Que s'il s'est présenté comme possesseur, quoique ne possédant pas (3), pour répondre sur l'action formée contre lui, il sera condamné.

TITULUS SEPTIMUS.

De operis servorum (1).

1. PAULUS, *lib.* 2. *ad edictum.*

Operas in actû consistere.

OPERA in actû consistit; nec antè in rerum naturâ est, quàm si dies venit (2), quo præstanda est; quemadmodùm cùm stipulamur (3), quod *ex Arethusâ natum erit.*

2. ULPIANUS, *lib.* 17. *ad edictum.*

De capitis diminutione.

Operæ servi legatæ capitis minutione non amittuntur (4).

3. GAJUS, *lib.* 7. *ad edictum provinciale.*

De hominis usufructû, et operis.

In (5) hominis usufructû operæ sunt, et ob operas mercedes (6).

______

(1) Lib. 6. C. 3.
(2) V. l. 3. in pr. infr. de oper. libert.
(3) V. l. 73. in pr. infr. de verb. oblig.

TITRE SEPT.

Des services des esclaves (1).

1. PAUL, *liv.* 2. *sur l'édit.*

Les services d'un esclave consistent dans ses actions.

LE service d'un esclave consiste dans ses actions, et pour qu'il puisse exister, il faut que le jour où il doit être dû soit arrivé (2). De même que lorsque nous stipulons que l'on nous donnera l'enfant (3) qui naîtra de *l'esclave Aréthuse, il faut qu'il soit né.*

2. ULPIEN, *liv.* 17. *sur l'édit.*

Du changement d'état.

Le changement d'état n'éteint pas le legs des services d'un esclave (4).

3. GAJUS, *liv.* 7. *sur l'édit provincial.*

De l'usufruit et des services d'un esclave.

L'usufruit d'un esclave consiste dans ses services (5) et le salaire que l'on en retire (6).

---

(4) L. 2. infr. de usû et ususfr. legat.
(5) L. 4. infr. h. t.
(6) D. l. 2. infr. de usû et usufr. legat.

4. **Idem**, *lib.* 2. *de liberali causâ edicti urbanici.*

De impensis necessariis deducendis.

Fructus hominis in operis constitit; et retrò, in (1) fructû hominis operæ sunt. Et ut in cæteris rebus fructus, deductis necessariis (2) impensis, intelligitur; ità et in operis servorum.

5. **Terentius Clemens**, *lib.* 18. *ad legem Juliam et Papiam.*

De effectû operarum legatorum.

Operis servi legatis, usumfructum datum intelligi, (3) et ego didici et Julianus existimat.

6. **Ulpianus**, *lib.* 55. *ad edictum.*

De operarum æstimatione.

Cùm de servi operis artificis agitur, pro modo restituendæ sunt : sed mediastini secundùm ministerium. Et ità Mela scribit.

§. 1. Si minor (4) annis quinquè, vel debilis (5) servus sit, vel quis alius, cujus nulla opera esse apud dominum potuit, nulla æstimatio fiet.

§. 2. Item voluptatis vel affectionis æstimatio non habebitur : veluti, si dilexerit eum dominus, aut in deliciis habuerit.

§. 3. Cæterùm, deductis necessariis (6) impensis, fiet æstimatio.

----

(1) L. 3. supr. h. t.
(2) L. ult. in fin. infr. eod. l. 56. §. ult. supr. de hered. petit.
(3) Obst. l. 1. §. 9. vers. sed operis. infr. ad leg. Falcid.
(4) L. 12. §. 3. supr. de usufr.

Le même, *liv. 2. de l'édit du préteur de la ville, relatif aux libertés.*

Des dépenses nécessaires qui doivent être déduites.

Le fruit d'un esclave consiste dans ses services (1), et par-conséquent les services d'un esclave font partie du fruit (2) que l'on en retire. Comme dans les autres choses, le fruit ne se calcule que déduction faite des dépenses nécessaires; de même à l'égard des services des esclaves, il faut déduire toutes celles auxquelles ces mêmes services ont donné lieu

5. Térentius Clemens, *liv.* 18. *sur la loi Julia et Papia.*

De l'effet du legs des services d'un esclave.

J'ai appris et Julien pense, que quand il s'agit de legs des services d'un esclave, ce legs (3) doit être assimilé à un legs d'usage.

6. Ulpien, *liv.* 55. *sur l'édit.*

De l'estimation des services d'un esclave.

Lorsqu'il est question des services d'un esclave qui sait un métier, on doit les estimer en raison de son talent. Mais lorsqu'il s'agit d'un esclave qui n'a pas de métier, et que l'on emploie à toutes sortes d'ouvrages, on doit se régler d'après l'ouvrage qu'on lui fait faire. C'est le sentiment de Méla.

§. 1. Si l'esclave à moins de cinq ans (5), ou est d'une faible complexion, ou tel que le maître n'en puisse tirer aucun service, il n'y aura pas lieu dans ce cas à aucune estimation.

§. 2. L'attachement et l'affection que l'on a pour l'esclave, ne pourront entrer dans l'estimation des fruits de ce même esclave, comme si, par exemple, le maître le chérissait, ou le faisait contribuer à ses plaisirs.

§. 3. Au reste, il ne pourra y avoir d'estimation (6) sans déduction des dépenses.

---

(5) L. 7. infr. de usû et usufr. legat.
(6) L. 4. in fin. supr. h. t.

TITULUS OCTAVUS.

De usû (1)*, et habitatione* (2).

1. GAJUS, *lib.* 7. *ad edictum provinciale.*

Continuatio.

Nunc videndum de usû, et habitatione.

Quibus modis usus constituitur.

§. 1. Constituitur etiàm nudus usus, id est, sine (3) fructû : qui et ipse iisdem (4) modis constitui solet, quibus et ususfructus.

2. ULPIANUS, *lib.* 17. *ad Sabinum.*

De jure usuarii.

Cùm usus relictus est, uti potest, frui non potest. Et de singulis videndum.

Si marito usus ædium legetur.

§. 1. *Domûs* usus relictus est aut marito, aut mulieri : si marito, potest illic habitare non solus, verùm (5) cum familiâ quoque suâ. An et cum

---

(1) Lib. 5. C. 33. et lib. 2. Inst. 5.
(2) V. l. 10. infr. h. t.
(3) L. 2. in pr. l. 14. §. 1. 2. infr. eod.

TITRE HUIT.

De l'usage (1), et de l'habitation (2).

~~~~~~~~~

1. GAJUS, *liv. 7. sur l'édit provincial.*

Continuation du même sujet.

Nous traiterons maintenant de l'usage et de l'habitation.

Comment se perd le droit d'usage.

§. 1. Le simple usage, c'est-à-dire (3) celui qui n'est pas suivi de la jouissance, s'établit et s'acquiert (4) de la même manière que l'usufruit.

2. ULPIEN, *liv. 17. sur Sabinus.*

Du droit de l'usage.

Lorsqu'on lègue l'usage d'une chose, on peut s'en servir, mais non pas en jouir. Nous allons traiter particulièrement de chaque chose relative à l'usage.

Si l'usage d'une maison est légué au mari.

§. 1. L'usage d'une maison a été légué au mari ou à la femme. S'il a été légué au mari, il peut l'habiter non-seulement lui, mais toute sa famille (5) ; mais on a agité la question de savoir, s'il pouvait l'habiter avec ses affranchis ?

---

(4) L. 3. in fin. supr. de usufr. Inst. in pr h. t.
(5) §. 2. Inst. eod. v. l. 21. infr. de precario.
~~~~~~~~~

libertis, fuit quæstionis? Et Celsus scripsit, et cum libertis ; posse hospitem quoque recipere : nàm ità lib. xviii Digestorum scripsit. Quam sententiam et Tubero probat. Sed an etiam inquilinum recipere possit, apud Labeonem memini tractatum libro posteriorum. Et ait Labeo, eum, qui ipse habitat, inquilinum (1) posse recipere. (Idem: et hospites, et libertos suos :)

3. Paulus, *lib. 3. ad Vitellium.*

Et clientes.

4. Ulpianus, *lib.* 17. *ad Sabinum.*

Cæterùm sinè eo (2) ne hos quidèm habitare posse. Proculus autem de inquilino notat, non bellè *inquilinum* dici, qui cum eo habitet. Secundùm hæc, et si pensionem recipiat, dùm ipse quoquè inhabitat, non erit ei invidendum : quid enim, si tàm spatiosæ domûs usus sit relictus homini mediocri, ut portiuncula contentus sit ? Sed et cum his, quos loco servorum in operis habet, habitabit : licèt liberi sint, vel servi alieni.

§. 1. *Mulieri* autèm si usus relictus sit, posse eam et cum marito habitare (3), Quintus Mucius primus admisit, ne ei matrimonio carendum foret, cùm uti vult domo. Nàm per contrarium, quìn uxor cum marito possit habitare, nec fuit dubitatum. Quid ergò, si viduæ legatus sit ? An, nuptiis contractis post constitutum usum, mulier habitare cum marito possit ? Et est verum (ut et Pomponius lib. v, et Papinianus, lib. xix Quæstionum probat) posse eam cum viro et posteà

____

(1) V. l. 4. in pr. infr. h. t.

Celse a écrit qu'il le pouvait, et qu'il avait même la liberté d'y recevoir un hôte, c'est-à-dire un ami ; car c'est ce qu'il dit formellement au liv. xviii du Digeste. Tuberon approuve cette opinion. Mais je me rappelle que Labéon, dans le livre de ses derniers ouvrages, a traité la question de savoir s'il lui était également permis d'y loger un locataire, et il a répondu que celui qui habite lui-même une maison dont il a l'usage, peut y recevoir un locataire (1), ainsi que ses amis et ses affranchis.

3. PAUL, *liv*. 3. *sur Vitellius.*

Et ses cliens.

4. ULPIEN, *liv*. 17. *sur Sabinus.*

Au reste, ceux-ci ne pourraient l'habiter sans lui (2). Mais Proculus remarque au sujet du locataire, que l'on ne peut pas à proprement parler, regarder comme locataire celui qui demeure avec l'usager. D'après ce qui vient d'être dit, s'il reçoit un loyer, et qu'il habite lui-même la maison, on ne pourra pas lui en faire un reproche. Que serait-ce, si on avait laissé à un homme d'une fortune médiocre, l'usage d'une maison tellement spacieuse, qu'il pût se contenter d'une portion de la maison pour s'y loger. Il pourra même l'habiter avec ceux qu'il emploie à ses ouvrages, au lieu et place d'esclaves, soit qu'ils soient libres, soit qu'ils appartiennent à d'autres.

§. 1. Si l'usage d'une maison a été laissé à une femme, elle pourra l'habiter avec son mari (3). Quintus Mucius est le premier qui a décidé qu'elle ne devait pas être privée de son mari, si elle voulait jouir de l'usage qui lui a été légué. Car par la raison contraire, on n'a jamais douté que la femme ne pût habiter avec son mari. Que serait-ce si l'usage avait été légué à une veuve ? Pourrait-elle, ayant convolé en secondes noces, après avoir acquis cet usage, l'habiter avec son mari ? Il est vrai, comme le disent Pomponius au liv. v, et Papinien au liv. xix des questions, qu'elle peut l'habiter avec son mari, quoiqu'elle soit

---

(2) L. 8. in pr. infr. eod.
(3) §. 2. in fin. Inst. h. t. adde l. pen. infr. de servit. legat.

nubentem habitare. Hoc ampliùs Pomponius ait, et cum socero habitaturam.

5. Paulus, *lib. 3. ad Sabinum.*

Si socero,

Imò et socer cum nurû habitabit : utique cum vir una sit.

6. Ulpianus, *lib. 17. ad Sabinum.*

Si mulieri.

Non solùm autem cum marito : sed et cum liberis libertisque habitare, et cum parentibus poterit. Et ità et Aristo notat apud Sabinum. Et huc usquè erit procedendum, ut eosdem, quos masculi, recipere et mulieres possint.

7. Pomponius, *lib. 5. ad Sabinum.*

Non alitèr autèm mulier hospitem recipere potest, quàm si is sit, qui honestè cum (1) eâ, quæ usum habeat, habitaturus sit.

8. Ulpianus, *lib. 17. ad Sabinum.*

De usû non alienando.

Sed nequè locabunt seorsùm, nequè concedent habitationem sinè se (2) nec vendent usum.

De usû legato, si à viro divertat.

§. 1. Sed, si usus ædium mulieri legatus sit

---

(1) Arg. l. 27. §. 1. in fin. supr. de usufr. l. 19. C. de Episc. et cleric.
(2) L. 4. in pr. supr. h. t.

mariée depuis. Pomponius va plus loin , car il dit qu'elle peut l'habiter avec son beau-père.

5. PAUL, *liv.* 3. *sur Sabinus.*

Si l'usage d'une maison a été légué au beau-père ,

Bien plus, le beau-père peut habiter avec sa bru une maison dont celle-ci a l'usage, pourvu toutes fois que le mari l'habite aussi.

6. ULPIEN, *liv.* 17 *sur Sabinus.*

Ou à une femme.

Elle pourra non-seulement l'habiter avec son mari , mais encore avec ses enfans, ses affranchis et ses père et mère. C'est la remarque que fait Ariston suivant Sabinus. Et ce qui vient d'être dit doit s'entendre dans ce sens que l'usagère puisse demeurer avec les mêmes personnes que l'usager pourrait recevoir, et admettre chez lui.

10. POMPONIUS , *lib.* 5. *ad Sabinus.*

Une femme ne peut recevoir un hôte dans la maison dont elle a l'usage, qu'autant que cet hôte sera du nombre des personnes qui pourront décemment demeurer avec elle (1)

8. ULPIEN , *liv.* 17. *sur Sabinus.*

De l'usage d'une maison qui ne peut être aliéné.

Mais ceux à qui on aura légué l'usage d'une maison , ne pourront ni la louer, ni accorder la liberté d'y demeurer, sans (2) l'habiter eux-mêmes. Ils ne pourront pas non plus vendre leur droit d'usage.

De l'usage légué à une femme , si elle se sépare de son mari.

§. 1. Mais si l'usage d'une maison avait été légué à une femme, à condition qu'elle divorcerait d'avec son mari,

eâ conditione, *si à viro divortisset* : remittendam (1) ei conditionem, et cum viro habitaturam.
(Quod et) Pomponius libro quinto probat.

9. PAULUS, *lib. 3. ad Sabinum.*

De aliarum rerum usú.

Cæterarum quoquè rerum usû legato, dicendum est, uxorem cum viro in promiscuo usû eas
res habere posse.

10. ULPIANUS, *lib.* 17. *ad Sabinum.*

Si habitatio,

Si habitatio legetur, an perindè sit, atquè si
usus, quæritur? Et effectû quidèm idem penè esse
legatum usûs et habitationis, et Papinianus con-
sensit lib. XVIII Quæstionum. Deniquè donare
non poterit. Sed eas personas recipiet, quas et
usuarius. Ad heredem tamen nec ipsa transit (2):
nec, non utendo, amittitur, nec capitis diminutione (3).

Vel jus habitandi.

§. 1. Sed si sit relicta, an usus sit, videndum? Et Papinianus lib. VII responsorum ait,
usum esse, non etiam fructum relictum.

Vel ædium habitandi causá ususfructus vel usus legetur.

§. 2. Sed (si) sic relictus sit, *illi domûs ususfructus habitandi causá :* utrum habitationem
solam, an verô et usumfructum habeat, videndum. Et Priscus, (et) Neratius putant, solam

---

(1) V. l. 5. C. de instit. et substit.

la condition sera regardée comme non avenue (1), et elle l'habitera avec son mari. C'est le sentiment de Pomponius au livre cinq.

9. PAUL, *liv.* 3. *sur Sabinus.*

De l'usage des autres choses.

Il faudra dire, quant à ce qui concerne l'usage des autres choses, que la femme en a l'usage conjointement avec son mari.

10. ULPIEN, *lib.* 17 *sur Sabinus.*

Si l'habitation,

On demande s'il en est de même à l'égard du legs d'habitation, comme de celui d'usage? Papinien au liv. XVIII des Questions est convenu que le legs d'usage, et celui d'habitation produisaient le même effet. En un mot, le légataire ne pourra pas donner son droit, mais il recevra les mêmes personnes que l'usager peut recevoir. Le droit d'habitation ne passe pas cependant à l'héritier (2), et ne se perd ni par le non-usage, ni par le changement d'état (3).

Ou le droit d'habiter.

§. 1. Mais si le droit d'habitation avait été légué, le testateur serait-il censé avoir légué l'usage, c'est ce qu'il faut examiner? Papinien dit au livre VII des réponses, que c'est l'usage et non l'usufruit qui a été légué.

Ou l'usage, ou l'usufruit d'une maison sont légués.

§. 2. Mais si le legs a été fait ainsi qu'il suit. *Je lègue à un tel l'usufruit d'une telle maison, pour lui tenir lieu d'habitation*, il y a lieu dans ce cas à examiner s'il aurait seulement l'habitation, ou au contraire l'usufruit. Priscus

----

(2) L. 11. C. de usufr.
(3) L. 10. supr. de capite minut.

habitationem legatam, quod est verum. Planè, si dixisset testator, *usum habitandi causâ :* non dubitaremus, quìn valeret.

Quamdiù durat habitatio.

§. 3. Utrùm autem uniûs anni sit habitatio, an usquè ad vitam, apud veteres quæsitum est. Et Rutilius, donec vivat, habitationem competere ait. Hanc sententiam et Celsus probat, lib. XVIII Digestorum.

De usû fundi.

§. 4. Si usus fundi sit relictus, minùs (1) utiquè esse quàm fructum, longèque, nemo dubitat. Sed, quid in eâ causâ sit, videndum. Et Labeo ait, habitare eum in fundo posse, dominumque prohibiturum illò venire : sed colonum non (2) prohibiturum, nec familiam, (silicèt eam,) quæ agri colendi causâ illic sit. Cæterùm, si urbanam familiam illò mittat, quâ ratione ipse prohibetur, et familiam prohibendam, ejusdem rationis est. Idem Labeo ait, et cella vinaria et olearia eum solùm usurum, dominum verò invito eo non usurum.

11. GAJUS, *lib.* 2. *rerum cottidianarum sive aureorum.*

In que (3) eo fundo hactenùs ei morari licet, ut nequè domino fundi molestus sit, nequè his, per quos opera rustica fiunt, impedimento (sit).

---

(1) §. 1. Inst. h. t.
(2) L. 15. in fin. infr. eod.

et Nératius pensent, qu'il n'y a dans ce cas qu'un legs d'habitation. Ce qui est vrai. Assurément si le testateur avait dit, *pour servir d'habitation*, nous ne douterions nullement que le legs ne fût valable.

Pendant quel tems dure le droit d'habitation.

§. 3. On a agité chez les anciens la question de savoir, si lorsque le droit d'habitation était légué, ce droit ne devait pas passer le terme d'une année, ou s'il devait subsister pendant toute la vie du légataire? Rutilius a dit que le droit d'habitation n'avait pas d'autre terme que la vie du légataire. Opinion que Celse approuve au livre XVIII du Digeste.

De l'usage du fonds.

§. 4. Il n'est personne qui doute que le legs d'usage d'un fonds (1) ne soit beaucoup moins considérable que celui de l'usufruit. Mais il faut examiner ce qui fait partie de ce legs d'usage. Labeon dit que le légataire peut habiter sur le fonds, et s'opposer à ce que le propriétaire vienne y demeurer. Mais il ne pourra pas empêcher que le fermier (2) ne l'habite avec tous ses esclaves, c'est-à-dire, ceux qu'il emploie à la culture du fonds. Mais si le maître du fonds y envoyait ses esclaves de la ville, l'usager pourrait les refuser, comme il a le droit de refuser le maître lui-même. Le même Labéon dit qu'il se servira seul des celliers où l'on renferme le vin et l'huile, et que le maître ne pourra pas en faire usage malgré lui.

11. GAJUS, *liv. 2. des choses journalières, ou du livre d'or.*

L'usager en demeurant sur le fonds (3), comme il en a la liberté, doit s'arranger de manière à ne pas être incommode au propriétaire, ni à ceux qui l'exploitent. Et il ne pourra ni vendre, ni louer, ni céder même gratuite-

---

(3) D. §. 1. in fin. Inst. h. t.

Nec ulli alii jus, quod habet, aut vendere, aut locare (1), aut gratis concedere potest.

12. Ulpianus, *lib.* 17. *ad Sabinum.*

Plenum autem usum debet habere, si et villæ et prætorii (ei) relictus est. Venire planè proprietarium ad fructus percipiendos, magis dicendum est : et, per tempora fructûum colligendorum etiàm habitare illic posse, admittendum est.

§. 1. Præter habitationem, quam habet, cui usus datus est, deambulandi quoquè et gestandi jus habebit. Sabinus et Cassius, et lignis ad usum cottidianum, et horto, et pomis, et oleribus, et floribus, et aquâ usurum : non usquè ad compendium, sed ad usum, scilicèt non usquè ad abusum. Idem Nerva; et adjicit, stramentis etiàm usurum; sed nequè foliis, nequè oleo, nequè frumento, nequè frugibus usurum. Sed Sabinus, et Cassius, et Labeo, et Proculus hoc ampliùs (etiàm) ex his, quæ in fundo nascuntur, quod ad victum sibi, suis sufficiat, sumpturum, et ex his, quæ Nerva negavit. Jubentius, etiàm cum convivis et hospitibus posse uti. Quæ sententia mihi vera videtur : aliquo enìm largiùs cum usuario agendum est pro (2) dignitate ejus, cui relictus est usus. Sed utetur is (ut puto) duntaxàt in villâ. Pomis autem et oleribus, et floribus, et lignis, videndum utrùm eodem loco utatur duntaxàt, an etiàm in oppidum ei deferri possint? Sed meliùs est accipere, et in oppidum deferenda : neque enìm grave onus est horum, si abundent in fundo.

---

(1) L. 8. in pr. supr. eod.

ment (1) à tout autre le droit qu'il a, en ce que ce droit lui est personnel.

12. Ulpien, *lib.* 17. *sur Sabinus.*

Il doit avoir le plein usage des maisons soit de campagne, soit de ville, si cet usage lui a été légué, mais on doit dire aussi que le propriétaire a le droit d'y venir pour récolter les fruits, même d'y demeurer pendant tout le tems de la récolte.

§. 1. Outre le droit d'habitation qui appartient à celui à qui il a été concédé, il a encore celui de se promener sur la terre, et de s'y faire conduire en voiture. Sabinus et Cassius pensent qu'il peut se servir pour son usage particulier et journalier du bois, du jardin, des fruits, des légumes, des fleurs, et de l'eau qui se trouvent sur le fonds dont il a l'usage, et non pas pour en tirer du bénéfice, mais simplement pour son usage, et sans en abuser. Nerva pense de même, et ajoute que l'usager pourra simplement se servir des pailles, et non pas des feuilles, de l'huile, non plus que du bled, et des fruits. Mais Sabinus, Cassius, Labéon et Proculus vont plus loin. Car ils sont d'avis que l'usager peut prendre pour sa nourriture et celle des siens les choses qui viennent sur le fonds, même celles dont Nerva lui refuse l'usage. Jubentius dit qu'il peut s'en servir avec ses convives et ceux qu'il reçoit chez lui. Cette opinion me paraît vraie; car il faut raisonner à l'égard de l'usager, en ce qui concerne l'usage, conformément à la dignité de celui à qui il a été légué (2). Mais il ne pourra, suivant moi, user de son droit qu'autant qu'il sera sur le lieu même. Mais il nous reste à examiner, s'il ne pourra se servir des fruits, des légumes, des fleurs et du bois, qu'étant sur les lieux, ou s'il aura le droit de les faire transporter à la ville? Il n'y a pas d'inconvénient à ce qu'il les fasse transporter chez lui à la ville; car si ces choses sont en abondance sur le fonds dont il a l'usage, cette soustraction sera de bien peu d'importance.

---

(2) V. l. 52. §. 2. supr. de judic.

De usû pecoris.

§. 2. Sed si (1) *pecoris* ei usus relictus est, putà gregis ovilis, ad stercorandum usurum duntaxàt, Labeo ait : sed nequè lanâ, nequè agnis, nequè lacte usurum; hæc enìm magis in fructû esse. Hoc ampliùs, etiam modico lactè usurum puto : nequè enìm tàm strictè interpretandæ sunt voluntates defunctorum.

Armenti boum.

§. 3. Sed si *boum armenti* usus relinquatur, omnem usum habebit, et ad arandum, et ad cætera, ad quæ boves apti sunt.

Equitû.

§. 4. *Equitii* quoque legato usû, videndum, ne et domare possit, et ad vehendum sub jugo uti? Et si fortè auriga fuit, cui usus equorum relictus est, non puto eum circensibus his usurum : quia quasi locare eos videtur. Sed si testator sciens eum hujus esse instituti et vitæ, reliquit, videtur etiam de hoc usû sensisse.

Servi vel ancillæ.

§. 5. Si usus *ministerii* alicui fuerit relictus, ad suum ministerium utetur, et (ad) liberorum conjugisque : (nequè) videbitur alii concessisse, si simùl cum ipsis utatur. Quamquàm, si filiofamiliâs usus servi sit relictus, vel servo, patri, dominove adquisitus, ipsius duntaxàt usum exigat, non etiàm eorum, qui sunt in potestate.

---

(1) §. 4. Inst. h. t.

De

De l'usage d'un troupeau de moutons.

§. 2. Mais si on avait légué l'usage *d'un troupeau* (1), par exemple, d'un troupeau de moutons, l'usager, suivant Labeon, ne pourra s'en servir que pour fumer la terre, mais il ne pourra employer à son usage ni la laine, ni les agneaux, ni le lait; car ces sortes de choses font plus particulièrement partie de l'usufruit. Pour moi, je pense qu'il peut user modérément du lait; car on ne doit pas interpréter trop strictement les intentions du défunt (2).

D'un troupeau de bœufs.

§. 3. Si on a légué l'usage d'un troupeau de bœufs, l'usager pourra en tirer tout le service que l'on en peut tirer, comme les mettre au labour, etc.

D'un haras.

§. 4. Examinons si l'usage d'un haras ayant été légué, l'usager peut en dresser les chevaux, et s'en servir comme de chevaux de selle. Si l'usager était un conducteur de chevaux, je ne pense pas qu'il pût s'en servir pour les jeux du cirque, parce qu'il semblerait alors en tirer un loyer. Mais si le testateur savait que l'usager fût de cette profession, il est censé avoir consenti à ce qu'il s'en servît à cet usage.

D'un esclave ou d'une femme esclave.

§. 5. Si on a légué l'usage d'un esclave qui faisait le service d'un domestique, l'usager pourra l'employer à son service, et à celui de sa femme et de ses enfans, et il ne sera pas censé avoir abandonné son droit, s'il s'en sert conjointement avec un autre. Cependant si on a légué l'usage d'un esclave à un fils de famille, ou à un esclave acquis au père, ou au maître, il n'exigera que l'usage de cet esclave, et non pas de ceux qui sont en sa puissance.

---

(2) L. 12. infr. de reg. jur.

§. 6. Operas (1) autem servi usuarii non locabit, nequè alii utendo concedet : et ità Labeo. Quemadmodùm enim concedere alii operas poterit, cùm ipse uti debeat ? Idem tamen Labeo putat, si fundum conduxerit quis, usuarium servum posse ibi operari. Quid enim interest, in quâ re opera ejus utatur ? Quare et si lanam conduxerit usuarius expediendam, poterit etiam per usuarias ancillas opus perficere. Idemquè, si vestimenta texenda redemerit, vel insulam, vel navem fabricandam, poterit ad hæc operis uti usuarii. Nec offendetur illa Sabini sententia, ancillæ usû dato, ad lanificium eam non mitti, nec ex operis mercedem capi ; sed sibi lanam facere jure cogere; *sibi* enim *facere* videtur, qui non operas ejus locavit, sed opus, quod conduxit, expediit. Idem et Octavenus probat.

13. Gajus, *lib. 7. ad edictum provinciale.*

Sed ipsi servo ancillæve pro operâ mercedem imponi posse, Labeoni placet.

14. Ulpianus, *lib. 17. ad Sabinum.*

Collatio usasfructûs, fructûs et usûs.

Per (2) servum usuarium si stipuler, vel per traditionem accipiam, an adquiram, quæritur, si ex re meâ, vel ex operis ejus ? Et, si quidèm ex operis ejus, non valebit : quoniam nec locare operas ejus possumus (3). Sed si ex re meâ : dicimus servum usuarium stipulantem, vel per traditio-

---

(1) §. 3. Iust. h. t. l. 14. in pr. infr. eod.
(2) L. 25. infr. de stipul. servor.

§. 6. L'usager ne louera pas les services de l'esclave (1) dont il a l'usage, et n'accordera pas à un autre la liberté de s'en servir. C'est le sentiment de Labéon. Et en effet, comment pourrait-il concéder à un autre les services d'un esclave dont il doit se servir lui-même. Le même Labéon pense que si l'usager avait loué un bien fonds, il pourrait y faire travailler l'esclave dont il a l'usage. Car qu'importe la chose à laquelle il l'emploiera. C'est pourquoi si l'usager s'est chargé de faire ouvrager des laines, il pourra employer à ce travail les esclaves dont il a l'usage. Il en sera de même s'il s'est chargé de faire des étoffes, de bâtir une maison, de construire un vaisseau, il pourra employer l'esclave dont il a l'usage, à ces sortes de travaux. Et ce qui vient d'être dit n'est pas contraire à l'opinion de Sabinus qui pense que l'usager ne peut envoyer à l'atelier où l'on apprête les laines, la femme esclave dont il a l'usage, ni tirer aucun bénéfice de son travail, mais qu'il peut seulement la faire travailler à la laine pour son propre compte. Car celui qui emploie à l'ouvrage dont il s'est chargé un esclave dont il a l'usage, n'est pas réputé louer son travail, *mais l'occuper pour son propre avantage.* Octavenus pense aussi de même.

13. GAIUS, *liv.* 7. *sur l'édit provincial.*

Labéon décide que l'on peut retirer de l'esclave, soit homme ou femme, un salaire en remplacement de son travail.

14. ULPIEN, *liv.* 17. *sur Sabinus.*

Rapport entre l'usufruit, les fruits et l'usage.

On demande si (2) stipulant par le moyen de l'esclave dont j'ai l'usage, ou recevant quelque chose par tradition, soit à cause de son travail, soit par suite de l'administration qu'il a eu de mes affaires, j'acquière la propriété, soit de la stipulation, soit de la chose? Si la chose vient de son travail, elle ne m'appartiendra pas. Car je ne puis pas le louer (3), mais si elle est la suite de l'administration de mes affaires que je lui ai confiée, nous disons que j'acquière

---

(3) L. 12. §. ult. in pr. supr. h. t. immò vide l. 2. infr. de usu et usufr. legat.

nem accipientem, mihi adquirere (1), cum hâc opera ejus utatur.

§. 1. *Ususfructus*, an *fructus* legetur, nihil interest: nàm fructui et usus inest: usui, fructus deest. Et fructus quidèm sinè usû esse non (2) potest: usus sinè fructû potest.

Denique si tibi fructus, deducto usû, legatus sit: inutile esse legatum (3), Pomponius lib. v, ad Sabin. scribit, et, si fortè usufructû legato, fructus adimatur, totum videri ademptum scribit.

Sed, si fructus sine usû: videri constitutum, qui et ab initio constitui potest. Sed si, fructû legato, usus adimatur, Aristo scribit, nullam (4) esse ademptionem : quæ sententia benignior est.

§. 2. Usû legato, si eidem fructus legetur, Pomponius ait confundi eum cum usû. Idem ait, et si tibi usus, mihi fructus, legetur, concurrere nos in usû, me solum fructum habiturum.

§. 3. Poterit autem apud alium esse usus, apud alium fructus sinè usû (5), apud alium proprietas; velutì si, qui habet fundum, legaverit Titio usum, mòx heres ejus tibi fructum legaverit, vel alio modo constituerit.

15. PAULUS, *lib.* 3. *ad Sabinum.*

De usû fundi.

Fundi usû legato, licebit usuario et ex penû, quod in annum duntaxat sufficiat, capere; licèt mediocris prædii eo modo fructus consumantur:

---

(1) L. 16. in fin. L. 22. infr. h. t.
(2) Obst. §. ult. infr. hic. l. 5. §. 2. infr. usufr. quemadm. caveat.
(3) Immo vide. dd. ll.

la propriété, soit de ce qu'il a stipulé, soit de ce qui lui a été livré, puisqu'ainsi je jouis du droit d'usage que j'ai (1).

§. 1. Il n'y a pas de différence entre léguer l'usufruit et léguer les fruits. Car l'usage est renfermé dans les fruits; au contraire, les fruits ne sont pas compris dans l'usage. On ne peut léguer les fruits (2), sans léguer le droit d'usage, au lieu qu'on peut concevoir l'usage sans les fruits. En un mot, si les fruits vous ont été légués, déduction faite de l'usage, Pomponius, au liv. v sur Sabinus, écrit que ce legs (3) est illusoire. Et si après avoir légué l'usufruit, on vient à retrancher les fruits, tout le legs est supprimé; c'est encore ce qu'il écrit. Mais si les fruits sont légués sans l'usage, ce legs peut subsister, puisqu'il a pu être ainsi établi dans le principe. Mais si après avoir légué les fruits, l'usage est retranché, Ariston dit que cette soustraction est nulle (4). Cette opinion est bien plus avantageuse.

§. 2. Pomponius dit que si le legs d'usage, et le legs des fruits concourent simultanément, il y a alors confusion de l'un et de l'autre. Le même jurisconsulte dit que si l'usage vous a été légué, et que les fruits m'aient été légués, nous concourrons pour l'usage, mais que moi seul conserverai les fruits.

§. 3. L'usage pourra appartenir à l'un, les fruits sans l'usage à l'autre (5), enfin la propriété à celui-là, comme si celui qui a le fonds, a légué l'usage à Titius, qu'ensuite son héritier vous ait légué les fruits, ou vous les ait accordé de quelqu'autre manière.

15. PAUL, *lib.* 3, *sur Sabinus.*

De l'usage d'un fonds.

Celui à qui l'usage d'un fonds a été légué, pourra prendre sur les fruits que renferme ce fonds, ce qui lui sera nécessaire pour le courant d'une année, quoique de cette manière les productions d'un fonds peu considérable, soient dans le

---

(4) Adde l. 1. infr. de adimend. legat.
(5) L. 5. §. 2. infr. usufr. quemadm. careat

quia et domô et servo ità uteretur, ut nihil alii
fructûum nomine superesset.

§. 1. Sicùt is, cui usus fundi legatus est, quominùs dominus agri colendi (1) causâ ibi versetur,
prohibere non potest, alioquin et frui dominum
prohibebit : ità nec heres quidquam facere debet,
quò minùs is, cui usus legatus est ; utatur, ut
bonus pater familiâs uti debet.

16. Pomponius, *lib.* 5. *ad Sabinum.*

De usû fundi instructi.

Si ità legatus esset usus fundi, *ut instructus* (2)
esset : earum rerum, quæ in instrumento (fundi)
essent, perindè ad legatarium usus pertinet, ac
si nominatim ei earum rerum usus legatus fuisset.

De rei custodiâ.

§. 1. Dominus proprietatis, etiam invito usufructuario, vel usuario, fundum, vel ædes, per
saltuarium (3) vel insularium custodire potest :
interest enim ejus, fines prædii tueri. Eaque omnia
dicenda sunt, quolibèt modo constitutus ususfructus vel usus fuerit.

De usû servi.

§. 2. Servo, cujus usum duntaxàt, non etiam
fructum, habemus, potest (et) à nobis quid do-
nari (2), vel etiam ex pecuniâ nostrâ negotiatum
esse : ut, quidquid eo modo adquisierit, in peculio
nostro sit.

---

(1) L. 10. §. ult. supr. 8. t.
(2) L. 5. in fin. infr. de instruc. vel instrum. legat.

cas d'être consommées, par la raison que l'usager d'une maison et d'un esclave peut user de son droit de manière que personne ne puisse après lui en tirer de fruits.

§. 1. Comme celui à qui l'usage d'un fonds a été légué ne peut pas s'opposer à ce que le propriétaire ne l'habite pour le cultiver (1); (autrement il mettrait un obstacle à sa jouissance), de même l'héritier du propriétaire ne peut rien faire qui empêche celui à qui l'usage a été légué, d'en jouir en bon père de famille.

16. POMPONIUS, *lib.* 5. *sur Sabinus.*

De l'usage d'un fonds meublé et garni de tous ses ustenciles.

Si on avait légué l'usage d'un fonds tel qu'il serait meublé (2), l'usage de tous les meubles qui se trouveraient sur le fond, appartiendrait à l'usager comme si l'usage lui en avait été nominativement légué.

De la garde d'une chose.

§. 1. Le maître de la propriété peut confier la garde de son fonds, ou à un portier ou à un garde (3), malgré l'usager, ou l'usufruitier; car il est de son intérêt de veiller à la conservation de sa propriété, et c'est ainsi qu'il faudra raisonner, n'importe la manière dont l'usufruit ou l'usage aura été établi:

De l'usage d'un esclave.

§. 2. Nous pouvons donner (4) quelque chose à l'esclave dont nous avons l'usage, et non l'usufruit, ou même lui permettre de faire quelque négoce avec notre argent, et ce qu'il acquerrera par ce moyen deviendra notre propriété.

---

(3) L. 60. §. fin. infr. de legat. 3.
(4) V. l. 37. §. 1. infr. de aquir. rer. domin.

17. Africanus, *lib.* 5. *Quæstionum.*

Si filio familiâs, vel servo usus legetur.

Filio familiâs vel servo ædium usû legato, (et) utile legatum esse existimo, et eodem modo persecutionem ejus competituram, quo competeret, si fructus legatus esset. Itàque non minùs absente, quàm præsente filio, servove, pater, dominusve in his ædibus habitabit.

18. Paulus, *liv.* 9. *ad Plautium.*

De refectione rei.

Si *domûs* usus legatus sit *sinè fructû :* communis refectio est (rei) in sartis tectis, tàm heredis, quàm usuarii. Videamus tamen, ne, si fructum heres accipiat, ipse reficere debeat : si verò talis sit res, cujus usus relegatus est, ut heres fructum percipere non possit, legatarius reficere cogendus est. Quæ distinctio rationem habet.

19. Idem, *lib.* 3. *ad Vitellium.*

Usum non dividi.

Usus pars legari non potest : nàm frui quidèm, pro parte possumus (1); uti, pro parte non possumus.

20. Marcellus, *lib.* 13. *digestorum.*

De usû servi.

Servus, cujus mihi usus legatus est, acquirit mihi (2), si institutor erit, et operis ejus utar in

---

(1) V. l. 1. §. 9. infr. ad leg. Falcid. l. 72. in pr. infr. de verb. oblig.

17. AFFRICANUS , *lib. 5. des questions.*

Si l'usage a été légué à un fils de famille, ou à un esclave.

Je pense que l'usage d'une maison ayant été légué à un fils de famille, ou à un esclave, ce legs est valable, et que l'on peut recourir pour l'obtenir aux mêmes moyens que l'on emploierait, si l'usufruit avait été légué. C'est pourquoi le père ou le maître habitera la maison, tant en l'absence qu'en la présence du fils, ou de l'esclave.

18. PAUL , *liv.* 9. *sur Plautius.*

De la réparation de la chose.

Si on a légué l'usage d'une *maison sans l'usufruit*, les réparations qui sont à faire à la maison, telle que celle de la toiture, sont à la charge commune de l'héritier et de l'usager. Voyons cependant si l'héritier recevant les fruits, est tenu seul des réparations. Si la chose dont l'usage a été légué est telle que l'héritier ne puisse en percevoir les fruits, le légataire sera obligé de réparer. Dans le cas contraire, elles seront à la charge de l'héritier. Cette distinction est fondée sur la justice.

19. LE MEME , *liv.* 3. *sur Vitellius.*

L'usage n'est pas divisible.

On ne peut léguer une portion de l'usage ; car nous pouvons bien jouir à la vérité d'une portion de l'usufruit (1), mais nous ne pouvons pas user en partie d'une chose.

20. MARCELLUS , *liv.* 13. *du Digeste.*

De l'usage d'un esclave.

L'esclave dont l'usage m'a été légué, acquiert pour moi (2) s'il est versé dans le commerce, et que je le fasse travailler

---

(2) L. 14. in pr. supr. h. t.

tabernâ : nàm mercibus vendundis emendisque
adquirit mihi. Sed et si jussu meo, per traditionem accipiet.

21. MODESTINUS, *lib. 2. regularum.*

De usû aquæ.

Usus *aquæ* personalis est : et ideò ad heredem
usuarii transmitti non potest.

22. POMPONIUS, *lib. 5. ad Quintum Mucium.*

De usû sylvæ.

Divus Adrianus, cum quibusdam usus *sylvæ*
legatus esset, statuit fructum quoquè eis legatum
videri : quia nisi liceret legatariis cædere sylvam,
et vendere, quemadmodùm usufructuariis licet,
nihil habituri essent ex eo legato.

Et ædium.

§. 1. Licet tàm angustus est legatarius, cui
domûs usus legatus est, ut non possit occupare
totiûs domûs usum : tamen eis, quæ vacabunt,
proprietarius non utetur : quià licebit usuario,
aliis et aliis temporibus, totâ domô uti : cùm
interdùm domini quoque ædium, prout temporis
conditio exigit, quibusdam utantur (quibusdam
non utantur).

Si plùs usus sit legatarius quàm oportet.

§. 2. Usû legato, si plùs usus sit legatarius,
quàm oportet, officio judicis, qui judicat, quemad-

dans ma boutique ; car en vendant et en achetant des marchandises, il acquiert à mon profit, et s'il reçoit quelque chose par mon ordre, c'est pour moi qu'il la reçoit.

21. MODESTINUS, *liv. 2. des règles.*

De l'usage de l'eau.

L'usage de l'eau est personnel ; c'est pourquoi il ne peut être transmis à l'héritier de l'usager.

22. POMPONIUS, *lib. 5. sur Quintus Mucius.*

De l'usage d'un bois.

L'empereur Adrien a décidé à l'égard de quelques personnes à qui l'on avait légué l'usage d'une forêt, que la jouissance leur en avait été également léguée, parce que s'il n'était pas permis aux légataires de faire des coupes et de les vendre comme les usufruitiers ont droit de le faire, ils ne pourraient rien retirer de leur legs.

Et d'une maison.

§. 1. Quoique le légataire soit tellement borné dans sa fortune, qu'il ne puisse pas occuper la maison toute entière, ce ne sera pas une raison pour que le propriétaire ait le droit d'occuper les parties vacantes, parce que l'usager aura la liberté, soit dans un tems, soit dans un autre, de se servir de la totalité de la maison ; ne voit-on pas quelque fois les propriétaires des maisons, suivant l'occurrence des circonstances, occuper une partie de leurs maisons, et laisser l'autre vacante.

Si le légataire a plus usé de la chose, qu'il ne devait le faire.

§. 2. En fait de legs d'usage, si l'usager excède les bornes de son droit d'usage, c'est au juge à régler et décider comment

modùm utatur, (quid) continetur ? Ne aliter, quàm debet, utatur.

23. PAULUS, *lib.* 1. *ad Neratium.*

De re non mutandâ.

Neratius : usuariæ rei speciem is, cujus proprietas est, nullo modo commutare potest. (*Paulus* :) deteriorem enim causam usuarii facere non potest : facit autem deteriorem, etiàm in meliorem statum commutatâ.

il doit user de la chose , et à lui prescrire de n'en pas user autrement qu'il ne doit le faire.

23. PAUL, *liv.* I. *sur Nératius.*

De la chose qui ne doit pas être changée.

Nératius. Le propriétaire de la chose dont l'usage a été légué, ne peut en aucune manière en changer l'espèce (Paul) ; car il ne peut pas rendre la condition de l'usager plus dé-favorable. Or il n'en a pas le droit, rendit-il l'état de la chose plus avantageux.

TITULUS NONUS.

Usufructuarius quemadmodùm caveat.

1. ULPIANUS, *lib. 79. ad edictum.*

De formâ cautionis.

Sɪ cujus rei ususfructus legatus sit, æquissimum prætori visum est de utroquè (1) legatarium cavere : *et usurum se (2) boni viri arbitratû; et, cùm ususfructus ad eum pertinere desinet, restiturum (3) quod indè exstabit.*

De re mobili vel immobili.

§. 1. Hæc stipulatio, sivè mobilis res sit, sivè soli, interponi debet.

De modis constituendi usumfructum.

§. 2. Illud sciendum est, ad fideicommissa etiam aptari eam debere. Planè, et (si) ex mortis causâ donatione ususfructus constituatur, exemplo legatorum debebit hæc cautio præstari. Sed et si ex aliâ quâcunquè causâ constitutus fuerit ususfructus, idem dicendum est.

De formâ cautionis.

§. 3. Cavere autem debet, *viri boni arbitratû*

---

(1) §. 6. infr. hic.

TITRE NEUF.

De la manière dont l'usufruitier doit donner caution.

1. ULPIEN, *liv.* 79. *sur l'édit.*

De la forme de la caution.

LE préteur a pensé qu'il était très-juste que, lorsque l'usufruit d'une chose quelconque a été légué, le légataire donnât (1) caution, 1°. *de jouir de son usufruit* (2) *en bon père de famille; 2°. de rendre à l'expiration de l'usufruit* (3) *tout ce qui restera de cet usufruit.*

D'une chose mobiliaire, ou immobiliaire.

§. 1. Cette caution a lieu, soit que l'usufruit porte sur une chose mobiliaire, soit sur un immeuble.

De la manière de constituer un usufruit.

§. 2. Il faut remarquer ici que cette caution a également lieu en matiere de fidéicommis. Assurément si l'usufruit est établi par une donation à cause de mort, cette caution devra être fournie à l'instar des legs. Il faudra dire la même chose à l'égard des legs de l'usufruit, n'importe la cause qui les aura établis.

De la forme de la caution.

§. 3. Il doit donner caution *de jouir en bon père de*

---

(2) L. 13. in fin. pr. supr. l. 4. C. de usufr.
(3) L. 8. §. 4. vers. item de re. supr. qui satisd. cog.

perceptum iri usumfructum : hoc est, non deteriorem se causam ususfructûs facturum, cæteraque facturum, quæ in re suâ faceret.

De rei qualitate in testatum redigendâ.

§. 4. Rectè autem facient et heres et legatarius, qualis res sit, cùm frui incipit legatarius, si in testatum redegerint, ut indè possit apparere, an, et quatenùs rem pejorem legatarius fecerit.

Utilitas cautionis.

§. 5. Utilius autem visum est, stipulatione de hoc caveri, ut, si quis non viri boni arbitratû utatur, committatur stipulatio statìm : nec expectabimus, ut amittatur ususfructus.

Duæ clausulæ cautionis quandò committuntur.

§. 6. Habet autem stipulatio ista duas (1) causas : unam, si aliter quis utatur, quàm vir bonus arbitratur ; aliam de usufructû restituendo, quarum prior statìm committetur, quàm aliter fuerit usus, et sæpiùs committetur ; sequens committetur, finito ususfructû.

Quib stipuletur proprietarius.

§. 7. Sed quod diximus, *id, quod indè exstabit, restitutum iri*, non ipsam rem stipulatur proprietarius ; inutilitèr enim rem suam stipulari videretur (2) : sed stipulatur *restitutum iri, quod indè exstabit*. Interdùm autem inerit proprietatis æstimatio, si fortè fructuarius, cùm possit usucapionem interpellare, neglexit : omnem enim rei curam suscipit.

---

(1) In. pr. supr. hic.

mille, c'est-à-dire de ne pas détériorer la chose sujète à l'usufruit, et de faire tout ce qu'il ferait si la chose dont il a l'usufruit lui appartenait.

De la qualité de la chose léguée qui doit être constatée par testament.

§. 4. Mais l'héritier et le légataire agiront prudemment, quelque soit la chose, si avant que l'usufruitier entre en jouissance, ils dressent un état de la chose sujète à l'usufruit, afin de pouvoir constater si, et jusqu'à quel point la chose aura été détériorée.

Utilité de la caution.

§. 5. Il a paru plus utile de stipuler dans l'acte de cautionnement, que si l'usufruitier ne jouit pas en bon père de famille, il payera sur le champ une peine dont on sera convenu, sans attendre que l'usufruit soit éteint.

Quand les deux cas de la stipulation auront lieu.

§. 6. Cette stipulation contiendra deux cas, le premier celui où l'usufruitier jouira autrement que ne doit le faire un bon père de famille. Le second sera relatif à la restitution de la chose. Dans le premier, la stipulation sortira son plein et entier effet aussitôt que l'usufruitier aura joui de la chose autrement qu'il n'en devait jouir, et elle pourra avoir lieu plusieurs fois. Quant au second cas, la stipulation ne pourra avoir son effet que lorsque l'usufruit sera éteint.

Ce que le propriétaire stipule.

§. 7. Mais ce que nous avons dit, *que ce qui restera sera restitué*, ne doit pas être entendu dans ce sens que le propriétaire stipulera pour la propriété de la chose elle-même; car ce serait en vain (2) qu'il ferait cette stipulation : mais il stipule que l'usufruitier lui restituera *ce qui restera* de la chose. Or il arrivera quelque fois qu'il y aura lieu à une estimation de la totalité de la propriété; tel serait le cas où l'usufruitier aurait négligé de faire ce à quoi il était tenu pour arrêter la prescription ; car c'est lui que regarde le soin de conserver la chose au propriétaire.

______
(2) L. 29. §. 1. L. 82. in pr. infr. de verb. oblig.

2. Paulus, *lib.* 75 *ad edictum.*

Nàm fructuarius custodiam præstare debet.

3. Ulpianus, *lib.* 79. *ad edictum.*

Qui casus hâc actione continentur.

Omnes autem casus continentur huic stipulationi, quibus ususfructus amittitur.

Quid sit desinere pertinere usumfructum.

§. 1. *Desinere pertinere usumfructum* accipiemus, etiam si nec cœperit (1) pertinere, quamvis legatus sit : et committetur nihilominùs stipulalatio, quasi desinat pertinere, quod non cœpit.

De usufructû repetito.

§. 2. Si ususfructus repetitus (2) erit legato, *quotièsque amissus fuerit;* nisi utilitèr fuerit cautum, committetur ista stipulatio, sed exceptione opus erit.

Si eidem ususfructus purè, proprietasque sub conditione legata sit.

§. 3. Sed et si quis usumfructum tibi legaverit, et sub conditione, *si liberos habueris*, proprietatem : amisso usufructû, committetur quidèm stipulatio, sed exceptio locum habebit.

Si heres alienaverit proprietatem, et posteà amittatur ususfructus.

§. 4. Si heres alienaverit proprietatem, et posteà amittatur ususfructus, an ex stipulatû agere

---

(1) Vide tamen l. 96. in pr. infr. de condit. et demonstr.

2. PAUL , *liv.* 75. *sur l'édit.*

Car l'usufruitier doit garder la chose , et veiller à ce qu'elle ne se perde pas.

3. ULPIEN , *liv.* 79. *sur l'édit.*

Quels sont les cas que cette action renferme.

Sont compris dans cette stipulation tous les cas où l'usufruit peut s'éteindre.

Ce que c'est que l'usufruit éteint.

§. 1. Nous entendrons par ces mots, *lorsque l'usufruit n'existera plus* , le cas même où il n'aura pas commencé à appartenir à celui à qui il aura été légué (1) , et néanmoins la stipulation aura lieu , en ce que l'usufruit qui jamais n'a appartenu au légataire , est éteint pour lui.

De l'usufruit renouvellé.

§. 2. Si d'après le legs , l'usufruit est renouvellé (2) tontes *les fois qu'il sera éteint,* cette stipulation aura lieu , à moins qu'il n'ait été pris des sûretés valables ; mais ce sera le cas de recourir à une exception.

Si l'usufruit a été légué au même purement , et la propriété conditionnellement.

§. 3. Mais si quelqu'un vous a légué un usufruit , et conditionnellement la propriété , *si vous aviez un jour des enfans ,* l'usufruit étant éteint , la stipulation aura son effet , mais on pourra opposer l'exception.

Si l'héritier a aliéné la propriété , et qu'ensuite l'usufruit soit éteint.

§. 4. Examinons si , dans le cas où l'héritier aurait aliéné la propriété , et qu'ensuite l'usufruit vint à s'éteindre , il

(2) V. l. 5. in pr. supr. qnib. modis ususfr. l. 23. iufr. de usu et usufr. legat

possit, videamus ? Et fortiùs dici potest, ipso
jure non committi stipulationem : quia nequè heredi, successoribusve ejus restitui potest: nequè is,
cui potest, (id est, ad quem pervenit proprietas)
pertinet ad stipulationem (1). Sed is, ad quem
pervenit, tempore quæsiti dominii sibi prospicere
aliâ cautione debet : quod et si non fecerit, nihilominùs in rem actione uti potest.

4. Venulejus, *lib.* 12 *stipulationum.*

De consolidatione.

Si fructuarius proprietatem adsecutus fuerit,
desinit quidèm ususfructus ad eum pertinere,
propter confusionem (2) : sed si ex stipulatû cum
eo agitur, aut ipso jure inutilitèr agi dicendum
est, si viri boni arbitrium hûc usque porrigitur,
aut in factum excipere debebit.

5. Ulpianus, *lib.* 79. *ad edictum.*

De doli clausulá.

Huic stipulationi *dolum malum abesse,* abfu-
turumque esse continetur : et, cùm in rem sit doli
mali mentio concepta, omnium dolum comprehen-
dere videtur, successorum, et adoptivi (3) patris.

De usû.

§. 1. Sed *si usus sinè fructû legatus erit,
ademptâ fructûs causá, satisdari* jubet prætor.
Hoc meritò: ut de solo usû (4), non etiam de usufructû caveatur.

---

(1) Arg. l. 58. §. 17. infr. de verb. oblig.
(2) L. 27. supr. quib. mod. ususfr. amitt. §. 3. Inst. de ususfr.

pourrait requérir l'exécution de la stipulation ? L'on sera
très-fondé à dire que de plein droit la stipulation ne peut
avoir aucun effet, parce que l'usufruit ne peut être restitué
à l'héritier ni aux héritiers de celui-ci, et que celui à qui
il peut être restitué, c'est-à-dire à qui la propriété a passé,
n'est pas intervenu dans la stipulation (1). Mais celui à qui
la propriété a passé doit, au moment où il devient propriétaire, se faire donner une nouvelle caution ; mais, s'il
ne l'a pas fait, il aura toujours le droit de revendiquer sa
chose.

4. Venulejus, *liv.* 12. *des stipulations.*

De la confusion.

Si l'usufruitier acquiert la propriété, l'usufruit cesse de
lui appartenir, parce qu'alors l'usufruit se confond avec la
propriété (2). Mais si on voulait l'actionner d'après la stipulation, alors il faudra prononcer, ou que cette stipulation
est nulle de plein droit, si le juge a le pouvoir de le faire,
ou l'usufruitier opposera une exception sur le fait, c'est-à-dire,
tirée de ce qui s'est passé.

5. Ulpien, *liv.* 79. *sur l'édit.*

De la clause du dol.

Dans cette stipulation sera comprise également la clause
de garantie *de tout ce qui sera la suite de la mauvaise
foi*, ou qui pourrait l'être, et comme cette mention de la
mauvaise foi est toujours réelle, elle comprend le dol de
tous les successeurs du propriétaire, ainsi que du père
adoptif (3).

De l'usage.

§. 1. Mais lorsque l'usage est légué sans l'usufruit, le
préteur ordonne à l'usager de donner caution, en retran-
chant le mot de jouissance, et c'est avec raison, afin que
la caution ne s'oblige que pour l'usage (4), et non pour l'usufruit.

---

(3) L. 38. §. 15. infr. de verb. oblig.
(4) L. 5. in fin. l. 10. supr. de usufr. ear. rer.

De fructû sinè usû.

§. 2. Ergò, et si fructus sinè (1) usû obtigerit, stipulatio locum habebit.

De habitatione et operis.

§. 3 Et si habitatio (2), vel operæ hominis, vel cujus alteriûs animalis relictæ fuerint : stipulatio locum habebit; licèt per omnia hæc usumfructum non imitantur.

6. PAULUS, *lib.* 75 *ad edictum.*

De reditû.

Idem est (et) in *reditû* prædii : sicuti si vindemia legata esset, vel messis : quamvis ex usufructû ea percipiantur. Quæ legata, morte legatarii, ad heredem redeunt.

7. ULPIANUS, *lib.* 79. *ad edictum.*

De cautione omissâ.

(Et) si ususfructûs nomine, re traditâ, satisdatum non fuerit, Proculus ait, posse heredem rem vindicare : et, si objiciatur exceptio, de re ususfructûs nomine traditâ, replicandum erit : quæ sententia rationem habet, sed et ipsa stipulatio condici (3) poterit.

§. 1. Cùm ususfructus *pecuniæ* legatus esset, exprimi debent hi duo casus in stipulatione : *cùm morieris, aut capite minueris, dari.* Idcircò hi duo (4) soli casus, quoniam pecuniæ usus aliter amitti non potest, quàm his casibus.

---

(1) V. l. 14. in fin. supr. de usu et habitat.
(2) L. 11. infr. h. t.

De l'usufruit sans l'usage.

§. 2. Cette stipulation aura donc aussi lieu , si (1) l'usu-fruit a été légué sans l'usage.

De l'habitation, et des services d'un esclave.

§. 3. La même stipulation aura lieu à l'égard des legs d'habitation (2) , des services d'un esclave , ou de toute autre espèce d'animaux , quoique ces legs ne puissent être en-tièrement assimilés à l'usufruit.

6. PAUL , *lib.* 75. *sur l'édit.*

Du revenu.

Il en est de même à l'égard du legs du revenu *d'une terre*, par exemple, du legs de la vendange , ou de la moisson. Quoique ces choses proviennent de l'usufruit , cependant après la mort du légataire, elles retournent à l'héritier.

7. ULPIEN , *liv.* 79. *sur l'édit.*

De la caution omise.

Proculus dit que quand même la chose sujette à l'usufruit aurait été livrée sans qu'il eût été donné de caution , l'hé-ritier peut les revendiquer, et que si l'on oppose une ex-ception, on pourra se servir de la réplique tirée de la chose livrée à titre d'usufruit. Cette opinion est très-juste ; mais l'héritier pourra lui-même personnellement actionner l'usu-fruitier (3) , à l'effet que celui-ci lui donne caution.

§. 1. Lorsqu'on lègue l'usufruit d'une somme d'argent , on doit exprimer dans la stipulation les deux cas où l'usufruit peut s'éteindre , 1°. *lorsque vous mourrerez* , 2°. ou *lorsque vous éprouverez un changement d'état* ; et l'on n'exprime que ces deux cas (4) , parce que l'usufruit de l'argent ne peut s'éteindre que lorsqu'ils arrivent.

------

(3) L. 5. §. 1. supr. de usufr. ear. rer.
(4) L. 9. supr. d. t.

8. Paulus, *lib. 75. ad edictum.*

Cui cavendum.

Si tibi ususfructus, et mihi proprietas legata sit : mihi (1) cavendum est. Sed si mihi sub conditione (proprietas) legata sit : quidam, et Marcianus, et heredi, et mihi cavendum esse, putant : quæ sententia vera est. Itêm, si mihi legata sit, et, cùm ad me pertinere desierit, alii : et hic utrisque cavendum, ut suprà, placuit. Quod si duobus conjunctim ususfructus legatus sit : (et) invicêm (2) sibi cavere debebunt, et heredi in casum illum : *si ad socium non pertineat ususfructus, heredi reddi.*

9. Ulpianus, *lib. 51. ad edictum.*

Utrùm legatarius, an fideicommissarius caveat.

Si ususfructus mihi legatus sit, eumque restituere sim Titio rogatus, videndum est, quis debeat cavere : utrùm Titius, an ego, qui legatarius sum? An illud dicimus, mecum heredem acturum: cum fideicomissario me agere debere? et est expeditiùs, hoc dicere : si mihi spes aliqua durat ususfructûs, et, cùm tu amiseris, potest ad me recidere, hoc est, ad legatarium : itâ rem expediri, ut tu mihi, ego domino proprietatis caveam. Quòd si fideicommissarii causâ ususfructus mihi relictus est, nec est ulla spes ad me revertendi fructus : rectâ viâ fideicommissarium cavere oportet domino proprietatis.

De usufructû constituto jure precario.

§. 1. Illud sciendum est : sivè jure ipso quis

---

8. PAUL , *liv.* 75. *sur l'édit.*

A qui il faut donner caution.

Si on vous a légué l'usufruit, et à moi la propriété d'une chose, c'est à moi (1) que la caution est due ; mais si la propriété m'a été léguée sous condition , Marcien et quelques jurisconsultes pensent que la caution doit être donnée à l'héritier ainsi qu'à moi, et cette opinion est vraie. De même si la propriété m'est léguée , et qu'après qu'elle a cessé de m'appartenir, elle ait passée à un autre, il a été décidé, comme nous l'avons dit plus haut , que la caution devait être donnée aux deux légataires. Que si l'usufruit a été légué conjointement à deux personnes , elles devront mutuellement se donner caution (2) : elles seront également tenues d'en donner une à l'héritier, à *l'effet que l'usufruit lui soit rendu , s'il n'appartient pas au collegataire.*

9. ULPIEN , *liv.* 51. *sur l'édit.*

Si le légataire ou le fidéicommissaire donne caution.

Si on m'a légué un usufruit à condition de le rendre à Titius , il reste à examiner lequel de nous deux doit donner caution ? sera-ce Titius , ou moi qui suis légataire ? ou bien devons-nous dire que l'héritier l'exigera de moi, et que moi , de mon côté, je dois l'exiger du fidéi-commissaire ? et il est plus à propos de s'en tenir à ce dernier avis , s'il me reste quelqu'espérance de recouvrer l'usnfruit, qui peut , lorsque vous l'aurez perdu , me revenir à moi comme légataire. Dans ce cas , vous me donnerez caution , et moi je la donnerai au maître de la propriété. Que si l'usufruit m'a été légué pour le transmettre à un autre, et qu'il n'y ait pour moi aucune espérance que cet usufruit me revienne , le fidéicommissaire devra donner directement caution au maître de la propriété.

De l'usufruit établi à titre de précaire.

§. 1. Il faut remarquer que l'usufruitier doit toujours donner

---

(2) D. l. 6. in fin.

usumfructum habet, sivè etiam per tuitionem (1) prætoris, nihilominùs cogendum esse fructuarium cavere, aut actiones suscipere.

Si eidem proprietas ex die ususfructûs purè relictus sit.

§. 2. Planè si *ex die proprietas alicui legata sit, ususfructus pure* : dicendum esse Pomponius ait, remittendam (esse) hanc cautionem fructuario; quia certum sit, ad eum proprietatem, vel ad heredem ejus perventuram.

De usufructû vestis.

§. 3. Si *vestis ususfructus* legatus sit, scripsit Pomponius, quamquàm heres stipulatus sit, *finito usufructû, vestem reddi*, attamen non obligari promissorem, si eam sinè dolo malo adtritam reddiderit.

De pluribus proprietariis.

§. 4. Si plures domini sint proprietatis, unusquisque pro (2) suâ parte stipulabitur.

10. PAULUS, *lib.* 40. *ad edictum.*

De usufructû servi communis.

Si servi, qui nobis communis erat, usumfructum tibi legavero, necessaria erit hæc cautio heredi meo : quamvis enim de proprietate possit communi dividundo experiri, tamen causâ usus-

____

(1) L. 1. in pr. supr. quib. mod. ususfr. amitt,

caution, et qu'il est tenu de défendre contre l'action qui serait intentée contre lui à ce sujet, soit que son usufruit dérive du droit, soit qu'il ne repose que sur la protection du préteur (1).

Si la propriété est léguée au même, pour en jouir, à partir d'un tel jour, et l'usufruit purement.

§. 2. Assurément *si la propriété était léguée à quelqu'un pour ne devoir commencer qu'à un certain tems, et que l'usufruit fut légué purement et simplement* à la même personne, Pomponius pense qu'il faudrait dire dans ce cas que l'usufruitier serait déchargé de l'obligation de donner caution, parce que l'on est certain que la propriété lui appartiendra, ou à son héritier.

De l'usufruit d'un vêtement.

§. 3. Pomponius a écrit que si l'on avait légué *l'usufruit d'un vêtement*, quoique l'héritier ait stipulé *qu'à la fin de l'usufruit le vêtement serait rendu* : cependant l'usufruitier n'était obligé en rien vis-à-vis de lui, s'il le rendait usé, sans qu'il y eut aucun dol de sa part.

De plusieurs propriétaires.

§. 4. S'il y a plusieurs maîtres de la propriété, chacun stipulera pour lui en proportion (2) de son droit dans la chose.

10. PAUL, *liv.* 40. *sur l'édit.*

De l'usufruit d'un esclave commun.

Si je vous ai légué l'usufruit d'un esclave qui nous est commun, ce sera à mon héritier que la caution devra être donnée, car quoiqu'il puisse former contre vous son action à l'effet de partager la chose avec lui, cependant le juge

---

(2) L. 13. in fin. pr. supr. de usufr.

fructûs, qui tuus proprius est, ad officium communi dividundo judicis non pertinebit.

11 . PAPINIANUS, *lib. 7. responsorum.*

De usû domûs.

Usû quoque *domûs* (1) relicto, viri (2) boni arbitratû cautionem interponi oportet: nec mutat, si pater heredes filios simùl habitare cum uxore legatariâ voluit,

12. ULPIANUS, *lib. 18. ad Sabinum.*

De usufructû vasorum.

Si *vasorum* (ipsorum) ususfructus relictus sit, non erit cautio senatusconsulti necessaria; sed illa sola, *boni viri arbitratû usurumfruiturum.* Si igitur tradita sunt fruendi causâ, nemo dubitat, nou fieri ejus, qui accepit : non enim ideò traduntur, ut dominium recedat ab eo, qui tradit, sed ut utatur fruatur legatarius. Ergò, cùm non fiant fructuarii vasa, vindicari à proprietario possunt, cautione non datâ. Videndum est de condictione, an possit locum habere? Et proditum est, neminem rem suam, nisi furi (3) condicere posse.

---

(1) L. 5. §. 3. supr. h. t.
(2) L. 1. in pr. et §. 6. supr. eod.

Finis libri septimi.

'aura pas le droit de vous forcer à partager avec lui l'usufruit qui vous appartient à vous seul.

11. PAPINIEN, *liv. 7. des réponses.*

Lorsque l'usage d'une maison a été légué (1), l'usager doit aussi donner caution d'en user en bon père de famille (2), et quand bien même le père aurait voulu que sa femme, à qui il aurait eu légué l'usage, l'habitât avec ses enfans, la caution dont nous venons de parler n'en devra pas moins être fournie.

12. ULPIEN, *lib. 18. sur Sabinus.*

De l'usufruit de vases.

Si on a légué l'usufruit de *certains vases*, l'usufruitier ne sera pas obligé de donner la caution qu'exige le sénatus-consulte relative aux choses qui se détruisent par l'usage ; mais il suffira qu'il donne caution *d'en jouir en bon père de famille*. Personne ne doute que s'ils ont été seulement donnés pour que l'usufruitier en eût la jouissance, ils ne deviennent pas sa propriété ; car la tradition ne s'en fait pas pour que la propriété cesse d'être à celui qui livre, mais afin que le légataire puisse en jouir. Donc, puisque ces vases ne deviennent pas ceux de l'usufruitier, le propriétaire peut les revendiquer, dans le cas où l'usufruitier n'a pas donné caution. Examinons s'il peut dans ce cas y avoir lieu à une action personnelle en faveur du propriétaire ? On sait que personne ne peut exercer d'action personnelle pour recouvrer sa chose, que dans le cas du vol (3).

______

(3) §. 26. Inst. de rer. divis. §. 14. vers. plane. Inst. de action.

Fin du livre septième.

LIBER OCTAVUS.

TITULUS PRIMUS.

De servitutibus (1).

~~~~~~~~

1. Marcianus *lib. 3. regularum.*

Divisio servitutis.

Servitutes aut personarum (2) sunt, ut usus,
et ususfructus: aut rerum, ut servitutes rusticorum prædiorum, et urbanorum.

2. Ulpianus *lib. 17. ad edictum.*

De servitute ædibus communibus non imponendâ.

Unus ex dominis communium ædium servitutem imponere non potest (3).

3. Paulus, *lib. 21. ad edictum.*

Divisio servitutum realium.

Servitutes prædiorum aliæ in solo, aliæ in superficie consistunt.

---

(1) L. 3. C. 34. et 2. Inst. 3.
(2) L. 15. in pr. infr. h. t.
~~~~~~~~

LIVRE HUIT.

TITRE PREMIER.

Des servitudes (1).

1. MARCIEN, *liv.* 3. *des règles.*

Division de la servitude.

LES servitudes sont ou personnelles (2) comme l'usage et l'usufruit, ou réelles, telles que les servitudes des biens soit ruraux, soit urbains.

2. ULPIEN, *liv.* 17. *sur l'édit.*

De la servitude qui ne peut être établie sur une maison commune.

L'un des propriétaires d'une maison commune, ne peut seul grever la maison d'une servitude (3).

3. PAUL, *liv.* 12. *sur l'édit.*

Division des servitudes réelles.

Les servitudes de biens fonds sont établies ou sur le sol ou sur la superficie.

---

(3) L. 11. l. 54. in pr. infr. de servit. præd. rustic. l. ult. in fin. infr. commun. præd.

4. PAPINIANUS, *lib.* 7. *quæstionum.*

De die, et conditione.

Servitutes ipso quidèm jure (1) nequè ex tempore, nequè ad tempus, nequè sub conditione, nequè ad certam conditionem (verbi gratiâ, *quamdiù volam*) constitui possunt : sed tamen, si hæc adjiciantur, pacti, vel per doli exceptionem occurretur, contrà placita servitutem vindicanti : idquè et Sabinum respondisse Cassius retulit, et sibi placere.

De modo.

§. 1. Modum adjici servitutibus posse constat : velutì quo genere vehiculi agatur, (vel non agatur,) velutì ut equo duntaxat : vel ut certum pondus vehatur, vel grex ille transducatur, aut carbo portetur.

De intervallis temporum.

§. 2. Intervalla dierum et horarum, non ad temporis causam, sed ad modum pertinent jure constitutæ servitutis.

5. GAJUS *lib.* 7. *ad edictum provinciale.*

Quibus modis servitutes constituuntur.

Via, iter, actus, ductus aquæ iisdem ferè modis constituitur, quibus et usumfructum constitui diximus..

______

(1) L. 44. §. 1. infr. de oblig. et act.

4. PAPINIEN, *liv.* 7. *des questions.*

Du jour, et de la condition.

Les servitudes ne peuvent être établies de plein droit, à commencer (1) d'un certain tems, ni pour durer un certain tems, ni sous condition, ni sous une condition déterminée, par exemple, *tant que je voudrai.* Si cependant quelques unes de ces clauses avaient été ajoutées, on opposera à celui qui revendique la servitude malgré les termes de la convention, une exception tirée du dol, ou de la convention. Cassius rapporte que telle était l'opinion de Sabinus, qu'il approuve.

Du mode.

§. 1. Il est constant que l'on peut ajouter aux servitudes un mode quelconque, et le déterminer, comme, par exemple, spécifier comment l'on passera ou non par tel endroit, et avec quelle espèce de voiture ; arrêter que l'on ne pourra y passer qu'à cheval, ou que l'on ne pourra y faire transporter qu'une certaine charge, ou que l'on aura le droit d'y faire passer un troupeau, ou conduire du charbon.

Des intervalles de tems.

§. 2. De ce qu'une servitude aura ses heures et ses jours, ce ne sera pas une raison de la regarder établie seulement pour un tems. Cette fixation d'heure et de jour n'a lieu que pour déterminer l'usage d'une servitude légalement établie.

5. GAJUS, *liv.* 7. *sur l'édit provincial.*

Comment s'établissent les servitudes.

Les servitudes qui ont pour objet un droit de chemin, de sentier, de passage, s'établissent à-peu-près de la même manière que nous avons dit que l'usufruit s'établissait.

De intervallis temporum.

§. 1. Usus servitutum temporibus (1) secerni potest : fortè, ut quis *post horam tertiam usquè in horam decimam* eo jure utatur, vel, ut *alternis* (2) *diebus* utatur.

6. PAULUS, *lib.* 21. *ad edictum.*

De certâ parte fundi.

Ad certam partem fundi servitus tàm remitti, quàm constitui potest (3)

7. ULPIANUS, *lib.* 13. *ad legem Juliam et Papiam.*

De jure cloacæ mittendæ.

Jus *cloacæ* mittendæ servitus (4) est.

8. PAULUS, *lib.* 15. *ad Plautium.*

De jure pomum decerpendi spatiandi, cænandi in alieno.

Ut pomum decerpere liceat (et) , *ut spatiari,* (et) *ut cœnare in alieno possimus*, servitus imponi non potest.

De servitute pro parte retinendâ, non acquirendâ.

§. 1. Si prædium tuum mihi serviat, sivè ego partis prædii tui dominus esse cœpero, sivè tu mei : per partes servitus retinetur (5) licèt ab initio per partes (6) adquiri non poterit.

---

(1) L. 19. §. fin. infr. commun. divid. l. 5. in pr. infr. de aqu. quotid.
(2) L. 7. in fin. infr. quemadm. servit. amitt.
(3) Immò vide l. 11. infr. h. t.
(4) L. 2. in pr. infr. de servit. præd. rustic.

Des intervalles de tems.

§. 1. L'usage d'une servitude peut être distingué par les époques du tems (1). Par exemple, on peut déterminer que celui en faveur de qui la servitude est établie, en jouira *depuis la troisième jusqu'à la dixième heure*, ou bien, de *deux jours l'un.* (2).

6. Paul, *liv.* 21. *sur l'édit.*

D'une portion déterminée d'un fonds.

On peut aussi bien établir une servitude sur une certaine partie d'un fonds, qu'en décharger cette même partie(3).

7. Ulpien, *liv.* 13. *sur la loi Julia, et Papia.*

Du droit de décharger son égoût sur le terrein d'autrui.

Le droit de faire passer les eaux de son égoût sur le terrein de son voisin est une véritable servitude (4).

8. Paul, *liv.* 15. *sur Plautius.*

Du droit de cueillir des fruits, de se promener, et de prendre un repas chez autrui.

On ne peut établir une servitude qui consisterait dans le droit de cueillir *un fruit, de se promener,* et de *prendre un repas* chez quelqu'un.

De la servitude que l'on peut retenir partiellement, mais qui ne peut être acquise par partie.

§. 1. Si votre fonds me doit une servitude, et que je devienne propriétaire d'une partie de votre fonds, ou vous d'une partie du mien, la servitude subsiste partiellement(5). quoique dans le principe, elle n'ait pu être établie par partie (6)

---

(5) L. 30. §. 1. infr. de servit. præd. urban. l. 34. in pr. inf., de servit. præd. rustic.
(6) L. 6. §. infr. commun præd.

9. Celsus, *lib.* 5. *Digestorum.*

De viâ simplicitèr concessâ.

Si cui simpliciùs *via* per fundum cujuspiam
cedatur, vel relinquatur, in indefinitò (videlicèt
per (1) quamlibet ejus partem) ire agere licebit(2) :
civilitèr modo. Nàm quædam in sermone tacitè
excipiuntur : non enim per villam ipsam (3), nec
per medias vineas ire agere sinendus est, cùm id
æquè commodè per alteram partem facere possit,
minore servientis fundi detrimento. Verùm constitit, ut, quâ (4) primùm viam direxisset, eâ demùm ire agere deberet, nec ampliùs mutandæ ejus
potestatem haberet : sicuti Sabino quoquè videbatur; qui argumento *rivi* (5) utebatur, quem
primò quâlibet ducere licuisset. Posteàquàm ductus esset, transferre non liceret : quod et in *viâ*
servandum esse verum est.

10. Idem, *lib.* 18. *Digestorum.*

De itinere legato.

Si iter legatum sit, quâ, nisi (6) opere facto,
iri non possit, licere fodiendo, substruendo, iter
facere, Proculus ait.

11. Modestinus, *lib.* 6. *differentiarum.*

De servitute pro parte non acquirendâ, nequè admittendâ.

Pro parte dominii servitutem adquiri non (7)

---

(1) V. l. 13. §. 1. infr. de servit. præd. rustic. adde l. ult. infr. de
aquâ quotid.
(2) Vide tamen l. 26. infr. de servit. præd. rustic.
(3) V. l. 38. in fin. supr. de rei vind.
(4) L. 13. §. 1. infr. de servit. præd. rustic. l. 20. §. 4. et 5. infr. de
servit. præd. urban.

9. CELSE, *liv.* 5. *du Digeste.*

Du droit de chemin accordé simplement.

Si on a simplement légué ou concédé à quelqu'un un *droit de chemin* par le fonds d'un autre, il aura la liberté de passer (1) par toutes les parties du fonds (2); mais il doit observer dans ce cas une certaine décence. Car il y a toujours dans l'établissement d'une telle servitude des parties qui sont tacitement exceptées : et en effet il ne peut diriger son chemin à travers la maison de celui qui doit la servitude, ni à travers ses vignes, puisqu'il peut passer par d'autres endroits, et occasionner moins d'incommodité au fonds servant. Mais on est convenu qu'il devait toujours prendre le même chemin (3) qu'il avait commencé de prendre, et qu'il n'avait pas la liberté d'en changer à sa volonté. C'est ce que pensait Sabinus, qui à l'appui de son sentiment, se servait de l'argument tiré d'un ruisseau, que d'abord on a pu faire passer par où on a voulu, mais dont on ne peut plus changer le cours, une fois qu'on lui en a fixé un. L'on doit observer la même chose à l'égard d'un chemin.

10. LE MEME, *liv.* 18. *du Digeste.*

Du chemin légué.

Si on lègue un sentier dont le légataire ne peut se servir qu'après (6) y avoir fait travailler, Proculus dit qu'il doit lui être permis de le faire fouiller, et même de faire construire dessous pour se procurer ce sentier.

4. MODESTINUS, *liv.* 6. *des différences.*

De la servitude qui ne peut être acquise en partie, ni ôtée partiellement.

On dit ordinairement que l'on ne peut acquérir une servitude en faveur d'un (7) fonds que l'on ne possède qu'en

---

(5) L. 1. §. 15. infr. de aquâ quotid.
(6) Adde l. 20. §. 1. infr. de servit. præd. urban.
(7) Immò vide l. 6. supr. h. t.

posse, vulgò traditur. Et ideò si quis fundum habens, viam stipuletur, et partem (1) fundi sui posteà alienet, corrumpit stipulationem, in eum casum deducendo, à quo stipulatio incipere non possit (2). Pro (3) parte quoquè nequè legari, nequè adimi via potest : et, si id factum est, nequè legatum, nequè ademptio valet.

12. JAVOLENUS, *lib. 4. epistolarum.*

De servo municipium.

Non dubito, quin fundo municipum per servum (4) rectè servitus adquiratur.

13. POMPONIUS, *lib. 14. ad Quintum Mucium.*

Si via nimis augusta constituatur.

Si tàm angusti loci demonstratione factâ, via concessa fuerit, ut (5) nequè vehiculum, nequè jumentum eâ inire possit : iter magis, quàm via, aut actus acquisitus videbitur. Sed si jumentum eâ duci poterit, non etiàm vehiculum : actus videbitur adquisitus.

14. PAULUS, *lib. 15. ad Sabinum.*

De genere, possessione, usu capione servitutum.

Servitutes prædiorum rusticorum, etiàm (6) si corporibus accedunt, incorporales tamen sunt : et ideò usû non capiuntur (7), vel ideò, quia tales

---

(1) L. 1 6. in fin. infr. de verb. oblig.
(2) L. 16. infr. ad leg. Aquil.
(3) L. 14. in fin. infr. de adimend. legat.
(4) L. 3. infr. de stipul. servor.
(5) L. 23. in pr. infr. de servit. præd. rustic.

partie. C'est pourquoi si quelqu'un ayant un fonds, stipule
un droit de chemin, et qu'ensuite il aliène une partie de
ce fonds (1) il détruit lui - même par cette aliénation la
servitude, parce qu'il rend ce fonds dans un état tel que
la stipulation n'aurait pas pu avoir lieu (2). Le droit de chemin ne peut (3) être ni légué, ni ôté partiellement, et si
cela avait été fait, le legs ne serait pas valable, et la servitude subsisterait toujours.

12. JAVOLEUS, *liv.* 4. *des abrégés.*

De l'esclave d'un corps de ville.

Je ne doute nullement qu'une servitude ne puisse être
régulièrement acquise par l'esclave d'un corps de ville, au
profit (4) d'un fonds dont il a la propriété.

13. POMPONIUS, *liv.* 14. *sur Quintus Mucius.*

Si on établit un chemin trop étroit.

Si celui qui accorde un *droit de chemin* à quelqu'un,
lui montre un lieu si étroit (5), qu'il y ait de l'impossi-
bilité à ce qu'une voiture ou une bête de somme puisse y
passer, l'acquéreur semblera(5) avoir acquis plutôt un sentier,
qu'un chemin ou un passage; mais si une bête de somme
peut y passer, et non une voiture, ce sera un droit de passage
qu'il aura acquis.

14. PAUL, *liv.* 15. *sur Sabinus.*

Du genre de la possession, de la prescription des servitudes.

Quoique les servitudes rurales soient affectées à des
choses (6) corporelles, elles sont cependant incorporelles;
c'est pourquoi elles ne peuvent être acquises (7) par un
long usage, ou peut-être est-ce parce que les servitudes sont

---

(6) §. Inst. de reb. corporal.
(7) L. 43. §. 1. infr. de adquir. rer. domin. l. 4. §. fin. infr. de usurp.
et usucap. adde l. 3. et 25. infr. d. t. junct. l. 32. in fin. infr. de serv.
præd. urban.

sunt servitutes, ut non habeant certam continuàm-
què possessionem; nemo enìm tàm perpetuò, tàm
continenter ire potest, ut nullo momento possessio
ejus interpellari videatur.

Idem et in servitutibus prædiorum urbanorum
observatur.

De itinere ad sepulchrum.

§. 1. Servitus *itineris ad sepulchrum*, privati
juris manet: et ideò remitti domino fundi servientis (potest:) et adquiri etiam post religionem
sepulchri hæc servitus potest.

An locus medius impediat servitutem.

§. 2. Publico loco interveniente (1), vel via
publica, *haustûs* servitus imponi potest, *aquæductûs* non potest : à (2) principe autem peti solet,
*ut per viam publicam, aquam ducere sinè incom-
modo publico liceat.* Sacri et religiosi loci inter-
ventus (3) etiam *itineris* servitutem impedit : cùm
servitus per ea loca nulli deberi potest.

15. Pomponius, *lib. 33. ad Sabinum.*

Si nihil vicini intersit.

Quotièns nec hominum, nec (4) prædiorum servitutes sunt, quia nihil vicinorum interest, non
valet : veluti *ne per fundum* (5) *tuum eas, aut
ibi consistas.* Et ideò, si mihi concedas, *jus tibi
non esse fundo tuo uti frui*, nihil agitur; alitèr

---

(1) L. 1. in pr. infr. tit. prox. l. 7. in fin. infr. de servit. præd. rustic.
(2) L. 18. in fin. infr. de aquâ et aquæ pluv.
(3) L. 17. §. 3. in fin. infr. d. t.

elles, qu'elles ne sont pas susceptibles d'une possession certaine et continue; car personne ne peut user de son droit de
chemin si constamment et si perpétuellement, que sa possession ne soit jamais interrompue. On observe la même chose
à l'égard des servitudes urbaines.

D'un chemin qui conduit à un sépulchre.

§. 1. La servitude d'un chemin qui conduit à une sépulture, demeure de droit privé. C'est pourquoi elle peut
être remise au propriétaire du fonds servant, et cette servitude peut même être acquise, après que le lieu est devenu religieux par la déposition d'un mort.

Si un lieu intermédiaire empêche qu'une servitude soit imposée.

§. On peut établir une servitude qui consiste dans le
droit de puiser de l'eau sur un fonds quoique séparé par
un lieu ou un chemin public (1). Mais on ne pourrait pas
construire un aquéduc. On obtient du prince (2) la per-
mission *de conduire de l'eau à travers la voie publique,
pourvu que cela puisse se faire sans incommoder le public.*
La rencontre d'un lieu sacré et religieux détruit la servitude du sentier, puisqu'il ne peut exister de servitude sur
ces sortes d'endroits (3).

15. POMPONIUS, *liv.* 33. *sur Sabinus.*

Si le voisin ne tire aucun avantage de la servitude.

Toutes les fois que les servitudes ne sont relatives ni aux
personnes, ni aux fonds de terre (4), parce qu'elles ne peuvent
être utiles aux voisins, elles sont nulles; par exemple,
(5) *j'exigeais que vous ne marchassiez pas dans votre
terre, ou que vous n'y demeurassiez pas.* C'est pourquoi
vous m'accordez que vous renoncerez au droit de jouir de

---

(4) L. 1. supr. h. t.
(5) V. l. pen. supr. de pactis.

atquè si concedas mihi (1), *jus tibi non esse in fundo tuo aquam quærere*, minuendæ aquæ meæ gratiâ.

De naturá servitutum.

§. 1. Servitutum non (2) ea natura est, ut aliquid faciat quis (veluti viridaria tollat, aut amæniorem prospectum præstet, aut in hoc ut in suo pingat) sed (3) ut aliquid patiatur, aut non faciat.

16. JULIANUS, *lib.* 49. *Digestorum.*

De creditore, vel emphyteutá petente servitutem.

Ei, qui pignori fundum accepit, non est iniqum, utilem petitionem servitutis dari (4) sicuti ipsius fundi utilis petitio dabitur. Idem servari convenit et in eo, ad quem vectigalis fundus pertinet.

17. POMPONIUS, *lib. singul. regularum.*

De servitute non constituendâ pro parte.

Viæ, itineris, actûs, aquæductûs pars in (5) obligationem deduci non potest : quia usus eorum indivisus (6) est (7). Et ideò, si stipulator (8) decesserit pluribus heredibus relictis, singuli solidam (9) viam petunt : et si promissor decesserit pluribus heredibus relictis, à singulis (10) heredibus solida petitio est.

---

(1) L. 1. §. 28. infr. de aquâ quotid.
(2) Vide tamen l. 33. infr. de servit. præd. urban.
(3) L. 6. §. 2. infr. si servit. vind. l. 1. in fin. infr. de aquâ et aquæ pluv.
(4) L. 9. infr. de operis novi nunciat. l. un. in fin. infr. de remissionib.
(5) L. 8. in fin. supr. h. t. l. 13. §. 1. infr. de acceptil.

votre terre, c'est la même chose que si l'on n'était convenu de
rien. Il en serait autrement si vous vous engagiez vis-à-vis
de moi (1) *à ne pas puiser de l'eau* qui se trouve sur votre
fonds, pour ne pas diminuer la mienne.

De la nature des servitudes.

§. 1. La nature des servitudes (2) ne consiste pas en
ce que quelqu'un fasse quelque chose, par exemple, à ce
qu'il arrache ses arbres fruitiers, ou qu'il rende une vue
plus agréable, ou à ce qu'il fasse peindre chez lui, mais à
souffrir, ou à ne pas faire quelque chose (3).

16. JULIEN, *liv.* 49. *du Digeste.*

Du créancier, ou de l'emphytéote qui réclame une servitude.

Il n'y a nulle injustice à accorder une action utile à celui
qui a un bien fonds en nantissement (4) pour revendiquer
une servitude, de même qu'il doit lui en être accordé une
pour revendiquer le fonds lui-même. Il convient d'observer
la même chose à l'égard de celui qui tient un fonds à bail
emphitéotique.

17. POMPONIUS, *liv. unique des règles.*

De la servitude qui ne peut être établie par partie.

Une portion des servitudes de chemin, de sentier, de
passage (5) et d'aquéduc ne peut produire une obligation,
parce que (6) leur usage est indivisible (7). C'est pourquoi
si celui qui a stipulé la servitude, meurt et laisse plusieurs héritiers, chaque héritier demandera le chemin en
entier (9) et si celui qui s'est obligé à la servitude, vient
à décéder, laissant plusieurs héritiers, ils seront tenus chacun solidairement à le fournir (10).

---

(6) L. 1. §. 9. infr. ad leg. Falcid. l. 2, §. 1. l. 72. in pr. infr. de verb.
oblig. l. 4. §. 4. infr. si servit. vind.
(7) Immò vide l. 25. in fin. infr. de servit. præd. rustic.
(8) L. 25, §. 9. infr. famil. ercisc.
(9) L. 4. §. 5. infr. si servit. vind.
(10) D. l. 4. §. 4. l. 25. §. 10. infr. famil. ercisc.

18. Paulus, *lib.* 31. *Quæstionum.*

De servitutibus aditione confusis.

Papinianus notat : in omnibus servitutibus, quæ aditione confusæ (1) sunt, responsum est, doli exceptionem nocituram legatario, si non patiatur eas iterùm imponi.

19. Labeo, *lib.* 4. *Posteriorum à Javoleno epitomatorum.*

De servitute non utili.

Ei fundo, quem quis vendat, servitutem imponi, etsi non utilis sit, posse existimo; veluti, si aquam alicui (debere) ducere non expediret, nihilominùs constitui ea servitus possit : quædam enim (debere) habere possumus, quamvis ea nobis utilia non sunt.

20. Javolenus, *lib.* 5. *ex posterioribus Labeonis.*

De quasi servitutis traditione.

Quotièns via aut aliquod jus fundi emeretur, cavendum putat esse Labeo, *per te non fieri, quò minùs eò jure uti possit :* quia nulla ejusmodi juris vacua traditio esset. Ego puto, usum ejus juris pro (2) traditione possessionis accipiendum esse. Ideòque (et) interdicta (3) veluti possessoria constituta sunt (4).

---

(1) V. l. 1. infr. quemadm. servit. amitt.
(2) L. 1. in fin. infr. de servit. præd. rustic. et arg. l. 5. in pr. vers. dare. supr. de usufr.

18. Paul, *liv. 31. des questions.*

*Des servitudes qui se trouvent confondues parce que celui
qui la doit, devient le maître du fonds dominant.*

Papinien remarque qu'il a été répondu, à l'égard de toutes
les servitudes qui se trouvent confondues avec la propriété(1),
que l'exception du dol pourra être utilement opposée au légataire, s'il ne veut pas souffrir qu'elles soient établies de
nouveau.

19. Labeon, *liv. 4. des derniers abrégés de Javolenus.*

De la servitude qui n'est pas utile à celui qui l'impose.

Je pense que celui qui vend un fonds, peut le grever
d'une servitude, encore que cette servitude ne puisse lui
être utile. Par exemple, s'il ne lui est pas avantageux de
conduire de l'eau par ce fonds, il peut néanmoins en établir la servitude, parce que nous pouvons avoir certaines
choses, quoiqu'elles ne nous soient pas utiles.

20. Javolenus, *liv. 5. des derniers livres de Labéon.*

De la tradition d'une quasi-servitude.

Lorsqu'on achetera de vous un droit de chemin, ou tout
autre droit, Labéon pense que vous serez obligé de donner
caution, que vous ne vous opposerez pas à ce que l'acquéreur puisse jouir de son acquisition, parce que la tradition
de cette sorte de chose serait nulle et vaine. Pour moi,
je pense que l'usage de ce droit (2) tient lieu de la tradition
de la possession, et c'est pour cela que l'on a établi des
interdits (3), comme en matière de possession (4).

---

(3) L. 2. C. h. t. l. 8. §. 5. in fin. infr. si servit. vind.
(4) Ad le l. 11. §. 1. supr. de Public. in rem. act.

TITULUS SECUNDUS.

De servitutibus prædiorum urbanorum (1).

1. Paulus, *lib.* 21. *ad edictum.*

Utrùm locus medius servitutem impediat.

Si intercedat (2) solum publicum, vel via publica, nequè itineris, actûsve, nequè altiùs tollendi servitutes impedit. Sed immittendi, protegendi, prohibendi; itèm fluminum et stillicidiorum servitutem impedit : quia cœlum (3), quod suprà id solum intercedit, liberum esse debet (4).

In quem datur actio confessoria.

§. 1. Si ususfructus tuus sit, ædium proprietas mea, quæ onera vicini sustinere debeant, mecum in solidum agi potest; tecum nullo modo.

---

(1) Lib. 2. Inst. 3.
(2) V. l. 14. §. fin. supr. it. prox.
(3) L. ult. §. 4. infr. quod vit aut aut clàm.
(4) L. 24. infr. h. t.

TITRE SECOND.

Des servitudes urbaines (a) (1).

~~~~~~~~~

1. PAUL, *liv.* 21. *sur l'édit.*

Si le terrein qui se trouve entre deux maisons empêche
que l'on ne puisse établir une servitude.

S'IL y a entre deux maisons un terrein, ou un chemin
public, cela n'empêche pas que l'on établisse un droit de
passage (2) de l'une à l'autre, ou d'élever une des deux maisons
plus haut que l'autre; mais on n'a pas le droit de faire
porter sa poutre sur le mur voisin, de faire soutenir les
charges de sa maison sur la maison voisine; de refuser de
recevoir les eaux qui coulent de la maison voisine; enfin
d'obliger son voisin de recevoir sur son toit les eaux qui
tombent de notre toit, parce que le ciel (3) qui est au-dessus
du sol public, doit être libre (4).

En faveur de qui est établie l'action confessoire.

§. 1. Si l'usufruit d'une maison vous appartient, et que
j'aie la propriété de cette maison qui doit supporter les
charges de la maison voisine, c'est moi que l'on peut actionner à cause de cette servitude, et non pas vous.

(a) Les servitudes urbaines sont celles qui sont attachées aux
édifices, et on les appelle ainsi parce que tous les héritages destinés
à l'habitation, sont appelés héritages urbains, quand même ils
seraient situés aux champs. Elles consistent, 1°. dans le droit que
l'on a de faire soutenir les charges de sa maison sur la maison voisine. 2°. Le droit de poser ses poutres dans le mur voisin. 3°. Le
droit que j'ai d'obliger mon voisin de recevoir sur le toit de sa
maison, dans sa cour ou dans son égout, les eaux qui tombent de
~~~~~~~~~

2. GAJUS, *lib. 7. ad edictum provinciale.*

Aliquot speciès servitutum urbanarum.

Urbanorum prædiorum jura talia (1) sunt; altiùs tollendi, et officiendi luminibus vicini, aut non extollendi. Itèm stillicidium avertendi in tectum, vel aream vicini; et denique projiciendi (2), protegendive; cæteraquè istis similia.

3. ULPIANUS, *lib. 29. ad Sabinum.*

Est et hæc servitus, ne prospectui (3) officiatur.

4. PAULUS, *lib. 2. Institutionum.*

De servitute luminum, vel ne luminibus officiatur.

Luminum (in) servitute constitutâ, id adquisitum videtur, ut vicinus lumina nostra excipiat. Cùm autem servitus imponitur, *ne luminibus officiatur*, hoc maximè adepti videmur, ne jus sit vicino, invitis nobis altiùs ædificare, atquè ità minuere lumina nostrorum ædificiorum.

5. ULPIANUS, *lib 17. ad edictum.*

Quis dicatur invitus.

Invitum autem in servitutibus accipere debe-

---

(1) §. 1. Inst. de servit. præd.
(2) V. l. 242. §. 1. infr. de verb. sign.
(3) L. 15. 16. infr. h. t.

malgré

2. GAJUS, *liv. 7. sur l'édit provincial.*

Désignation de quelques espèces de servitudes urbaines.

Les servitudes des héritages urbains (1) consistent dans le droit de pouvoir élever sa maison à telle hauteur que l'on voudra, et de nuire par-là aux vues de son voisin ; ou dans celui de s'opposer à ce que le voisin exhausse sa maison ; ou dans le droit de diriger ses eaux de pluie sur le terrein ou le toit de son voisin ; ou de l'empêcher de le faire ; ou dans le droit d'appuyer des poutres dans le mur voisin ; enfin dans le droit de faire des avances (2) à son bâtiment, qui donnent sur le terrein voisin, et autres choses semblables.

3. ULPIEN, *liv. 29. sur Sabinus.*

On doit encore ranger dans la classe des servitudes, le droit de s'opposer à ce que notre voisin n'obstrue nos vues (3).

4. PAUL, *liv. 2. des instituts.*

De la servitude des jours, ou de celle par laquelle on ne peut nuire aux jours d'autrui.

On acquiert par la servitude *des jours* le droit de forcer notre voisin à recevoir les ouvertures ou fenêtres que nous faisons sur lui ; et lorsque l'on établit une servitude qui consiste en ce que *quelqu'un ne puisse s'opposer aux jours que nous tirons sur lui,* nous acquérons particulièrement le droit de l'empêcher de bâtir malgré nous à une hauteur telle qu'elle obstrue les jours de notre maison.

5. ULPIEN, *liv. 17. sur l'édit.*

Quel est celui qui est censé souffrir une chose malgré lui.

En matière de servitudes, non - seulement celui-là agit

---

ma maison. 4°. Ou le droit que j'ai de ne pas recevoir dans ma maison les eaux qui coulent de la sienne, ou qui coulent de sa cour. 5°. Le droit d'empêcher son voisin d'élever sa maison au-delà d'une certaine hauteur. Le droit d'empêcher notre voisin de rien faire qui puisse ôter, ou diminuer la vue de notre héritage.

mus, non eum, qui contradicit . sed eum, qui (1)
non consentit. Ideò Pomponius, lib. XL. (et) in-
fantem et furiosum invitos rectè dici, ait ; non
enim ad factum, sed ad jus servitutis hæc verba
referuntur.

6. Gajus, *lib.* 7. *ad edictum provinciale.*

Quibus modis hæ servitutes amittuntur.

Hæc autem jura similitèr, ut rusticorum quoquè
prædiorum, certo tempore (2) non utendo pereunt :
nisi quòd hæc dissimilitudo est, quòd non omni-
modò pereunt non utendo, sed ità, si vicinus
simùl libertatem (3) usucapiat. Velutì si ædes
tuæ ædibus meis serviant, ne altiùs tollantur, ne
luminibus mearum ædium officiatur, et ego per
statutum, tempus fenestras meas perfixas habuero
vel obstruxero ; ità demùm jus meum amitto, si
tu per hoc tempus ædes tuas altiùs sublatas habueris ; alioquìn, sì nihil novi feceris, retineo servitutem. Item si *tigni immissi* ædes tuæ servitutem debent, et ego exemero tignum, ità demùm
amitto jus meum, si tu foramen, undè exemptum
est tignum, obturaveris, et per constitutum tempus
ità habueris ; alioquìn, si nihil novi feceris, integrum jus suum permanet.

7. Pomponius, *lib.* 26. *ad Quintum Mucium.*

Quòd autem ædificio meo me posse consequi,
ut libertatem usucaperem, dicitur (4), idem me
non consecuturum, si arborem eodem loco sitam
habuissem, Mucius ait : et rectè ; quia non ità in

---

(1) L. 45. §. 5. infr. de ritu nupt. adde l. 8. §. 1. supr. de procur.
(2) L. 13. C. de servitut.

malgré le propriétaire, qui contredit, mais encore celui qui ne consent pas (1). C'est pourquoi Pomponius au livre XL. dit que ce mot, *malgré le propriétaire*, concerne même un enfant, et un insensé, par ce qu'il ne se reporte pas à un fait, mais au droit de servitude.

6. GAJUS, *liv.* 7. *sur l'édit provincial.*

De quelles manières ces servitudes s'éteignent.

Ces servitudes s'éteignent par le non-usage pendant un certain tems (2), de même que les servitudes rurales, avec cette différence cependant que les servitudes urbaines ne s'éteignent tout-à-fait par le non-usage, qu'autant que le voisin prescrit la liberté de son fonds (3). Comme si, par exemple, votre maison est grévée d'un droit de servitude envers la mienne, par lequel vous vous êtes interdit la faculté d'exhausser votre bâtiment, de pouvoir nuire aux jours de ma maison, et que moi pendant le tems prescrit, j'aie tenu mes fenêtres bouchées, dans ce cas je ne perds mon droit qu'autant que pendant ce tems vous aurez exhaussé votre bâtiment. Car autrement mon droit subsiste toujours; de même, si j'ai le droit de faire porter ma poutre sur le mur de votre bâtiment, et que j'aie ôté cette poutre, mon droit ne sera éteint, qu'autant que vous aurez bouché le trou par où cette poutre est sortie, et que vous aurez tenu ce trou bouché pendant le tems prescrit. Autrement, si vous n'avez rien fait de nouveau, mon droit restera intègre.

7. POMPONIUS, *liv.* 26. *sur Quintus Mucius.*

Mucius dit que quoique je pusse prescrire la liberté de ma maison grévée d'une servitude (4), je ne pourrais pas cependant la prescrire, si elle était due à cause d'un arbre qui serait planté dans le même endroit; et c'est avec raison, parce que l'arbre par sa nature n'est pas sujet, à cause de

---

(3) L. 4. in fin. infr. de usurp. et usucap.
(4) L. 6. supr. h. t.

suo statû et loco maneret arbor, quemadmodùm paries, propter motum naturalem arboris.

8. GAJUS, *liv. 7. ad edictum provinciale.*

De pariete communi demoliendo et reficiendo.

Parietem, qui naturali ratione communis est, alterutri vicinorum demoliendi (1) eum, et reficiendi jus non est; quia non solus dominus est.

9. ULPIANUS, *lib. 53. ad edictum.*

De eo qui tollendo obscurat ædes vicini.

Cum eo, qui tollendo obscurat vicini ædes, quibus non serviat (2), nulla competit actio.

10. MARCELLUS, *lib. 4. Digestorum.*

Hæres non potest in domô, quæ sibi remanet, ædificare ità ut usûs ædium legatarum totaliter perimatur, secùs si aliqualiter incommodetur.

Gaurus Marcello. -- Binas ædes habeo, alteras tibi lego; heres ædes alteras altiùs tollit, et luminibus tuis officit; quid cùm illo agere potes? et an interesse putes, suas ædes altiùs tollat, an hereditarias? et de illo quæro, an per alienas ædes accessum heres ad eam rem, quæ legatur, præstare debet; sicùt solet quæri (3), cùm ususfructus loci legatus est, ad quem locum accedi, nisi per alienum, non potest? Marcellus respondit: Qui binas ædes habebat, si alteras legavit, non dubium est,

---

(1) V. l. 12. et 28. infr. communi divid.
(2) L. 15. in fin. infr. h. t. l. 8. 9. C. de servit.

de son mouvement naturel, à rester immuable et fixe comme une muraille.

8. GAJUS, *liv. 7. sur l'édit provincial.*

Du mur mitoyen qui est à démolir, ou à réparer.

En cas de mitoyenneté d'un mur voisin, l'un n'a pas le droit de le démolir (1) ou de le réparer sans le consentement de l'autre, parce qu'il n'est pas seul propriétaire.

9. ULPIEN, *lib. 53. sur l'édit.*

De celui qui en élevant son bâtiment intercepte le passage du jour de la maison voisine.

Aucune action ne peut être exercée contre celui qui, par l'exhaussement de son bâtiment, obstrue les jours de son voisin, s'il ne lui doit pas de servitude (2).

10. MARCELLUS, *liv. 4. du Digeste.*

L'héritier ne peut bâtir dans la maison qui lui reste, de manière à empêcher totalement l'usage de celle léguée : il en est autrement, si de toute autre manière il en est incommodé.

Gaurus à Marcellus. — De deux maisons que j'ai, je vous en lègue une. Mon héritier exhausse l'autre, et obstrue vos jours. Que pouvez-vous faire contre lui ? Pensez-vous que la chose serait différente, si la maison qu'il avait exhaussée était la sienne, au lieu de celle de la succession ? Je demande également si l'héritier est tenu de livrer un passage au légataire, par des maisons appartenantes à d'autres, pour aller à la maison qui lui a été léguée ; de même que l'on a coutume de demander (3), lorsqu'il est question du legs d'un usufruit, si l'usufruitier peut exiger un passage sur le fonds d'autrui pour aller au lieu de son usufruit, dont il ne pourrait jouir sans cela. Marcellus a répondu que si celui qui avait deux maisons en avait légué une, il n'était pas

---

(1) L. 1. §. 2. supr. si ususfr. petatur.

quin heres (alias) possit altiùs tollendo obscurare (1) lumina legatarum ædium. Idem dicendum est, si alteri ædes, alteri aliarum usumfructum legaverit. Non autem (semper) simile est itineris argumentum; quia sinè accessû nullum est fructûs legatum; habitare autem potest, et ædibus obscuratis. Cæterùm, usufructû loci legato, etiam accessus (2) dandus est; quia, et haustû relicto, iter quoque (3) ad hauriendum præstaretur. Sed ità officere luminibus et obscurare legatas ædes conceditur, ut (4) non penitùs lumen recludatur, sed tantùm relinquatur, quantùm sufficit habitantibus in usûs diurni moderatione.

11. ULPIANUS, *lib.* 1. *de officio consulis.*

De formâ antiquorum ædifiorum servandâ.

Qui luminibus vicinorum officere, aliudve quid facere contrà commodum eorum vellet, sciet se formam (5) ac statum antiquorum ædificiorum custodire debere.

De arbitro accipiendo.

§. 1. Si inter te et vicinum tuum non convenit, ad quam altitudinem extolli ædificia, quæ facere instituisti, oporteat, arbitrum accipere poteris.

12. JAVOLENUS, *lib.* 10. *ex Cassio.*

De viridiariis supra ædificia.

Ædificia, quæ servitutem patiantur, *ne quid*

___

(1) L. 30. supr. de usufr.
(2) L. 1. §. 1. supr. si ususfr. petatur. l. 44. in fin. infr. de legat. 1.
(3) L. 3. §. ult. infr. de servit. præd. rustic.

douteux que l'héritier n'eut le droit, en exhaussant l'autre maison (1), d'obstruer les jours de la maison léguée. Il faut dire la même chose, s'il a légué à celui-ci une maison, et à celui-là l'usufruit d'une autre maison. Mais la même raison ne milite pas en faveur du chemin, parce que sans la possibilité de parvenir jusqu'à l'usufruit, le legs est nul; mais on peut habiter une maison, quoique les jours soient moins beaux. Au surplus, par cela même qu'on lègue l'usufruit d'un endroit quelconque, il est dû à l'usufruitier un chemin pour y arriver (2), parce que ce chemin serait même dû à celui à qui on aurait laissé le droit d'aller puiser de l'eau (3). Mais la faculté de pouvoir obstruer les jours d'une maison léguée, ne va pas (4) jusqu'à les obstruer entièrement; mais on doit en laisser assez pour que ceux qui l'habitent, y voient raisonnablement clair pendant le jour.

11. Ulpien, *liv.* 1. *de l'office du consul.*

De la forme de l'ancienne construction qui doit être conservée.

Il faut que celui qui voudrait intercepter le jour de ses voisins, ou leur faire supporter quelque chose de contraire à leur avantage, sache qu'il ne doit pas s'écarter de l'ancienne construction du bâtiment (5).

De l'arbitre qu'il faut prendre.

§. 1. Si vous n'êtes pas d'accord, vous et votre voisin, sur la hauteur que doit avoir le bâtiment que vous avez commencé de construire, vous pourrez vous en rapporter à la décision d'un arbitre.

12. Javolenus, *liv.* 10. *sur Cassius.*

Des arbres qui excèdent par leur hauteur un bâtiment.

Les édifices auxquels on a imposé la servitude *de rien*

---

(4) L. 3o. in fin. supr. de usufr.
(5) L. 1. l. §. 1. C. de ædific privat.

altiùs tollatur, viridia suprà eam altitudinem habere possunt ; at, si *de prospectû* est, eaque obstatura sunt, non possunt.

13. PROCULUS, *lib. 2. epistolarum.*

De titulis juxtà communem parietem.

Quidàm Hiberus nomine, qui habet post horrea mea insulam, balnearia fecit secundùm (1) parietem communem ; non licet autem tubulos habere admotos ad parietem communem, sicuti ne parietem quidèm suum per parietem communem. De tubulis eò campliùs hoc juris est, quòd per eos flammâ torretur paries ; quâ de re, volo cùm Hibero loquaris, ne rem illicitam faciat. Proculus respondit : Nec Hiberum pro eâ re dubitare puto, quòd rem non permissam facit, tubulos secundùm communem parietem extruendo.

De picturâ, et incrustatione parietis communis.

§. 1. Parietem communem incrustare licet, secundùm Capitonis sententiam ; sicut licet (mihi) pretiosissimas picturas habere in pariete communi. Cæterùm, si demolitus sit vicinus, et ex stipulatû actione damni infecti agatur ; non pluris, quàm vulgaria tectoria, æstimari debent. Quod observari et in incrustatione oportet.

14. PAPIRIUS JUSTUS, *lib. 1. de constitutionibus.*

De areâ non serviente, et legitimo spatio.

Imperatores Antoninus et Verus Augusti rescripserunt, *in areâ, quæ nulli servitutem debet,*

---

(1) L. 19. in pr. infr. h. t.

élever au-delà d'une hauteur déterminée, peuvent avoir des arbres qui excèdent cette hauteur. Mais si cette servitude consistait à ne pas intercepter le point de vue de la maison voisine, et que ces arbres l'interceptassent, il faudrait qu'ils fussent abattus.

13. Proculus, *liv. 2. des lettres.*

Des tuyaux placés le long d'un mur commun.

Un particulier, nommé Hiberus, qui a une maison le long de mes magasins, a établi des bains à côté d'un mur commun (1) ; il n'est pas permis d'appliquer des tuyaux à un mur commun, ni même d'y adosser son mur. Il y a cela de particulier, au sujet des tuyaux d'un bain, que la chaleur de l'eau dégrade et mine le mur. C'est pourquoi je vous prie d'en parler à Hiberus, afin qu'il ne fasse pas cette chose. Proculus a répondu, je pense qu'Hiberus ne doute nullement qu'il a fait une chose illicite en établissant des tuyaux le long d'un mur commun.

Des peintures, et des crépis faits sur un mur commun.

§. 1. Suivant l'avis de Capiton il est permis de recrépir un mur commun, de même que j'ai la liberté de faire faire des peintures précieuses sur un mur commun. Mais si mon voisin démolit son mur, et que je l'actione pour me donner caution de réparer le tort que cette démolition pourra me causer, on ne doit pas donner à mes peintures une estimation au-dessus de celle des enduits ordinaires. Ce qui doit être observé à l'égard de toute espèce d'enduits.

14. Papirius Justus, *liv. 1. des constitutions.*

Du terrein exempt des servitudes, et de la distance fixée par les lois.

Les empereurs Antonin et Verus ont déclaré dans un rescrit, *qu'un propriétaire ou tout autre pouvait bâtir à*

posse dominum vel alium voluntate ejus œdificare, intermisso legitimo spatio à vicinâ insulâ.

15. ULPIANUS, *lib.* 29. *ad Sabinum.*

Discrimen luminis et prospectûs.

Inter servitutes, *ne luminibus officiatur*, et *ne prospectui offendatur*, aliud et aliud observatur; quod in *prospectû* plus quis habet, ne quid ei officiatur ad gratiorem prospectum et liberum; *in luminibus* autem (non officere), ne lumina cùjusquam obscuriora fiant. Quodcunquè igitur faciat ad luminis impedimentum, prohiberi potest, si servitus debeatur : opusque ei novum nunciari potest (1), si modò sic faciàt, ut lumini noceat.

16. PAULUS, *lib.* 2, *Epitomarum Alfeni Digestorum.*

Lumen, id est, ut cœlum videretur. Et interest inter *lumen*, et *prospectum*; nàm *prospectus* etiàm ex inferioribus locis est; *lumen* ex inferiore loco esse non potest.

17. ULPIANUS, *lib.* 29. *ad Sabinum.*

Si arborem ponat, ut lumini officiat, æque dicendum erit, contrà impositam servitutem eum facere; nàm et arbor efficit, quò minùs cæli videri possit. Si tamen id, quod ponitur, lumen quidèm nihil impediat, solem autem auferat, si quidèm eò loci, quò gratum erat eum non esse, potest dici, nihil contrà servitutem facere. Sìn verò heliocamino, vel solario, dicendum erit,

sa volonté sur un terrein franc de toute espèce de servi-
tude, en laissant entre la maison qu'il veut bâtir, et la
maison voisine, la distance prescrite par la loi.

15. ULPIEN, *liv.* 29. *sur l'édit.*

Différence entre ce que l'on appelle les jours et les points
de vue.

Les règles relatives à la servitude *de ne pas nuire au*
jour du voisin, ne sont pas celles de la servitude qui consiste à *ne pas obstruer son point de vue.* Cette dernière
servitude est plus importante pour celui qui en jouit, en
ce qu'elle tend à ne pas lui ôter une vue plus agréable.
Quant à celle *de ne pas nuire au jour de son voisin*,
elle empêche seulement que l'on puisse obstruer son jour.
On peut donc s'opposer, s'il n'est pas dû de servitude, à
tout ce qui peut obstruer les jours du bâtiment; et on
pourra empêcher la continuation d'un ouvrage commencé,
s'il est construit de manière à nuire aux jours du bâtiment
voisin (1).

16. PAUL, *liv.* 2. *de l'abrégé du Digeste d'Alfenus.*

Le jour consiste dans la faculté de pouvoir voir le ciel;
et il y a de la différence entre *le jour* et *le point de vue.*
Car le point de vue peut avoir pour objet des choses placées à une distance inférieure, et le jour vient toujours d'en
haut.

17. ULPIEN, *liv.* 29. *sur Sabinus.*

Si le propriétaire du fonds servant plante un arbre qui
intercepte le jour, on doit dire également que cette plan-
tation est en opposition avec la servitude dont il est grévé.
Car un arbre empêche que l'on ne voie le ciel d'une manière aussi étendue que s'il n'existait pas. Si cependant ce
que l'on interpose n'obstruait pas le jour, mais interceptait
seulement la jouissance de la vue du soleil, s'il est plus
agréable pour le maître de n'en pas avoir, on peut dire

---

(1) L. 6. in fin. infr. si servit. vind.

quia umbram facit in loco, cui sol fuit necessa-
rius, contrà servitutem impositam fieri.

§. 1. Per contrarium , si deponat ædificium ,
vel arboris ramos, quo facto locus opacus quondam
cœpit solis esse plenus ; non facit contrà servitutem. Hanc enim debuit , *nĕ luminibus officiat* ;
nunc non luminibus officit, sed plùs æquò lumen
facit.

§. 2. Interdùm dici potest , eum quoquĕ, qui
tollit ædificium , vel deprimit , luminibus officere ; si fortè *per refractionem , seu repercus-
sionem*, vel pressurâ quâdam lumen in eas ædes
devolvatur.

De pacto servitutes uti nunc sunt , ut ità sunt.

§. 3. Hæc lex traditionis, *stillicidia* (1), *uti
nunc sunt, ut ità sint*, hoc significat, impositam
vicinis necessitatem stillicidiorum excipiendorum ;
non illud , ut etiam emptor stillicidia suscipiat
ædificiorum vicinorum. Hoc igitur pollicetur
venditor, sibi quidèm stillicidiorum servitutem
deberi, se autem nulli debere.

§. 4. Quæ de stillicidio scripta sunt, etiam in
cæteris servitutibus accipienda sunt , si in contrarium nihil nominatìm actum est (2).

____

(1) L. 33, infr. de contrah. empt.

que dans ce cas le voisin ne contrevient pas à la servitude qu'il doit. Si au contraire une serre ou un cadran solaire se trouvaient placés du côté de la maison qui ne recevrait plus les rayons du soleil, par suite de l'objet interposé, au moyen de ce que cet ombrage est nuisible à ces endroits qui ont besoin de soleil, on doit dire que le propriétaire du fonds servant contrevient à la servitude qu'il doit.

§. 1. Par la raison contraire, s'il détruit un bâtiment, ou élague les branches d'un arbre, ce qui rend le lieu, autrefois privé du soleil, susceptible d'en recevoir tous les rayons, il ne fait rien contre la servitude qu'il doit ; car il est simplement tenu de *ne pas nuire aux jours* de son voisin, et par ce qu'il a fait, il n'a fait que rendre ce jour plus beau et plus grand.

§. 2. Il est cependant des circonstances où l'on peut dire que celui qui détruit un édifice, nuit aux jours de son voisin ; tel serait, par exemple, le cas où le jour entrait dans la maison par une *réfraction de lumière, ou un reflet, ou une espèce de réverbération.*

De la convention par laquelle il est dit que les gouttières resteront dans l'état où elles sont.

§. 3. Cette clause que l'on insère dans l'acte de tradition, *que les gouttières* (1) *resteront dans l'état où elles sont*, indique la servitude imposée aux voisins de recevoir sur eux les gouttières de la maison qu'on livre ; mais elle n'impose pas à l'acquéreur la nécessité de recevoir sur lui les gouttières des bâtimens voisins. Le vendeur ne fait donc qu'assurer par-là, que cette servitude lui est due, et qu'il n'en doit aucune.

§. 4. Ce que l'on vient de dire au sujet des gouttières, a également lieu à l'égard de toutes les autres espèces de servitudes, s'il n'y a point de stipulation expressément contraire.

---

(2) D. 1. 33.

18. POMPONIUS , *lib.* 10. *ad Sabinum.*

Si fistulæ damnum ædibus dent.

Si fistulæ, per quas aquam ducas , ædibus meis applicatæ, damnum mihi dent , in factum actio mihi competit ; sed et damni infecti stipulari (1) à te potero?

19. PAULUS , *lib.* 6. *ad Sabinum.*

Quæ possunt haberi juxtà parietem communem.

Fistulam junctam parieti communi , quæ aut ex castello (2) aut ex cœlo aquam capit , non jure haberi, Proculus ait. Sed non posse prohiberi vicinum, quominûs balineum (3) habeai secundùm parietem communem , quamvis humorem capiat paries ; non magis quàm si vel in triclinio suo , vel in cubiculo aquam effunderet. Sed Neratius ait , si talis sit usus tepidarii , ut adsiduum humorem (4) habeat , et id noceat vicino , posse prohiberi eum.

§. 1. Juxtà communem parietem cameram ex figlino opere factam , si ità retineatur , ut etiam sublato pariete maneat , si modò non impediat refectionem communis parietis , jure haberi licet.

§. 2. Scalas posse me ad parietem communem habere , Sabinus rectè scribit : quia removeri hæ possunt.

20. IDEM., *lib.* 15. *ad Sabinum.*

De posssessione servitutum urbanarum.

Servitutes , quæ in superficie consistunt , pos-

---

(1) L. 29. infr. h. t. l. 17. in fin. infr. si servit. vind,
(2) L. 1. §. 39. in fin. infr. de aquâ quotid.

18. POMPONIUS, *liv.* 10. *sur Sabinus.*

Si les tuyaux placés le long d'une maison y causent du préjudice.

Si les tuyaux par lesquels vous conduisez vos eaux, sont appliqués à ma maison, et me causent du préjudice, j'ai contre vous une action sur le fait, et je pourrai exiger de vous caution pour sûreté du dommage que je puis craindre par la suite, à cause de ces tuyaux(1).

19. PAUL, *liv.* 6. *sur Sabinus.*

Des choses qui peuvent être adossées à un mur commun.

Proculus a dit que l'on n'a pas le droit d'appliquer contre un mur commun, un tuyau pour conduire, à n'importe quel endroit, de l'eau du ciel, ou d'une fontaine (2) publique, mais que l'on ne peut pas plus empêcher le voisin d'adosser un bain contre un mur commun (3), (quoique le mur puisse en contracter de l'humidité,) que l'on ne pourrait s'opposer à ce qu'il répandît une grande quantité d'eau dans sa salle ou dans sa chambre. Mais Nératius dit que si l'usage de ce bain était tellement continu que le mur ne fût jamais sans humidité (4), et que le voisin en souffrît, celui-ci pourrait s'y opposer.

§. 1. Il est permis d'avoir une chambre faite en terre cuite, le long d'un mur commun, si toutefois elle est construite de telle manière que le mur commun enlevé, elle reste sur pied, et qu'elle n'empêche pas la réparation du mur.

§. 2. Sabinus a écrit avec raison, que je puis avoir des échelles le long du mur commun, parce que l'on peut facilement les enlever.

20. LE MÊME, *liv.* 15 *sur Sabinus.*

De la possession des servitudes urbaines.

L'on conserve par une continuité de possession les ser-

---

(3) L. 13. supr. h. t.
(4) V. l. 57. infr. locat. conduct.

sessione retinentur. Nàm, si fortè ex ædibus meis in ædes tuas tignum immissum habuero, hoc, ut immissum habuero, per causam tigni possideo habendi consuetudinem. Idem evenit et si mœnianum in tuum immissum habuero, aut stillicidium in tuum projecero ; quia in tuo aliquid utor, etsi quasi facto quodam possideo.

Effectus servitutis concessæ.

§. 1. Si domo mea altior area tua esset, tuque mihi *per aream tuam in domum meam ire agere* cessisti; nec ex planò aditus ad domum meam per aream tuam esset; vel gradus, vel clivos, propiùs januam meam jure facere possum (1) ; dùm ne quid ultrà, quàm quod necesse est, iteneris causâ demoliar.

De ædificio sublato et restituto.

§. 2. Si sublatum sit ædificium, ex quo *stillicidium* cadit, ut eâdem specie et qualitate reponatur, utilitas exigit, ut idem intelligatur; nàm alioquin, si quid strictiùs interpretetur (2), aliud est, quod sequenti loco ponitur. Et ideò, sublato ædificio, ususfructus interit (3); quamvis area (4) pars est ædificii.

De stillicidio ; effectus ejus servitutis.

§. 3. Si servitus *stillicidii* imposita sit, non licet domino servientis areæ ibi ædificare, ubi cassitare cœpisset stillicidium.

---

(1) L. 10. supr. de servit.
(2) L. 36. *in* pr. supr. de ususfr. l. 65. in fin. infr. de legat. 1.
(3) L. 5. §. 2. supr. quibus modis ususfr. amitt.
(4) L. 98. §. ult. vers. non est his, infr. de solution.

vitudes qui sont établies sur une maison. Car si j'ai une poutre de ma maison, portée sur votre mur, je conserve, par cette poutre qui est appuyée sur votre mur, le droit de pouvoir toujours l'avoir de même. Il en est de même si j'ai une terrasse qui se prolonge (*a*) sur votre terrein, ou une gouttière qui avance sur la vôtre, parce qu'alors j'use en quelque manière de votre chose, dont je retiens la possession pour ainsi dire par mon fait.

Effet d'une servitude concédée.

§. 1. Si votre terrein était plus élevé que ma maison, et que vous m'ayez cédé le droit *de passer par votre ter-rein pour aller dans ma maison*, mais que l'on ne put pas y aller de plein pied de votre terrein, je puis faire des degrés ou une pente douce près la porte de ma maison (1), pourvu que je ne dégrade pas plus qu'il ne le faut, pour pratiquer le passage.

D'un édifice détruit et rétabli.

§. 2. Si le bâtiment d'où partait une gouttière qui tombait sur mon terrein, vient à être détruit, pour être reconstruit de la même manière et dans les mêmes proportions, la gouttière peut être rétablie, et c'est ce que l'équité exige ; car, quoiqu'en parlant rigoureusement (2), le bâtiment re-construit ne soit plus le même, et que par cela même qu'il est détruit, l'usufruit soit éteint (3), le terrein cependant doit être regardé comme une partie de l'édifice (4).

Des gouttières ; effet de cette servitude.

§. 3. Si l'on établit la servitude d'une gouttière, le maître du fonds servant ne peut pas bâtir sur l'endroit où la gouttière jette ses eaux.

(*a*) Ce mot *mænianum* tire son nom d'un nommé Mænius, jeune homme aussi prodigue que riche, qui après avoir dissipé toute sa fortune, vendit la seule maison qui lui restait, et qui était située sur le *Forum* ; mais il en excepta une colonne sur laquelle il fit placer un balcon, duquel il put voir les jeux des gladiateurs.

§. 4. Si anteà ex tegulà cassitaverit stillicidium ; posteà ex tabulato, vel ex alià materiâ cassitare non potest (1).

§. 5. Stillicidium, quoquo modo adquisitum sit, altiùs tolli potest ; levior enim fit eo facto servitus ; cùm quod ex alto cadet, leniùs, et interdùm direptum, nec perveniat ad locum servientem. Inferiùs demitti non potest ; quia fit gravior servitus id est, pro stillicidio flumen. Eâdem causâ, retrò duci potest stillicidiùm ; quia in nostro magis incipiet cadere. Produci non potest ; ne alio loco cadat stillicidium, quàm in quo posita servitus est ; leniùs facere poterimus, acriùs non. Et omninò sciendum est, *meliorem vicini conditionem fieri posse, deteriorem non posse* ; nisi aliquid nominatim, servitute imponendâ, immutatum fuerit.

§. 6. Qui in areâ, in qnâ stillicidiun cadit, ædificat, usquè ad eum locum perducere ædificium potest, undè stillicidium cadit (rectè). Sed (et) si in ædificio cadit stillicidium, suprà ædificare ei conceditur ; dùm tamen stillicidium (rectè) recipiatur.

21. POMPONIUS, *lib.* 33. *ad Sabinum.*

Si ex duabus servitutibus altera remittatur..

Si domus tua ædificiis meis utramque (2) servitutem deberet, *ne altiùs tolleretur,* et *ut stillicidium ædificiorum meorum recipere deberet,* et tibi concessero, *jus esse, invito me, altiùs*

---

(1) V. l. 9. supr. de servit. l. 13. §. 1. infr. de servit. præd. rustic.

§. 4. Si la gouttière était placée avant sur un toit couvert en tuiles, on ne pourra pas changer sa position, c'est-à-dire la placer sur ce même toit que l'on aurait fait en planches, ou avec toute autre matière (1).

§. 5. On peut exhausser une gouttière, n'importe quel soit le droit en vertu duquel elle aura été établie, parce que cela rend la servitude moins onéreuse, puisque l'eau qui tombe d'un lieu élevé, tombe plus doucement et se trouvant en partie dissipée par le vent, parvient en moindre quantité sur le fonds servant : mais elle ne peut être placée plus bas, parce qu'alors elle rend la servitude plus onéreuse, c'est-à-dire qu'au lieu d'une simple gouttière, elle forme un ruisseau. Par la même raison, on peut retirer sur soi une gouttière, parce qu'alors l'eau tombera plus aisément sur notre terrein, mais on ne pourra pas la prolonger, à l'effet de rejetter l'eau dans un endroit autre que celui où elle a coutume de tomber. Nous pouvons bien faire tout ce qui tend à alléger une servitude, mais ce qui peut l'aggraver est défendu. En un mot, il faut observer que *nous pouvons rendre la condition de notre voisin meilleure, mais que nous n'avons pas le droit de la rendre plus mauvaise*, à moins que l'on n'ait expressément changé quelque chose, en substituant une nouvelle servitude à l'ancienne.

§. . Celui qui bâtit sur un terrein où tombe l'eau d'une gouttière, peut prolonger son bâtiment jusqu'à l'endroit où elle tombe directement ; mais si l'eau de cette gouttière tombe déjà sur un bâtiment, il a la liberté de bâtir au-dessus, pourvu cependant que le jet de la gouttière ne soit pas intercepté.

21. Pomponius, *liv.* 33. *sur Sabinus.*

Si de deux servitudes l'une est remise.

Si votre maison doit à la mienne deux servitudes (2), savoir, 1°. *celle de ne pouvoir exhausser votre bâtiment ;* 2°. *celle de recevoir les eaux de mes gouttières*, et que je vous aye promis en vous déchargeant de la première servitude, *d'exhausser votre bâtiment*, on peut dire à l'égard

---

(2) Adde l. 20. in pr. infr. tit. prox.

tollere œdificia tua ; quòd ad stillicidium meum attinet, sic statui debebit, ut, si altiùs sublatis ædificiis tuis stillicidia mea cadere in ea non possint, eâ ratione altiùs tibi ædificare non liceat ; si non impediantur stillicidia mea, liceat tibi altiùs tollere.

22. JULIANUS, *lib.* 2. *ex Minicio.*

De luminibus præsentibus et futuris.

Qui ædificium habet, potest servitutem vicino imponere ; ut non solùm de his luminibus, quæ in præsentiâ erunt, sed etiàm de his, quæ posteà fuerint, caveat.

23. POMPONIUS, *liv.* 33. *ad Sabinum.*

De servitutibus luminum.

Si servitus imposita fuerit, *lumina* (1), *quæ nunc sunt, ut ità sint*, de futuris luminibus nihil caveri videtur (2). Quòd si ità sit cautum, *ne luminibus officiatur*;ambigua est scriptura; utrùmne his luminibus officiatur, quæ nunc sunt, an etiàm his, quæ posteâ quoquè fuerint? (Et) humaniùs est, verbo generali omne lumen significari, sivè quod in præsenti, sivè quod post tempus conventionis contigerit.

De ædificio futuro.

§. 1. Futuro quoquè ædificio (3), quod nondum est, vel imponi vel adquiri servitus potest.

---

(1) Adde l. 17. §. 3. supr. h. t.
(2) Adde l. 76. §. 1. l. 89. l. 125. infr. de verb. oblig.

de mes gouttières, que si, en élevant votre bâtiment , l'eau de mes gouttières ne peut plus tomber sur lui, c'est une raison pour vous empêcher de l'exhausser. Si cependant mes gouttières peuvent n'en pas souffrir, vous aurez la liberté de l'exhausser autant que vous voudrez.

22. Julien, *liv, 2. sur Minicius.*

Des servitudes maintenant existantes et futures.

Le propriétaire d'une maison peut imposer une servitude à son voisin , d'après laquelle ce dernier non-seulement ne nuira pas aux jours qui existent à présent , mais encore à ceux qui pourront avoir lieu par la suite.

23. Pomponius, *liv.* 33. *sur Sabinus.*

Des servitudes du jour.

Si la servitude relative à des jours a été ainsi imposée (1) : *les jours de ma maison resteront dans l'état où ils sont maintenant* , on ne peut en conclure que cette clause s'étend aux jours qui pourront avoir lieu par la suite (2). Mais si l'on s'était exprimé ainsi , *vous n'obstrurez pas mes jours ,* ces expressions sont équivoques. Doit-on entendre qu'il ne faut pas nuire aux jours existans actuellement , ou doit-on étendre cette défense à ceux qui pourront être percés par la suite ? il est plus convenable d'appliquer cette clause, en général , à tous les jours que peut avoir une maison, soit à ceux qui subsistent maintenant , soit à ceux qui auront lieu par la suite.

D'un édifice qui n'existe pas encore.

§. 1. On peut gréver d'une servitude une maison qui n'existe pas encore (3) , de même qu'il est permis d'en acquérir une en faveur d'une maison qui n'est pas encore bâtie.

---

(3) L. 10. infr. de servit. præd. rustic.

24. PAULUS, *lib.* 15. *ad Sabinum.*

De ædificio quod jure superius est.

Cujus ædificium jure superius est, ei jus est infinitò (1) suprà suum ædificium imponere; dùm inferiora ædificia non graviore servitute oneret, quàm pati debent.

25. POMPONIUS, *liv.* 33. *ad Sabinum.*

De servitute immittendi.

Hoc, quod dictum (2) est de *immissis*, locum habet ex ædificio alio in aliud; alitèr enim suprà alienum ædificium superiùs habere nemo potest.

Si paries communis altiùs tollatur.

§. 1. Si ex tribus ædibus in loco impari positis, ædes mediæ superioribus serviant ædibus, inferiores autèm nulli serviant, et paries communis, qui sit inter ædes inferiores, et medias, altiùs à domino inferiorum ædium sublatus sit : jure eum altiùs habiturum Sabinus ait.

26. PAULUS, *lib.* 15. *ad Sabinum.*

An servitus in re communi consistat.

In re communi nemo dominorum, jure servitutis nequè facere quicquam invito (3) altero potest ; nequè prohibere, quò minùs alter faciat ; *nulli enim res sua servit* (4). Itàque propter immensas contentiones plerùmquè res ad divisionem

____

(1) V. l. 1. in pr. supr. h. t.
(2) L. 2. l. 20. supr. eod.

24. PAUL, *liv.* 15. *sur Sabinus.*

De l'édifice qui peut être plus élevé sans que personne
puisse s'y opposer.

Le propriétaire d'un édifice plus élevé que celui de ses
voisins (1), a la liberté de l'élever à telle hauteur qu'il voudra,
pourvu que les édifices qui sont moins élevés n'en souffrent
pas plus qu'ils ne doivent.

25. POMPONIUS, *liv.* 33. *sur Sabinus.*

Du droit de servitude, qui consiste à appuyer sa charpente
sur le mur voisin.

Ce qui a été dit relativement au *droit d'appuyer ses pou-*
tres sur le mur voisin (2), a lieu à l'égard de deux édifices
situés l'un à côté de l'autre ; car autrement personne ne peut
avoir un édifice plus élevé que celui d'un autre.

Si on élève à une plus grande hauteur un mur commun.

§. 1. Si de trois maisons bâties sur un terrein inégal,
celle du milieu doit une servitude à celle qui est au-dessus
d'elle, et que la maison placée au-dessous, n'en doive aucune
aux deux autres, et si le mur commun qui est entre la
maison inférieure et celle qui est dans le milieu, a été
exhaussé par le propriétaire de cette maison, Sabinus dit
qu'il a eu le droit de le faire.

26. PAUL, *liv.* 15. *sur Sabinus.*

Si la servitude consiste dans une chose commune.

Lorsqu'une chose est commune, aucun des propriétaires
ne peut malgré l'autre (3) y rien faire à titre de servitude,
ni s'opposer à ce qu'il fasse ce qu'il voudra ; car *personne*
ne peut avoir de servitude sur sa chose (4) ; c'est pourquoi

---

(3) L. 28. infr. communi divid.
(4) L. 5. in pr. supr. si ususfr. petatur. l. 33. in fin. infr. de servit.
præd. rustic. l. 10. infr. commun. præd.

pervenit (1) ; sed per communi dividundo actionem
consequitur socius, quò minus opus fiat, aut ut
id opus, quod fecit, tollat (2) ; si modò toti so-
cietati prodest opus tolli.

27. POMPONIUS , *liv.* 33. *ad Sabinum.*

*De eo quod sit ex ædibus communibus in ædes proprias
vel contrà.*

Sed si inter me et te communes sunt Titianæ
ædes, et ex his aliquid non jure in alias ædes
meas proprias immissum sit , nempè tecum mihi
agere licet (3) , aut rem perdere. Idem fiet, si ex
tuis propriis ædibus in communes meas et tuas
ædes quid similitèr esset projectum ; mihi enim
soli tecum est actio.

Si in areâ communi ædificetur.

§. 1. Si in areâ communi ædificare velis, socius
prohibendi jus habet (4), quamvis tu ædificandi
jus habeas à vicino concessum ; quia, invito socio,
in jure communi non habeas jus ædificandi.

28. PAULUS , *lib.* 15. *ad Sabinum.*

De his quæ perpetuam causam habent, vel non.

Foramen in imo pariete conclavis, vel triclinii,
quod esset proluendi pavimenti causâ, id nequè flumen esse, nequè tempore adquiri placuit. Hoc ità
verum est, si in eum locum nihil ex cœlo aquæ veniat : nequè enim perpetuam causam habet , quod

----

(1) L. 77. §. 20. infr. de legat. 2.
(2) Vide tamen l. 28. infr. communi divid.

le plus souvent la chose se partage (1) pour éviter les contestations auxquelles cette co-propriété peut donner lieu. Mais par l'action en partage, le co-propriétaire demande que l'autre ne puisse faire tel ou tel ouvrage, ou qu'il démolisse celui qu'il a fait (2), si toutefois il est de l'intérêt commun qu'il soit détruit.

27. POMPONIUS, *liv.* 33. *sur Sabinus.*

De ce qui se fait d'une maison commune sur une maison qui nous appartient, ou au contraire,

Si la maison de Titius nous est commune à vous et à moi, et que sans en avoir le droit, vous ayez appuyé une poutre de cette maison sur le mur d'une qui m'appartient, j'ai le droit de vous actionner (3) ou de vous forcer à détruire ce que vous avez fait. Il en sera de même si vous appuyez une poutre d'une maison qui vous appartient sur le mur d'une maison que nous posséderions en commun, car alors j'ai seul le droit de vous actionner.

Si l'on bâtit sur une maison commune.

§. 1. Si vous voulez bâtir sur un terrein commun, votre co-propriétaire a le droit de vous en empêcher (4), quoique le voisin vous ait permis de le faire, parce que vous n'avez pas le droit de bâtir sur un terrein commun, malgré votre co-propriétaire.

28. PAUL, *liv.* 15. *sur Sabinus.*

Des choses qui ont une cause perpétuelle, ou dont la cause ne doit durer qu'un certain tems.

Il a été décidé que l'on ne peut pas regarder comme un ruisseau, ou comme une servitude que l'on acquiert par le tems, l'ouverture pratiquée au bas du mur d'une chambre, ou d'une salle à manger, et par laquelle on fait couler l'eau qui a servi à la laver. Cela n'est vrai que dans le cas où ce n'est pas l'eau du ciel qui s'amasse dans cet endroit; car ce qui est

---

(3) L. 14. in fin. infr. si servit. uindicetur.
(4) V. l. 28. infr. communi divid.

manû fit. At quod ex cœlo cadit etsi non assiduè fit,
ex naturali tamen causâ fit : et ideò perpetuò fieri
existimatur. Omnes autèm servitutes prædiorum
perpetuas causas habere debent ; et ideò nequè ex
lacû, nequè ex stagno concedi aquæductus potest.
Stillicidii quoquè immitendi naturalis et perpetua
causa esse debet.

29. POMPONIUS, *lib.* 32. *ad Quintum Mucium.*

. Si quid igitur ex eo foramine, ex quo servitus
non consistit, damnum vicinus sensisset ; dicendum
est, damni infecti (1) stipulationem locum habere.

30. PAULUS, *lib.* 15. *ad Sabinum.*

De confusione servitutis.

Si quis ædes, quæ suis ædibus servirent, cum
emisset, traditas sibi accepit, confusa (2) subla-
taque servitus est : et si rursûs vendere vult, nominatim imponenda servitus est ; alioquin liberæ
veniunt.

De retentione servitutis pro parte, de acquisitione
ususfructûs.

§. 1. Si partem prædii nactus sim, quod mihi,
aut cui ego serviam : non confundi servitutem
placet : quia pro parte servitus retinetur (3) itàque
si prædia mea prædiis tuis serviant, et tuorum
partem mihi, et ego meorum partem tibi tradidero,

---

(1) L. 18. supr. h. t.
(2) L. 1. infr. quemadm. servit. amitt.

un effet du travail des mains, n'a pas une cause continue. Mais l'eau qui tombe du ciel, quoiqu'elle ne tombe pas continuellement, à cependant une cause naturelle, et c'est la raison pour laquelle elle est censée exister à perpétuité Or, toutes les servitudes doivent avoir une cause qui dure toujours. C'est pourquoi on ne peut établir la servitude d'un aquéduc par où passerait l'eau que l'on ferait venir, soit d'un étang, soit d'un lac. La servitude d'une gouttière doit avoir également une cause naturelle et perpétuelle.

29. POMPONIUS, *liv.* 32. *sur Quintus Mucius.*

Si le voisin éprouve quelque dommage d'une ouverture pratiquée dans un endroit quelconque, sans qu'elle soit la suite d'une servitude, il faut dire dans ce cas qu'il y a lieu à donner (1) caution pour sûreté de la réparation du dommage que cette ouverture à causé.

30. PAUL, *liv.* 15. *sur Sabinus.*

De la confusion d'une servitude.

Si quelqu'un a acheté la maison qui devait une servitude à la sienne, la servitude cesse dès l'instant (2) où cette maison lui a été livrée, et s'il veut la vendre, et rétablir les anciennes servitudes, il doit le spécifier expressément dans l'acte de vente qu'il en fera, et les exprimer nominativement. Autrement cette maison serait vendue franche et quitte de toute servitude.

De la conservation d'une partie d'une servitude, de l'acquisition de l'usufruit.

§. 1. Si j'ai acquis une portion du fonds qui me doit, ou à qui je dois une servitude, il est décidé qu'elle n'est pas confondue, ni éteinte, parce qu'une servitude peut être conservée partiellement (3). C'est pourquoi si mon fonds est grévé d'une servitude en faveur du vôtre, que je vous en aye vendu une portion, et que vous, vous m'ayez vendu une portion du vôtre, la servitude n'est pas éteinte. De même,

---

(3) L. 8. §. 1. supr. de servit. l. 34. infr de servit. præd. rustic.

manebit servitus. Item ususfructus in alterutris prædiis adquisitus, non interrumpit servitutem.

31. IDEM, *lib.* 48. *ad edictum.*

De ædificio deposito, et restituto.

Si testamento damnatus heres (1), *ne officeret vicini luminibus, servitutemque præstaret*, deposuit ædificium : concedenda erit legatario utilis actio, quâ prohibeatur heres, si posteà extollere suprà priorem modum ædificium conabitur.

32. JULIANUS, *lib.* 7. *Digestorum.*

De usûcapionis libertatis, et possessione servitutis.

Si ædes meæ serviant ædibus Lucii Titii, et ædibus Publii Mævii, *ne altiùs ædificare mihi liceat*; et à Titio precariò petierim, *ut altiùs tollerem*, atquè ità per statutum tempus (2) ædificatum habuero ; libertatem adversûs Publium Mævium usucapiam. Non enim una servitus Titio et Mævio debebatur, sed duæ. Argumentum rei præbet, quod, si alter ex his servitutem mihi remisisset, ab eo solo liberarer, alteri nihilominùs servitutem deberem.

§. 1. Libertas servitutis usucapitur, si ædes possideantur. Quarè, si is, qui altiùs ædificatum habebat, antè statutum tempus ædes posidere desiît, interpellata uscapio est : is autem, qui posteà easdem ædes possidere cœperit, integro statuto tempore libertatem usucapiet. Natura enim servitutum

---

(1) L. 16. infr. commun. præd.

l'acquisition de l'usufruit sur le fonds de l'autre, n'interrompt pas la servitude.

31. LE MÊME , *liv. 48. sur l'édit.*

D'un édifice abattu, et reconstruit.

Si l'héritier (1) chargé par un testament de *ne pas intercepter les jours d'un voisin, et de lui faire remise de cette servitude*, a détruit le bâtiment qui doit cette servitude, on devra donner au légataire une action utile par laquelle il empêchera l'héritier qui viendrait à reconstruire le bâtiment, de l'exhausser plus qu'il ne l'était avant.

32. JULIEN , *liv. 7. du Digeste.*

De la prescription d'une servitude, et de la possession d'icelle.

Si ma maison est grévée d'une servitude en faveur de celles de Lucius Titius et de Publius Mævius, par laquelle *je me suis interdit la faculté de pouvoir exhausser ma maison plus haut*, et que Titius m'ayant permis à titre de précaire, *de l'exhausser*, j'ai joui du droit qui m'avait été accordé pendant le tems fixé pour prescrire (2), je prescrirai la liberté de la servitude contre Publius Mævius, car ce n'était pas une seule et même servitude que je devais à Titius et à Mævius, mais bien deux servitudes distinctes et séparées. La preuve résulte de ce que si l'un d'eux m'avait remis la servitude, je ne serais libéré qu'à son égard, et que je n'en devrais pas moins la servitude à l'autre.

§. 1. On ne peut prescrire la liberté d'une servitude sans posséder la maison qui la doit. C'est pourquoi si celui qui ne pouvait exhausser son bâtiment, l'a tenu exhaussé pendant un certain tems, et l'a ensuite vendu, la prescription est interrompue. Mais celui qui commence à posséder prescrira la liberté de la servitude, en jouissant pendant tout le tems requis pour la prescription ; car la nature des servitudes

---

(2) V. l. 13. C. de servit.

ea est, ut possideri non possint (1) : sed intelligatur possessionem earum habere, qui ædes possidet.

33. PAULUS, *lib.* 5. *Epitomarum Alfeni Digestorum.*

De servitute onerit ferendi.

Eum debere columnam restituere, quæ onus vicinarum ædium ferebat, cujus essent ædes, quæ servirent : non eam, qui imponere vellet (2). Nàm cum in lege ædium ità scriptum esset, *paries oneri ferundo, uti* (3) *nunc est, ità sit,* satis apertè significari, in perpetuùm parietem esse debere; non enim hoc his verbis dici, *ut in perpetuùm idem paries æternus esset,* quod ne fieri quidèm posset, sed *uti ejusdem modi paries in perpetuùm esset, qui onus sustineret.* Quemadmodùm si quis alicui cavisset, ut *servitutem præberet,* qui onus suum sustineret : si ea res, quæ servit, et tuum onus ferret, perisset, alia in locum ejus dari debeat.

34. JULIANUS, *lib.* 2. *ex Minicio,*

De servitute rei quæ alienatur imponendâ.

Et qui duas areas habet, alteram tradendo, servam alteri efficere potest (4).

35. MARCIANUS, *lib.* 3. *regularum.*

Si binarum ædium dominus dixisset eas, quas venderet, *servas fore,* sed in traditione (5) non

---

(1) L. 4. §. 27. infr. de usurp. et usucap. adde l. 14. in pr. supr. de servit.

(2) V. l. 6. §. 2. l. 8. in pr. infr. si servit. vind.

est telle qu'elles ne peuvent être possédées (1) ; mais celui qui possède la maison, est censé les posséder.

33. PAUL, *liv. 5. des abrégés du Digeste d'Alfenus.*

De la servitude qui consiste à supporter les charges d'une maison.

Celui qui doit la servitude, est tenu de réparer le pillier qui supporte la maison voisine, et non pas celui qui a eu le droit de l'établir (2), car la clause qui a établi cette servitude étant conçu en ces termes, *que le mur qui soutient la charge de la maison reste dans l'état* (3) *où il est*, on ne peut en conclure qu'ils signifient que le mur doit durer éternellement, ce qui ne peut être ; mais ils veulent dire *qu'il y aura toujours un mur semblable pour soutenir la charge de la maison*, de même que si une personne avait consenti envers une autre à être grévée d'une *servitude de support*, il doit réparer la chose qui servait à supporter si elle vient à périr.

34. JULIEN, *liv. 2. sur Minicius.*

De la servitude qui doit être établie sur une chose qui est aliénée.

Celui qui a deux terreins, peut en alliénant l'un, gréver l'autre d'une servitude (4).

35. MARCIEN, *liv. 3. des règles.*

Si le propriétaire de deux maisons, dit, en en vendant une, qu'elle sera grévée d'une servitude envers l'autre, mais qu'en la livrant il n'en fasse pas mention (5), il pourra actioner

---

(3) V. L. 17. §. 3. supr. h. t.
(4) L. 19. in pr. supr. de usufr. l. 3. l. 6. infr. commun. præd.
(5) V. d. l. 6. §. ult.

fecisset mentionem servitutis : vel ex vendito agere potest, vel incertum (1) condicere, ut servitus imponatur.

36. Papinianus, *lib. 7. quæstionum.*

De eâdem contignatione duarum ædium duobus legatarum.

Binas quis ædes habebat unâ contignatione tectas : utrasquè diversis legavit. Dixi, quia magìs placet tignum posse duorum esse, ità ut certæ partes cujuscunquè sint contignationis, ex regione cujusquè domini fore tigna : nec ullam invicem habituros actionem, jus non esse immissum habere. Nec interest, purè utrisque, an sub conditione alteri ædes legatæ sint.

37. Julianus, *lib. 7. Digestorum.*

Aut cessarum.

Idemque esse, et si duobus ædes cesserint.

38. Paulus, *lib. 2. quæstionum.*

De ædibus distantibus.

Si ædes meæ à tuis ædibus tantùm distent, ut prospici non possint, aut medius mons (2) earum conspectum auferat : servitus imponi non potest.

39. Idem, *liv. 1. manualium.*

Nemo enim propriis ædificiis servitutem imponere potest, nisi et is, qui cedit, et is, cui cedi-

---

(1) L. 8. in pr. infr. de act. empt.

son acquéreur en vertu de la vente, ou former contre lui l'action personnelle d'une chose incertaine pour que cette servitude soit imposée.

36. PAPINIEN, *liv.* 7. *des questions.*

De deux maisons qui sont attenantes l'une à l'autre, et qui ont été léguées,

Quelqu'un avait deux maisons attenantes l'une à l'autre, et n'ayant qu'un seul et même toit, qu'une seule et même charpente; il les légua à deux particuliers différents. J'ai dit que la charpente leur appartenait à tous deux, et qu'ils avaient tous deux une portion déterminée de cette charpente, que l'on pouvait distinguer par la partie dont chacun était le maître; qu'enfin ils n'avaient aucune action l'un contre l'autre, pour s'opposer réciproquement au droit que chacun aurait d'appuyer sa charpente sur celle de l'autre, et il importe peu que ce legs leur ait été fait à tous deux purement et simplement, ou qu'il ait été fait à l'un conditionnellement.

37. JULIEN, *liv.* 7. *du Digeste.*

Ou cédées à deux personnes.

Il en serait de même s'il avait cédé les deux maisons.

38. PAUL, *liv.* 2. *des questions.*

D'une maison distante d'une autre maison.

Si ma maison est tellement éloignée de la vôtre, que je ne puisse la voir, ou s'il y a une montagne qui les sépare (2), on ne pourra pas imposer en faveur de l'une une servitude sur l'autre.

39. LE MÊME, *liv.* 1. *des manuels.*

Personne ne peut gréver d'une servitude sa propre maison, à moins que celui qui s'oblige à la servitude, et celui au

______

(2) V. l. 7. in fin. infr. tit. prox.

tur, in conspectû habeant ea ædificia, itá ut officere alterum alteri possit.

40. Idem , *lib. 3. responsorum.*

De fenestris in communi pariete.

Eos, qui jus *luminis immittendi* non habuerunt, aperto pariete communi, nullo jure fenestras immisisse, respondi.

41. Scævola , *lib. 1. responsorum.*

De aditû ex præsumptâ testatoris voluntate concedendo.

Olympico habitationem et horreum, quod in ea domô erat , quòad viveret, legavit : juxtâ eandem domum hortus , et cœnaculum, quod Olympico legatum non est, fuerunt : ad hortum autem, et cœnaculum semper per domum, cujus habitatio relicta erat, aditus fuit. Quæsitum est; an Olympicus aditum præstare deberet? Respondi, servitutem quidèm non esse : sed heredem transire per domum ad ea , quæ commemorata sunt , posse : dùm non noceat legatario.

De januâ in publico aperiendâ.

§. 1. Lucius Titius, aperto pariete domus suæ, quatenùs stillicidii rigor, et tignorum protectus competebat, januam in publico aperuit. Quæro, cùm nequè luminibus Publii Mævii vicini, nequè itineri (vicini) officeret, nequè stillicidium nè vicini domô cadat : an aliquam actionem Publius Mævius vicinus ad prohibendum haberet ? Respondi, secundùm ea, quæ proponerentur, nullam habere.

profit de qui elle est établie, n'ayent des maisons assez contigues pour que l'une puisse nuire à l'autre.

40. LE MÊME, *liv. 3. des réponses.*

Des fenêtres placées dans un mur commun.

J'ai répondu que ceux qui n'ont pas le droit de percer
des jours, n'ont pas également celui de percer des fenêtres
dans un mur commun.

41. SCEVOLA, *liv. 1. des réponses.*

Du passage présumé être dû d'après la volonté du testateur.

Un particulier a légué à Olimpicus le droit d'habitation
dans sa maison pendant sa vie, ainsi qu'un grenier qui en
dépendait. Il y avait près de cette maison un jardin et un
pavillon qui n'avaient pas été légués. Toujours on avait passé
par la maison léguée pour aller à ce jardin et à ce pavillon ;
on a demandé si Olimpicus était tenu de livrer ce passage. J'ai
répondu que ce n'était pas une servitude, mais que l'héritier
pouvait passer par la maison pour aller aux endroits dont
nous venons de parler, pourvu cependant qu'il n'incommodât
pas le légataire.

D'une porte ouverte sur la voie publique.

§. 2. Lucius Titius ayant fait une ouverture dans le
mur de sa maison, sans nuire au jet des gouttières et à la
saillie de la charpente, y a fait une porte qui donnait sur
la rue. Je demande si cette porte, ne nuisant pas aux jours
de Publius Mævius, son voisin, ni à son passage, ni à ses
gouttières, Publius Mævius aurait quelqu'action pour l'en
empêcher. J'ai répondu que suivant ce qui a été exposé, il
n'avait aucun droit de le faire.

TITULUS TERTIUS.

De servitutibus prædiorum rusticorum.

1. Ulpianus, *lib.* 2. *institutionum.*

De itinere, actú, viâ, aquæductû.

SERVITUTES rusticorum prædiorum (1) sunt hæ : iter, actus, via, aquæductus. *Iter*, est jus eundi ambulandi homini (2), non etiam jumentum agendi. *Actus*, est jus agendi vel jumentum, vel (3) vehiculum. Itàque qui iter habet, actum non habet : qui actum habet, et iter habet etiam sine jumento. *Via*, est jus eundi, et agendi, et ambulandi (4); nàm et iter, et actum, in se via continet. *Aqueductus*, est jus aquam ducendi per fundum alienum.

De aquæ haustû, pecoris ad aquam apulsû, jure pascendi, calcis coquendæ, arenæ fodiendæ.

§. 1. In rusticis computanda sunt *aquæhaustus*,

---

(1) In pr. Inst. de servit. præd.
(2) Adde l. 7. in pr. l. 12. infr. h. t.
(3) DD. ll. 7. et 12. vide tamen l. 23. in pr. infr. eod. l. 13. supr. de servit.
(4) Adde l. 7. in fin. pr. infr. h. t.

TITRE TROIS.

Des servitudes rustiques.

1. ULPIEN, *liv.* 2. *des institutes.*

Du chemin, du passage, de la voie, et de l'acqueduc.

LES servitudes rustiques (1), c'est-à-dire, celles dues aux terres, consistent dans le sentier, le chemin, la voie et le droit d'aquéduc. Le sentier, *iter*, (*a*) est le droit d'aller et de se promener sur le fond d'autrui (2), sans cependant pouvoir y faire passer des bêtes de somme; le chemin, *actus*, est le droit de faire passer des bêtes de somme, ou une voiture (3). C'est pourquoi celui qui a le droit de sentier n'a pas le droit de chemin. Celui qui a droit de chemin, a par la même raison le droit de sentier, n'eût-il pas même de bêtes de charge à conduire. La voie, *via*, consiste dans le droit d'aller, de se promener, et de faire passer des bêtes de charge (4), car elle renferme le droit de chemin et celui de sentier. L'aquéduc, *acqueductus*, n'est autre chose que le droit de faire passer l'eau par le fonds d'autrui, pour qu'elle puisse arriver sur le notre.

Du droit de prise d'eau, de celui d'abreuver son troupeau, de le faire paître, de faire cuire de la chaux, de fouiller du sable.

§. 1. On doit également ranger dans la classe des servitudes rustiques le droit *de puiser de l'eau,* celui *d'abreuver*

(*a*) Celui qui a le droit appelé en latin *actus*, qui vient d'agere, conduire, n'a pas le droit de sentier, ou de passage, comme un droit distinct et séparé, mais il en a la comodité et l'usage, et il peut s'en

pecoris ad aquam adpulsus , jus pascendi, calcis coquendæ , arenæ fodiendæ.

De traditione , et patientiâ servitutum.

§. 2. Traditio planè, et patientia servitutum inducet officium pætoris.

2. NÉRATIUS, *lib. 4. regularum.*

De servitute altiùs tollendi, et officiendi prætorio vicini, cloacæ protecti.

Rusticorum prædiorum servitutes sunt , licere altiùs tollere , et officere prætorio vicini ; vel cloacam (1) habere licere per vicini domum, vel prætorium; vel protectum habere licere.

De aquæductû , vel haustû pluribus concesso.

§. 1. Aquæductus, et haustus aquæ, per eundem locum ut ducatur, etiam pluribus concedi potest : (potest) etiam, ut diversis diebus vel horis ducatur.

§. 2. Si aquæductus vel haustus aquæ sufficiens est, potest et pluribus (2) per eundem locum concedi, ut et iisdem diebus vel horis ducatur.

3. ULPIANUS, *lib. 17. ad edictum.*

De jure pascendi,

(Item) sic possunt servitutes imponi, et, ut boves, per quos fundus colitur, in vicino agro

---

(1) L. 7. supr. de servit.
(2) L. 4. infr. de aquâ quotid.

un troupeau, celui de le *faire paître*, de *faire des fours à chaux*, et de *fouiller la terre pour en extraire du sable.*

De la tradition, et de la tolérance d'une servitude.

§. 2. En matière de servitude, la souffrance équivaut à la tradition, et le préteur ne fera aucune différence entre l'une et l'autre.

2. NÉRATIUS, *liv.* 4. *des règles.*

*De la servitude par laquelle on peut exhausser son bâti-
ment, et nuire par-là au jour de son voisin, faire passer
son égoût par sa maison, et avoir des avances sur lui.*

Les servitudes rustiques consistent dans le droit de pouvoir exhausser sa maison, et de nuire à celle de son voisin,
ou de faire passer (1) son égoût par sa maison, ou d'avoir
des saillies sur son terrein.

*Du droit d'aquéduc, ou de puiser de l'eau accordé à
plusieurs.*

§. 1. Le droit d'aquéduc, celui de pouvoir abrenver ses
bestiaux, peuvent être cédés à plusieurs (2) ; ces servitudes
peuvent même être établies de manière que ceux qui y ont
droit ne puissent en jouir qu'à certains jours et à certaines
heures.

§. 2. Si l'aquéduc ou le puits, est suffisamment pourvu
d'eau, on peut *concéder à plusieurs* le droit d'y puiser ou
d'en tirer de l'eau, aux mêmes jours, ou aux mêmes heures.

3. ULPIEN, *liv.* 17 *sur l'édit.*

Du droit de faire paître son troupeau.

Il est egalement permis d'établir une servitude par laquelle

---

servir. sans bête de charge, et sans voiture. La différence qu'il y a
entre la servitude appelée *actus*, et celle appelée *via*, consiste en ce
que celui qui n'a que la servitude appelée *actus*, ne peut pas conduire
un chariot chargé à la hauteur d'une pique, ni traîner par l'héritage
servant, des poutres et de grosses pierres, au lieu que celui qui a la
servitude de *via*, peut faire tout ce dont on vient de parler.

pascantur : quam servitutem poni posse, Neratius
lib. 11. Membranarum scribit.

Fructus cogendi , coactosque habendi, pedamenta sumendi.

§. 1. Idem Neratius, etiam ut fructus in vicini
villâ cogantur , coactiquè habeantur , et pedamenta ad vineam ex vicini prædio sumantur, constitui posse scribit.

Lapides projiciendi , provolvendi , et exportandi.

§. 2. Eodem libro ait : vicino, cujus lapidicinæ
fundo tuo immineant, posse te cedere, jus ei esse
terram, rudus, saxa jacere, posita habere, et ut
in (tuum) lapides provolvantur, ibìquè positi
habeantur , indèquè exportentur.

De itinere ad haustum.

§. 3. Qui habet haustum , iter quoquè (1) habere videtur ad hauriendum. Et (ut ait Neratius
lib. 111. Membranarum) sivè ei jus hauriendi , et
adeundi cessum sit , utrumquè habebit : sivè
tantùm hauriendi, inesse et aditum : sivè tantùm
adeundi ad fontem , inesse et haustum. Hæc de
haustû ex fonte privato. Ad flumen autem publicum , idem Neratius eodem libro scribit , iter
debere cedi , haustum non oportere : et si quis
tantùm (haustum) cesserit , nihil eum agere.

____

(1) L. 10. in fin. supr. de servit. præd. urban.

les bœufs qui serviront à la culture d'un champ pourront paître dans le champ voisin ; c'est ce que pense Nératius au livre second de ses feuilles.

Du droit de conserver ses fruits, et de les garder dans une ferme voisine, de celui de prendre des échalas pour sa vigne.

§. 1. Le même Nératius écrit que l'on peut imposer une servitude qui consisterait dans le droit de renfermer et de conserver ses fruits dans la ferme voisine et dans celui de prendre dans le fond voisin des échalas pour sa vigne.

Du droit de tirer des pierres de son fonds ; de les rouler sur le fonds voisin pour les en faire sortir.

§. 2. Il dit au même endroit que vous pouvez céder à votre voisin, qui exploite une carrière située dans un terrein qui domine le votre, le droit d'y déposer sa terre, ses pierres, de les y rouler et de les mettre en monceaux jusqu'à ce qu'elles soient enlevées.

Du chemin nécessaire pour aller puiser de l'eau.

§. 3. Celui qui a le droit de puiser de l'eau, a par suite de ce droit un sentier pour aller à l'endroit où se trouve l'eau (1) ; et comme le dit Nératius au livre troisième de ses feuilles, soit que ce droit ait été accordé sans qu'il ait été fait mention du sentier, soit, que l'un et l'autre aient été concédés, celui au profit de qui il aura été établi jouira de tous les deux ; et si on n'a cédé que le droit seul de puiser de l'eau, on est censé avoir également cédé le sentier pour y aller, ou si l'on n'a cédé que le droit d'aller à la fontaine, on est présumé avoir de même cédé le droit d'y pouvoir puiser de l'eau. Ce qui vient d'être dit doit s'appliquer au droit de puiser dans une fontaine appartenante à un particulier. Nératius écrit au même livre, qu'on peut accorder un sentier pour aller puiser à une source publique, mais qu'il n'est pas nécessaire d'accorder le droit d'y puiser, et que si l'on s'était borné à accorder ce droit, c'était la même chose que si l'on n'avait rien fait.

4. Papinianus, *lib.* 2. *responsorum.*

De emptore et herede.

Pecoris pascendi servitutes, itèm ad aquam appellendi, si prædii fructus maximè in pecore consistat, prædii magis, quàm personæ videtur. Si tamèn testator personam (1) demonstravit, cui servitutem præstari voluit, emptori vel heredi non eadem præstabitur servitus.

5. Ulpianus, *liv.* 17. *ad edictum.*

De servitute revendicandâ.

Ergo secundùm eum et vindicari poterit.

De habente vel non habente vicinum fundum.

§. 1. Neratius (libris) ex Plautio ait, nec haustum pecoris, nec appulsum, nec cretæ eximendæ, calcisquè coquendæ jus posse in alieno esse, nisi (2) fundum vicinum (3) habeat : et hoc Proculum et Atilicinum existimasse ait. Sed ipse dicit, ut maximè calcis coquendæ et cretæ eximendæ servitus constitui possit, non (4) ultrà posse, quàm quatenùs ad eum ipsum fundum opus sit.

6. Paulus, *lib.* 15. *ad Plautium.*

Velutì si fingulinas haberet, in quibus ea vasa fierint, quibus fructus ejus fundi exportarentur; sicut in quibusdam fit, ut amphoris vinum evehatur : aut (ut) dolia fiant, vel tegulæ (vel)

---

(1) L. pen. infr. h. t. l. 6, in fin. infr. de servit. legat. v. l. 1. §. 45. infr. de aquâ quotid.

4. PAPINIEN, *liv.* 2. *des réponses.*

De l'acquereur et de l'héritier.

La servitude qui consiste dans le droit de faire paître un troupeau, et de pouvoir l'abreuver sur le fond d'autrui, si le revenu de ce fonds consiste principalement à élever des bestiaux, est plutôt une servitude réelle, qu'une servitude personnelle. Si cependant le testateur a désigné la personne (1) au profit de laquelle il a voulu établir cette servitude, ni son héritier, ni son acquéreur ne pourront l'exiger.

5. ULPIEN, *liv.* 17. *sur l'édit.*

De la revendication d'une servitude.

On pourra donc la revendiquer.

De celui qui a ou qui n'a pas un fonds voisin.

§. 1. Nératius, dans ses écrits sur Plautius, dit que nous ne pouvons avoir sur le fond voisin le droit d'y abreuver nos bestiaux, d'y puiser, d'en tirer de la marne, d'y établir un four à chaux qu'autant (2) que ce fonds est voisin du notre (3); et il ajoute que c'est le sentiment de Proculus et d'Aticilinus. Mais il dit lui-même que le droit de tirer de la marne, de faire de la chaux, ne peut s'étendre au-delà des besoins de celui en faveur de qui la servitude est établie.

6. PAUL, *liv.* 15. *sur Plaute.*

Comme si par exemple il avait une poterie dans laquelle il fabriquerait des vases pour transporter les fruits qu'il recueille, comme cela a lieu dans plusieurs endroits où l'on fait des cruches pour mettre le vin, ou même des tonneaux,

---

(2) L. 1. §. 1. infr. commun. præd.
(3) V. l. 7. §. 1. infr. h. t.
(4) Adde l. 29. in fin. infr. h. t.

ad villam ædificandam. Sed si, ut vasa venirent;
figulinæ exercerentur, ususfructus erit.

*De calce coquendâ , lapide eximendo , arenâ fodiendâ ,
et sylvâ cædendâ, tugurio habendo.*

§. 1. Item longè recedit ab usufructû jus calcis
coquendæ, et lapidis eximendi, et arenæ fodiendæ, ædificandi ejus gratiâ, quod in fundo
est : item silvæ cæduæ, ut pedamenta in vineas
non desint. Quid ergò , si prædiorum meliorem
causam hæc faciant? Non est dubitandum, quin
servitutis sit. Et hoc (et) Mæcianus probat : in
tantùm , ut et talem servitutem constitui posse
putet, *ut tugurium mihi habere liceret in tuo* :
scilicèt, si habeam pascui servitutem, aut pecoris
appellendi ; ut, si hiems ingruerit, habeam, quo
me recipiam.

7. IDEM, *lib*. 21. *ad edictum.*

Quid intersit inter iter , actum , viam.

Qui sella aut lectica vehitur, *ire*, non *agere*,
dicitur. Jumentum vero ducere non (1) potest,
qui iter tantùm habet. Qui actum habet; et plaus-
trum ducere, et jumenta (2) agere potest. Sed
trahendi lapidem, aut tignum, neutri eorum jus
est. Quidam, nec hastam rectam ei ferre licere ;
quia nequè eundi, nequè agendi gratiâ id faceret,
et possent fructus eo modo lædi. Qui viam habent,
eundi agendiquè jus habent : pleriquè, et trahendi
quoquè, et rectam hastam referendi, si modò
fructus non lædat.

---

(1) L. 1. in pr. vers. iter. supr. eod.
(2) D. l. 1. in pr. vers. actus.

ou des tuiles pour rétablir sa métairie ; mais si l'on exploitait une poterie pour vendre les vases qui y seraient fabriqués, ce droit pourrait alors être assimillé à un usufruit.

Du four à chaux, du droit de tirer de la pierre, de fouiller du sable, de couper du bois, d'avoir une cabane.

§. 1. Mais le droit d'établir un four à chaux, de tirer de la pierre, d'extraire du sable pour bâtir sur son fonds, ne ressemble nullement à l'usufruit. Il en est de même du droit de couper dans le bois de son voisin de quoi faire des échalats pour sa vigne. Qu'en serait-il si tous ces droits donnaient plus de valeur à la chose. Il n'y a nul doute que ce ne soit de véritables servitudes, et c'est ce qui porte Mœcianus à dire que je puis gréver votre fonds d'une servitude qui consisterait à *y bâtir une cabanne*, afin que si j'ai le droit d'y faire paître mon troupeau, ou de l'y abreuver, j'aie de quoi me mettre à l'abri dans le mauvais tems.

7. LE MEME, *liv.* 21. *sur l'édit..*

Quelle est la différence qu'il y a entre un droit de chemin, de passage, et de voie.

Celui qui se fait porter en litière, ou sur un siége, est censé se servir dans ce cas du *sentier* et non du *chemin*. Mais celui qui n'a qu'un droit de sentier, ne peut (1) faire marcher devant lui une bête de somme. Celui qui a droit de chemin peut conduire un chariot et une bête de somme (2). Mais ni l'un, ni l'autre n'ont le droit d'y voiturer des pierres, ou des bois de charpente. Quelques-uns disent même que l'on ne pourrait pas y porter une perche que l'on tiendrait élevée, parce que l'on n'en a pas besoin pour marcher, ni pour conduire une bête de somme, et que l'on pourrait avec cette perche nuire aux fruits. Ceux qui ont un droit de voie ont également celui d'aller, et de conduire devant eux une bête de somme. Il y a même des jurisconsultes qui pensent que l'on peut, pourvu qu'on ne court pas le risque d'endommager les fruits, charier de la pierre, et tenir à la main une perche élevée.

Si medium prædium sit liberum.

§. 1. In rusticis autem prædiis impedit servitutem medium (1) prædium, quod non servit.

8. GAJUS, *lib. 7. ad edictum provinciale.*

De viæ latitudine.

Viæ latitudo (2) ex lege duodecim tabularum in porrectum octo (3) pedes habet : in anfractum, id est, ubi flexum est, sedecim.

9. PAULUS, *lib. 1. sententiarum.*

De aquæductû, vel haustû.

Servitus aquæ ducendæ, vel hauriendæ, nisi ex capite, vel ex fonte constitui non potest : hodiè tamèn ex quocunquè loco constitui solet.

10. IDEM, *lib. 49. ad edictum.*

De aquâ quærendâ, et ducendâ.

Labeo ait, talem servitutem constitui posse, *ut aquam quærere* (4), *et inventam ducere liceat;* nàm si liceat, nondùm (5) ædificato (ædificio), servitutem constituere, quare non æquè liceat, nondùm inventâ aquâ eandem constituere? Et si, ut quærere liceat, cedere possumus : etiam ut inventa ducatur, cedi potest.

---

(1) L. 58. l. 59. supr. tit. prox. l. 14. in fin. supr. de servit.
(2) L. 13. §. 2. infr. h. t. l. 6. circa fin. infr. quemadm. servit. amitt.

Si le fonds intermédiaire est libre.

§. 1. A l'égard des servitudes rustiques, le fonds intermédiaire (1), s'il est franc et libre, empêche que les fonds voisins ne puissent être grévés de servitude.

8. Gajus, *liv.* 7. *sur l'édit provincial.*

De la largeur que doit avoir une voie.

La largeur de la *voie* (2), d'après la loi des xii tables, doit avoir 8 pieds de large sur 5 en ligne directe, et 16 pieds dans les détours, c'est-à-dire dans les endroits où le chemin décrit une ligne courbe.

9. Paul, *liv.* 1. *des sentences.*

De l'aquéduc, et du droit de puiser de l'eau.

La servitude qui consiste dans le droit de puiser de l'eau, ou d'en faire venir, ne peut exister qu'autant que cette eau sera prise à sa source, ou à une fontaine. Cependant aujourd'hui on peut l'établir, n'importe de quel endroit viendra l'eau.

10. Le meme, *liv.* 49. *sur l'édit.*

D'une source que l'on permet de chercher, et du droit de conduire l'eau de cette source.

Labéon dit que l'on peut imposer une servitude par laquelle il est permis de *chercher une source* (4), *et après l'avoir trouvée*, *d'en faire passer l'eau à travers son fonds*, car puisqu'il est permis d'imposer une servitude sur un bâtiment qui n'est pas encore construit (5), pourquoi ne serait-il pas également libre d'établir la même servitude *de puiser, ou conduire l'eau* dont la source est encore à trouver, et si nous pouvons accorder le droit de la chercher, nous pouvons également consentir à ce qu'elle soit conduite dans le fonds de la personne qui l'a cherchée ?

---

(3) L. 23. in pr. infr. h. t.
(4) L. ult. infr. si servit. vind.
(5) L. 23. in fin. supr. de servit. præd. urban.

11. Celsus , *lib.* 27, *Digestorum.*

De servitute imponendâ fundo communi.

Per fundum, qui plurium est, jus mihi esse
eundi, agendi potest separatim cedi. Ergo sub-
tili ratione non alitèr meum fiet jus, quàm si
omnes cedant : et novissima (1) demum cessione
superioresomnesconfirmabuntur. Benigniùstamèn
dicetur, et antequam novissimus cesserit, eos,
qui anteà cesserunt, vetare uti cesso jure non
posse.

12. Modestinus, *liv.* 9. *differentiarum.*

Quid intersit actus et iter.

Inter actum et iter, nonnulla est differentia (2).
Iter est enim, quâ quis pedes, vel eques com-
meare potest : *Actus* verò, ubi et armenta tra-
jicere, et vehiculum ducere liceat.

13 Javolenus , *lib.* 10. *ex Cassio.*

De vineis.

Certo generi agrorum adquiri servitus potest,
velut vineis : quod ea ad solum magis, quàm ad
superficiem, pertinet. Ideò sublatis vineis, servitus manebit : sed, si in contrahendâ servitute
aliud actum erit, doli mali exceptio erit necessaria.

Si totus ager serviat. De servitute determinandâ.

§. 1. Si totus ager itineri, aut actui servit :

----

(1) L. ult. in pr. infr. commun. præd.
(2) Adde l. 1. in pr. l. 7. in pr. supr. h. t.

11· CELSE , *lib.* 27. *du Digeste.*

D'une servitude à imposer sur un fonds commun.

Le droit de sentier et de passage peut m'être accordé séparément par chacun des propriétaires d'un fonds possédé en commun. Donc, à strictement parler, ce droit ne me sera complettement acquis que lorsque tous deux y auront consenti, et le consentement du dernier (1) confirmera celui de tous les autres. Cependant, il sera moins rigoureux de dire que même avant que le dernier ait donné son contentement, ceux qui déjà auront consenti, ne pourront s'opposer à la jouissance du droit concédé.

12. MODESTINUS , *lib.* 9. *des différences.*

Quelle est la différence qu'il y a entre le passage et le droit de sentier, ou de chemin.

Il y a quelque différence entre le droit de sentier et celui de passage (2), car *le sent er* est un chemin par où l'on peut passer soit à pied, soit à cheval. *Le passage* est un chemin par lequel on peut passer avec des bestiaux et avec des charettes ou chariots.

13. JAVOLENUS , *liv.* 10. *sur Cassius.*

Des vignes.

On peut acquérir une servitude au profit d'une certaine espèce de terre, par exemple *des vignes*, parce que cette servitude concerne plutôt le sol que la superficie. C'est pourquoi la servitude n'en subsistera pas moins, quoique les vignes soient arrachées. Mais si lors de l'établissement de la servitude, on a eu une autre intention, ce sera le cas de recourir à l'exception tirée de la mauvaise foi.

Si la totalité du champ est grévée d'une servitude. De la servitude qui est à régler.

§. 1. Si la totalité d'un champ doit la servitude du sentier, ou du passage, le maître ne pourra rien faire dans

Tom. 5. 18

dominus in eo agro nihil facere potest, quo servitus impediatur, quæ ità diffusa est, ut omnes
glebæ serviant (1). At si iter actusve sinè, ullà
determinatione legatus (est) : modò determina-
bitur. Et, quâ (2) primùm iter determinatum est,
ea servitus constitit : cæteræ partes agri liberæ
sunt. Igitur arbiter (3) dandus (est), qui utroquè
casû viam determinare debet.

De latitudine actûs, itineris, viæ.

§. 2. Latitudo actûs itinerisque ea est ; quæ
demonstrata est : quòd si nihil dictum est, hoc ab
arbitro statuendum est. In viâ aliud juris est :
nàm, si dicta latitudo non est, legitima (4) debetur.

De servitute determinandâ.

§. 3. Si locus, non adjectâ latitudine, nomi-
natus est, per eum quâlibèt (5) iri poterit. Sin
autem prætermissus est : æquè, latitudine non
adjectâ, per totum fundum una poterit eligi via,
duntaxàt ejus latitudinis, quæ lege comprehensa
est : pro quo ipso, si dubitabitur, arbitri officium
invocandum est.

14. Pomponius, *lib.* 32. *ad Quintum Mucium.*

Per quem locum *viam* alii cessero, per eundem
alii aquæductum cedere non potero : sed, et si
aquæductum alii concessero, alii iter per eundem
locum vendere, vel aliàs cedere non potero.

---

(1) L. 21. infr. h. t. adde l. 23. §. ult. infr. eod.
(2) L. 9. supr. de servit.
(3) §. ult. infr. hic.

ce champ qui puisse empêcher de se servir de la servitude, qui porte sur la plus petite portion du champ (1). Mais si le droit de sentier ou de passage a été légué d'une manière indéterminée, la servitude sera fixée (2) et assignée sur la portion sur laquelle elle aura été établie dans le principe, et les autres parties seront libres. Il faudra donc alors recourir à un arbitre (3) qui dans l'un et l'autre cas déterminera le lieu qui sera affecté à la servitude.

De la largeur du chemin, du passage, de la voie.

§. 2. La largeur du sentier, ou du passage est celle dont on est convenu, mais s'il n'a rien été exprimé à ce sujet, ce sera à un arbitre à prononcer sur cette largueur. Il y a une autre règle à l'égard de la voie, car si sa largeur n'a pas été exprimée, elle devra avoir celle fixée et déterminée par la loi (4).

De la servitude qui est à régler.

§. 3. Si l'on a désigné le lieu sur lequel on établissait la servitude appellée *via*, sans parler de sa largeur, on pourra jouir de la servitude sur toutes les parties de l'endroit désigné (5). Si au contraire l'un et l'autre ont été omis, on pourra choisir sur le fonds une voie quelconque dont la largeur sera celle fixée par la loi; s'il s'élève quelque doute à cette occasion, il faudra recourir à un arbitre.

14. Pomponius, *liv.* 32. *sur Quintus Mucius.*

Je ne pourrai pas accorder à quelqu'un le droit d'aquéduc sur un terrein dont j'aurais déjà concédé le droit de voie à un autre. De même si j'ai accordé à quelqu'un le droit d'aquéduc, je ne pourrai ni vendre, ni concéder à un autre le droit de chemin par le même endroit.

---

(4) V. l. 8. supr. h. t.
(5) L. 9. in pr. supr. de servit.

15. IDEM, *lib.* 31, *ad Quintum Mucium.*

De aquæductû.

Quintus Mucius scribit, cùm iter aquæ vel quotidianæ, vel æstivæ, vel quæ intervalla longiora habeat, per alienum fundum erit, (licere) fistulam suam vel fictilem, vel cujuslibèt generis, in rivo ponere, quæ aquam latiùs exprimeret : et, quòd vellet, in rivo facere licere, dùm ne (1) domino prædii aquagium deterius faceret.

16. CALLISTRATUS, *lib.* 3. *de cognitionibus.*

De aucupio.

Divus Pius aucupibus ità rescripsit : id est, *non est consentaneum , ut per aliena prædia* (2), *invitis dominis, aucupium* (3) *faciatis.*

17. PAPYRIUS JUSTUS, *lib.* 1. *de constitutionibus.*

De aquâ ex flumine publico ducendâ.

Imperatores Antoninus et Verus Augusti, rescripserunt , *aquam de flumine publico pro modo possessionum , ad irrigandos agros dividi oportere : nisi proprio quis jure plus sibi datum ostenderit.* Item rescripserunt, *aquam ità demùm permitti duci , si sinè injuriâ alterius* (4) *id fiat.*

---

(1) L. 3. §. pen. infr. de aquâ quotid.
(2) V. l. 3. §. 1. infr. de adquir. rer. domin. l. ult. §. 3. infr. quod vi aut clàm. §. 12. Inst. de rer. divis. l. 13. in fin. infr. de injur.

15. LE MÊME, *liv.* 31. *sur Quintus Mucius.*

D'un aquéduc.

Quintus Mucius écrit que si on a sur le fond d'autrui un sentier par lequel on puisse faire couler de l'eau en tout tems, ou simplement dans l'été, ou dans des intervalles de tems beaucoup plus éloignés, on a la liberté de mettre des conduits de terre, ou de toute autre matière, dans le ruisseau, pour recevoir une plus grande quantité d'eau, de même que de faire tout ce qui sera nécessaire, pourvu cependant que ces travaux ne nuisent en rien à l'aquéduc du propriétaire (1).

16. CALLISTRATE, *liv.* 3. *des jurisdictions.*

De la chasse aux oiseaux.

L'empereur Antonin a dit, dans un rescrit adressé aux oiseleurs : *il n'est pas dans l'ordre que vous fassiez la chasse aux oiseaux* (2) *sur les terres d'autrui* (3), *malgré les propriétaires.*

17. PAPYRIUS JUSTUS, *liv.* 1. *des constitutions.*

De l'eau que l'on fait venir d'une source publique.

Les empereurs Antonin et Vérus ont déclaré dans un rescrit, *qu'il fallait partager l'eau d'une source publique entre tous les propriétaires de terres voisines, à l'effet de les arroser, à moins que quelqu'un ne prétendit avoir le droit de s'en approprier une plus grande quantité.* Ils ont encore dit que l'on pouvait même permettre à quelqu'un de conduire de l'eau de cette source publique sur son fonds, si cela pouvait se faire sans préjudicier à qui que ce soit (4).

---

(3) Adde l. 11. C. de servit.
(4) L. . 2. 1. de aquâ quotid.

18. Ulpianus, *lib.* 14. *ad Sabinum.*

De viâ per plures fundos impositâ.

Una est via, etsi per plures fundos imponatur : cùm una servitus sit. Deniquè quæritur, an, si per unum fundum iero, per alium non, per tantum tempus, quantò servitus amittitur : an retineam servitutem ? et magis est, ut aut tota amittatur, aut tota retineatur. Ideòquè si nullo usus sum, tota amittitur : si vel uno (1), tota servatur.

19. Paulus, *lib.* 6. *ab Sabinum.*

De fundo communi.

Si unus ex sociis stipuletur iter ad communem fundum, inutilis est stipulatio (2), quia nec dari ei potest. Sed si omnes stipulentur, sivè communis servus, singuli ex sociis, *sibi dari oportere*, petere possunt ; quia ità dari eis potest à te. (Ne), si stipulator viæ plures (3) heredes reliquerit, inutilis stipulatio fiat.

20. Pomponius, *lib.* 33. *ad Sabinum.*

Si ex duabus servitutibus altera remittatur.

Si mihi eodem tempore concesseris (4) et ire agere per tuum locum, et uti frui eo jus esse ; deindè ego tibi concessero, jus mihi uti frui non esse : non alitèr eo loco uteris frueris, quàm ut ire agere mihi rectè liceat. Itèm si et ducere per

---

(1) V. l. 2. l. 6. l. 8. in fin. l. 9. infr. quemadm. servit. amitt.
(2) V. l. 5. l. 6. in pr. et §. 3. infr. tit. prox.

18. ULPIEN , *liv.* 14. *sur Sabinus.*

Du chemin qui traverse plusieurs fonds.

Quoiqu'un droit de voie soit établi sur plusieurs fonds, il n'y a cependant qu'une seule et même voie, parce qu'il n'y a qu'une servitude. Enfin l'on demande si allant sur un fonds qui me doit un droit de chemin , sans aller sur l'autre pendant le tems requis pour en prescrire la liberté , je conserve mon droit de servitude, et il est plus à-propos de décider qu'elle est ou éteinte, ou conservée en totalité. C'est pourquoi si je n'ai fait usage de mon droit sur aucun fonds , la servitude est entièrement éteinte ; si je l'ai exercée sur un seul , elle est conservée (1).

19. PAUL, *liv.* 6. *sur Sabinus.*

D'un fonds commun.

Si l'un des associés stipule un droit de chemin pour aller à un fonds commun , la stipulation est nulle (2) parce que l'on ne peut pas l'accorder à lui seul; mais si tous stipulent , ou un esclave qui leur est commun , chacun des associés peut demander *que ce droit de chemin lui soit accordé particulièrement* , parce que, si la stipulation avait été faite par un seul des associés , et qu'il laissât en mourant plusieurs héritiers (3) , la stipulation serait nulle.

20. POMPONIUS , *liv.* 33. *sur Sabinus.*

Si de deux servitudes subsistantes , on fait remise de l'une.

Si vous m'avez accordé en même tems (4) et un droit de chemin par votre fonds, et le droit d'en jouir ; qu'ensuite moi je vous aie remis le droit de jouissance , vous ne pourrez faire usage de cette jouissance , qu'autant que vous me laisserez me servir du chemin et du passage. De même , si j'ai pu , en vertu du droit que j'avais , conduire de l'eau à

---

(3) V. 1. 2. §. 2. vers. ex quo. infr. de verb. oblig.
(4) Adde l. 21. supr. de servit. præd. urban.

tuum fundum aquam jure potuero, et in eo tibi
ædificare, invito me, jus non fuerit : si tibi concessero, jus esse ædificare, nihilominùs hanc servitutem mihi præstare debebis, ne alitèr ædifices,
quàm ut ductûs aquæ meus maneat : totiusque
(ejus) rei conditio talis esse debet, qualis esset,
si una duntaxàt initio concessio facta esset.

Si servitus fundum servitutem lædat.

§. 1. Servitus naturalitèr (1), non manûfacto,
lædere potest fundum servientem : quemadmodùm
si imbri crescat aqua in rivo, aut ex agris in eum
confluat, aut aquæ fons secundùm rivum, vel in
eo ipso inventus posteà fuerit.

De emptione fundi medii.

§. 2. Si fundo Seiano confinis fons fuerit, ex
quo (fonte) per fundum Seianum aquam jure
ducebam , meo facto fundo Seiano manet servitus.

De aquæ haustû.

§. 3. Hauriendi jus non (2) hominis, sed prædii
est.

21. PAULUS, *lib.* 15. *ad Sabinum.*

De aquæductû simplicitèr concesso.

Si mihi concesseris iter aquæ per fundum tuum,
non destinatâ parte, per quam ducerem : totus
fundus tuus serviet (3).

---

(1) Adde l. 1. §. 14. et 15. infr. de aquâ et aquæ pluv.
(2) Obst. l. 14. in fin. infr. de aliment.

travers votre fonds, et que vous, vous n'ayez pas le droit de bâtir sur icelui malgré moi, si je consens à ce que vous y bâtissiez, vous n'en serez pas moins tenu de me laisser exercer mon droit de servitude ; et vous ne pourrez bâtir qu'autant que votre construction ne nuira pas à mon cours d'eau. L'état des choses doit être tel qu'il serait, s'il n'y avait eu dans le principe, qu'une seule servitude d'établie.

Si la servitude nuit au fonds servant.

§. 1. La servitude doit gêner naturellement le fonds servant (1), et non pas par suite d'un ouvrage fait de mains d'homme ; comme si l'eau de pluie augmente le ruisseau, ou renverse le fonds pour s'y jetter, ou qu'il se trouve une source près du ruisseau, ou dans le ruisseau même.

De l'acquisition du fonds intermédiaire.

§. 2. Si la source de laquelle je tirais l'eau que je faisais passer sur le fonds de Séjus, était voisine de ce fonds, et que je vienne à acquérir par la suite ce fonds, la servitude n'en subsistera pas moins.

Du droit de prise d'eau.

§. 3. Le droit de puiser de l'eau n'est pas personnel (2), mais il est réel.

21. Paul, *liv* 15. *sur Sabinus.*

Du droit d'aquéduc accordé purement et simplement.

Si vous m'avez accordé le droit de conduire l'eau à travers votre fonds, sans spécifier l'endroit, tout le fonds sera sujet à cette servitude (3).

---

(3) V. l. 13. §. 1. supr. h. t. l. ult. infr. de aquâ quotid. adde l. 23. §. ult. infr. h. t.

22. POMPONIUS , *lib*. 33. *ad Sabinum.*

Sed quæ loca ejus fundi tunc, cùm ea fieret cessio, ædificiis, arboribus, vineis vacua fuerint : ea sola eo nomine servient.

23. PAULUS , *lib*. 15. *ad Sabinum.*

De latitudine viæ.

Via constitui vel latior octo (1) pedibus, vel augustior potest, ut tamen eam latitudinem habeat, quâ vehiculum ire potest : alioquin iter erit, non via (2).

De servitute navigandi.

§. 1. Si lacus perpetuus in fundo tuo est, navigandi quoquè servitus, ut perveniatur ad fundum vicinum, imponi potest.

De fundi publicatione.

§. 2. Si fundus serviens, vel is, cui servitus debetur, publicaretur, utroquè casû durant servitutes : quia cum suâ conditione quisque fundus publicaretur (3).

Servitutem omnibus fundi partibus deberi.

§. 3. Quæcunque servitus fundo debetur, omnibus ejus partibus (4) debetur: et ideò, quamvis particulatìm venierit, omnes partes servitus sequitur, (et) ità, ut singuli rectè agant, *jus sibi esse fundi.* Si tamen fundus, cui servitus debetur, certis

---

(1) V. l. 8. supr. eod.
(2) L. 13. supr. de servit.

22. Pomponius, *liv.* 33. *sur Sabinus.*

Les endroits seuls où à l'époque de la concession, il n'y avait ni bâtiment, ni arbres, ni vignes de plantées, seront ceux qui seront particulièrement affectés à la servitude.

23. Paul, *liv.* 15. *sur Sabinus.*

De la largeur de la voie.

Une servitude *de voie* peut avoir plus ou moins de huit pieds (1) de largeur ; mais il faut cependant qu'elle soit assez large pour qu'une voiture puisse y passer : autrement ce ne serait pas une voie, mais un simple sentier (2).

Du droit de naviguer.

§. 1. Si votre fonds est un lac d'eau vive, on peut établir une servitude sur vous, à l'effet de naviguer dessus pour arriver sur le fonds voisin.

De la confiscation du fonds.

§. 2. Si le fonds servant, ou celui à qui la servitude est due, est confisqué, la confiscation n'éteint pas la servitude, parce qu'il est confisqué dans l'état où il est (3).

La servitude est due à toutes les parties du fonds.

§. 3. Une servitude quelconque due à un fonds, en affecte toutes les parties (4) ; c'est pourquoi encore qu'il soit vendu partiellement, la servitude suit toutes les parties ; ainsi chaque acquéreur peut dire que la servitude lui est due. Si cependant le fonds à qui la servitude est due, est partagé entre plusieurs maîtres par cantons séparés, quoique

---

(3) V. l. 12. infr. commun. præd. l. 20. §. 1. infr. de adquir. rer. domin. l. 5. C. de servit. l. 20. §. infr. si servit. vind.

(4) V. l. 13. §. 1. supr. h. t. l. 1. §. 16. infr. de aquâ quotid.

regionibus inter plures dominos divisus est, quamvis omnibus partibus servitus debeatur : tamen
opus est, ut hi, qui non proximas partes servienti
fundo habebunt, transitum per reliquas partes
fundi divisi, jure habeant : aut si proximi patiantur, transeant.

24. POMPONIUS, *lib.* 33. *ad Sabinum.*

De aquæductû.

Ex meo aquæductû, Labeo scribit, cuilibèt
posse me vicino commodare : Proculus (contrà)
ut ne in meam partem fundi aliam, quam ad
quam servitus adquisita sit, uti eâ possit. Proculi
sententia verior est.

25. IDEM, *lib.* 34 *ad Sabinum.*

De aquæ divisione.

Si partem fundi meam certam tibi vendidero,
aquæductûs jus (1) etiamsì alterius partis causâ
plerumquè ducatur, te quoquè sequetur. Nequè
ibi aut bonitatis agri, aut usus ejus aquæ ratio
habenda est, ità, ut eam solam partem fundi,
quæ pretiosissima sit, aut maximè usum ejus
aquæ desideret, jus ejus ducendæ sequatur : sed
pro modo agri detenti, aut alienatì, fiat ejus aquœ
divisio.

26. PAULUS, *lib.* 47. *ad edictum.*

De servitute simplicitèr legatâ.

Si via, iter, actus, aquæductus legetur simplicitèr per fundum, facultas (2) est heredi, per

---

(1) L. 25. §. ult. supr. h. t.

la servitude soit due à toutes les parties ; il faut cependant que ceux qui n'auront pas les portions voisines du fonds servant, aient le droit de passer par toutes les parties du fonds partagé, et que les co-propriétaires voisins le souffrent par tolérance.

24. POMPONIUS, *liv*. 33. *sur Sabinus.*

De l'aquéduc.

Labéon écrit que je puis tirer de l'eau de mon aquéduc pour en donner à qui bon me semblera, de mes voisins. Proculus pense au contraire que l'on ne peut se servir de l'eau d'une autre partie de mon fonds, que de celle à qui la servitude est acquise. Le sentiment de Proculus est plus juste.

25. LE MEME, *liv*. 34. *sur Sabinus.*

De la division de l'eau.

Si je vous ai vendu une certaine portion de mon fonds, vous jouirez aussi du droit d'aquéduc (1), quoiqu'il servit à une portion autre que celle que j'ai vendue, et on ne prendra pas la bonté du terrein, ni l'usage que je faisais de l'eau, tellement en considération, que le droit de conduire de l'eau soit censé affecté à la meilleure partie du fonds, ou à celle qui a le plus besoin d'eau ; mais l'eau sera partagée proportionnellement à ce qui aura été vendu et réservé.

26. PAUL, *liv*. 47. *sur l'édit.*

D'une servitude simplement léguée.

Si on lègue simplement le droit de voie, de sentier, de passage et d'aquéduc sur un fonds, l'héritier (2) est libre

______

(2) Obst. l. 9. supr. de servit. l. 21. supr. h. t. l. ult. infr. de aquâ quotid. §. 22. Inst. de legat.

quam (1) partem fundi velit constituere servitutem : si modò nulla captio legatario in servitute
fit.

27. Julianus, *lib.* 7 *digestorum.*

De emptione fundi servitutis.

Si communi fundo meo et tuo serviat fundus
Sempronianus, et eundem in commune redeme-
rimus, servitus extinguitur : quià par utriusquè
domini jus in utroquè fundo esse incipit. At si
proprio meo et proprio tuo idem serviat, manebit
servitus : quià proprio fundo per communem servitus deberi potest.

28. Idem, *lib.* 34. *Digestorum.*

De itinere ad prædium duorum legato.

Itinere ad prædium commune duorum legato,
nisi uterquè de loco itineris consentiat, servitus
nequè adquiritur, nequè deperit.

29. Paulus, *lib.* 2. *epitomarum Alfeni Diges-*
torum.

De aquá educendá.

Is , qui duo prædia confinia habuerat, superiorem fundum vendiderat : in lege ità dixerat,
*ut aquam, sulco aperto, emptori educere in
fundum inferiorem rectè liceat.* Si emptor ex
alio fundo aquam acciperet, et eam in inferiorem

---

d'établir la servitude (1) sur telle partie du fonds qu'il voudra, pourvu toutefois qu'il ne trompe pas le légataire sous le rapport de la servitude.

27. JULIEN, *liv. 7. du Digeste.*

De l'achat du fonds servant.

Si le fonds de Sempronius doit une servitude à un fonds qui nous est commun à vous et à moi, et que nous l'ayons acheté en commun, la servitude est éteinte, parce que nos droits sur l'un et l'autre fonds sont les mêmes. Mais si ce fonds devait une servitude à un fonds qui m'appartiendrait à moi seul, et à un autre qui serait également à vous seul, la servitude subsisterait, parce qu'une servitude peut être due par un fonds commun à un autre fonds qui appartient en propre à l'un des co-propriétaires du fonds commun.

28. LE MEME, *liv. 34. du Digeste.*

Du legs d'un chemin qui conduit à un fonds appartenant à deux personnes.

Si on lègue un sentier pour arriver à un fonds commun entre deux propriétaires, la servitude ne sera acquise, ni perdue qu'autant que tous deux conviendront du lieu où la servitude sera établie.

29. PAUL, *liv. 2. des abrégés du Digeste d'Alfenus.*

De l'eau que l'on fait couler par un endroit quelconque.

Un particulier qui avait deux fonds contigus avait vendu celui qui était le plus élevé, et il avait été convenu *que l'acheteur pourrait ouvrir un sillon dans le fonds qui avait été aliéné, afin de faire couler l'eau dans celui situé au-dessous*, on a demandé dans le cas où l'acheteur tirerait de l'eau d'un autre fonds, et qu'il voulut la faire couler sur le fonds inférieur, s'il en aurait oui ou non le droit ? *J'ai répondu* que le voisin du fonds inférieur ne devait re-

ducere vellet, *quæsitum* est, an possit id suo
jure facere, necnè ? *Respondi*, nihil ampliùs,
quàm quod ipsius (1) fundi siccandi causâ deri-
varet, vicinum inferiorem recipere debere.

3o. IDEM, *lib.* 4. *epitomarum Alfeni Diges-*
torum.

Si venditor fundi aquam et circà eam latè pedes decem
exceperit.

Qui duo prædia habebat, in unius venditione
aquam, quæ in fundo nascebatur, et *circà eam*
aquam latè decem pedes exceperat. Quæsitum
est, utrùm dominum loci ad eum pertineat :
an, ut per eum locum accedere possit? *Respondit*,
si ità recepisset, *circà eam aquam latè pedes*
decem, iter duntaxàt videri venditoris esse.

3i. JULIANUS, *lib.* 2. *ex Minicio.*

Utrùm locus medius confusionem servitutis impediat.

Tria (2) prædia continua trium dominorum
adjecta erant : imi prædii dominus, ex summo
fundo, imo fundo servitutem aquæ quæsierat,
et per medium fundum, domino concedente, in
suum agrum ducebat : posteà idem summum
fundum emit, deindè imum fundum, in quem
aquam induxerat, vendidit. *Quæsitum* est, nùm
imus fundus id jus aquæ amisisset : quià cùm
utraquè prædia ejusdem domini facta essent,
ipsa sibi servire non potuissent? Negavit, amisisse
servitutem : quià prædium, per quod aqua duce-
batur, alterius fuisset. Et quemadmodùm servitus

---

(1) L. 5. in fin. supr. eod.

cevoir l'eau du fonds supérieur (1), qu'autant qu'il le faudrait pour le dessécher.

30. LE MÊME , *liv.* 4. *des abrégés du Digeste d'Alfenus.*

Si le vendeur d'un fonds a réservé pour lui le droit de puiser de l'eau , et dix pieds autour de la source.

Le propriétaire de deux fonds , en en vendant un , s'est réservé *l'eau* qui y prend sa source *, et dix pieds autour.* On a demandé s'il était propriétaire de cet espace de dix pieds , ou s'il n'avait simplement que le droit de passage pour aller à la source? J'ai répondu que si le vendeur s'était exprimé ainsi, *dix pieds auprès de la source*, il était censé n'avoir qu'un droit de passage.

31. JULIEN , *liv.* 2. *sur Minicius.*

Si un lieu intermédiaire s'oppose à la confusion de la servitude.

Trois champs placés (2) les uns sous les autres appartenaient à trois propriétaires différens. Le maître du champ inférieur avait acquis du maître du champ supérieur une servitude d'eau , et la faisait arriver à son champ à travers le champ mitoyen , du consentement du propriétaire. Il acheta par la suite le champ supérieur, et vendit ensuite le champ inférieur sur lequel il faisait passer l'eau. On a demandé si le champ inférieur avait perdu le droit de tirer de l'eau du fonds supérieur, parce que les deux champs étant devenus la propriété du même maître, l'un ne pouvait plus être grévé d'aucune servitude envers l'autre. On a nié que la servitude fût éteinte, parce que le champ mitoyen par lequel l'eau passait, avait toujours appartenu à un autre; et comme on n'aurait pu imposer une servitude au champ

---

(2) V. l. 7. §. 1. infr. tit. prox.

Tom. 5.

19

servitus summo, ut imum fundum aqua veniret,
imponi alitèr non potuisset, quàm ut per medium
quoquè fundum duceretur : sic eadem servitus
ejusdem fundi amitti alitèr non posset, nisi eodem
tempore etiàm per medium fundum aqua duci
desiisset, aut omnium tria simul prædia unius
domini facta essent.

32. Africanus, *lib. 6. quæstionum.*

De parte fundi communis socio traditâ.

Fundus mihi tecum communis est; partem tuam
mihi tradidisti, et ad eundem, viam per viciuum
tuum proprium. Rectè eo modo servitutem cons-
titutam ait : nequè quod dici soleat (1), *per partes
nec adquiri, nec imponi servitutes posse*, isto
casû locum habere. Hic enìm non per partem
servitutem adquiri, utpotè cùm in id tempus
adquiratur, quo proprius meus fundus futurus sit.

33. Idem, *lib. 9. quæstionum.*

Si in divisione servitus imponatur.

Cùm essent mihi et tibi fundi duo communes,
Titianus et Seianus; et in divisione convenisset,
ut mihi Titianus, tibi Seianus cederet : invicèm
partes eorum tradidimus, et in tradendo dictum
est (2) *ut alteri per alterum aquam ducere liceret.* Rectè esse servitutem impositam, ait : maximè
si pacto stipulatio subdita sit.

---

supérieur par lequel l'eau qui s'y trouverait parviendrait
au champ inférieur, qu'autant qu'elle traverserait le champ
intermédiaire; de même, la servitude du même champ ne
pourrait être éteinte, qu'autant que l'eau eût cessé de passer
à travers le champ intermédiaire; ou que les trois champs
fussent devenus la propriété d'un seul et même maître.

32. AFRICANUS, *liv. 6. des questions.*

L'une portion d'un fonds commun cédée au co-propriétaire.

Nous avons un fonds en commun : vous m'avez vendu
votre portion, et de plus, vous m'avez cédé, pour y arriver, un droit de chemin par un fonds qui vous appartient.
Il a été répondu que la servitude était régulièrement établie, et que, dans ce cas, il n'y avait pas lieu à faire
l'application de ce que l'on dit ordinairement (1) au sujet
des servitudes, *qu'elles ne peuvent être ni acquises, ni
établies partiellement.* Car dans l'hypothèse présente, la
servitude n'est pas acquise partiellement, puisqu'elle ne
l'est que pour le tems où la propriété m'appartiendra en
entier.

33. LE MEME *liv. 9. des questions.*

*Si lors du partage d'une chose possédée en commun, on
impose une servitude.*

Vous et moi possédons en commun deux fonds, savoir :
le fonds appartenant à Titius, et celui appartenant à Séjus.
Il a été convenu entre nous, lors du partage, que j'aurais
le fonds de Titius, et vous celui de Séjus. Nous nous sommes
livrés mutuellement la portion que nous avions dans l'un
et l'autre fonds, et il a été dit, à l'époque de la tradition (2), que *chacun de nous pourrait tirer de l'eau du
fonds de l'autre.* Il a été répondu que cette servitude était
régulièrement établie; sur-tout si cette convention a été
la suite d'une stipulation.

---

(1) L. 6. §. 2. infr. commun. præd.

De haustû, et aquæductû.

§. 1. Per plurium prædia aquam ducis, quoquo
modo impositâ servitute, nisi pactum, vel stipulatio etiam de hoc subsecuta est, nequè eorum
cuivis, nequè alii vicino poteris haustûm ex rivo
cedere : pacto enìm, vel stipulatione intervenien-
tibus, et hoc concedi solet. Quamvis nullum prædium ipsum sibi servire, nequè servitutis (1)
fructus constitui potest.

34. Papianus, *lib.* 7. *quæstionum.*

An servitus pro parte imponatur, retineatur, remittatur.

Unus ex sociis fundi communis permittendo *jus
esse ire agere*, nihil agit (2). Et ideò, si duo
prædia, quæ mutuò serviebant, inter eosdem
fuerint communicata, quoniàm servitutes pro
parte retineri (3) placet, ab altero servitus alteri
remitti non potest : quamvis enìm unusquisquè
sociorum solus sit, cui servitus debetur, tamèn
quoniàm non personæ, sed prædia deberent, nequè adquiri libertas, nequè remitti servitus per
partem poterit.

Si fons exaruerit.

§. 1. Si fons exaruerit (4), ex quo ductum
aquæ habeo, isquè post constitutum tempus ad
suas venas redierit : an aquæductus amissus erit,
quæritur?

---

(1) L. 1. in pr. infr. de usû et usufr. legat.
(2) L. 2. supr. de servit.

Du droit de prise d'eau, et de l'aquéduc.

§. 1. Vous conduisez de l'eau sur votre fonds, en la faisant passer par ceux de plusieurs particuliers; de quelque manière que la servitude ait été imposée, vous ne pourrez permettre à qui que ce soit des propriétaires de ces fonds, ni à aucun voisin, de puiser de l'eau dans le ruisseau d'où vous la tirez, à moins qu'il n'ait été fait à cet égard, une convention, ou une stipulation expresse; car la concession de ce droit est la suite ordinaire d'une convention ou d'une stipulation, quoiqu'un fonds ne puisse pas se devoir de servitude à lui-même et que l'on ne puisse pas établir une servitude (1) de servitude.

34. Papinien, *liv.* 7. *des questions.*

Si la servitude est imposée, retenue, ou remise en partie.

La cession *d'un droit de sentier et de passage*, faite par l'un des copropriétaires d'un fonds est nulle (2). C'est pourquoi si deux fonds qui se devaient mutuellement une servitude, deviennent communs entre les deux propriétaires, par la raison qu'il a été décidé que les servitudes peuvent se retenir par parties, l'un ne pourra pas remettre la servitude à l'autre(3); car quoique chacun des propriétaires en particulier ait droit d'exiger la servitude, cependant parce qu'elle est due au fonds, et non à la personne, on ne pourra ni acquérir la liberté de la servitude, ni en faire la remise en partie.

Si la source est tarie.

§. 1. Si la source de laquelle j'ai droit de tirer de l'eau, vient se à tarir(4), et qu'après le tems fixé pour prescrire, cette source revienne en son premier état, on demande si ce droit d'aquéduc est éteint.

---

(3) L. 8. in fin. supr. de servit. l. 30. §. 1. supr. de servit. præd. urban. l. 140. §. 2. infr. de verbor. oblig.

(4) L. 35. infr. h. §.

35. PAULUS, *lib.* 15. *ad Plautium.*

Et Atilicinius ait, Cæsarem Statilio Tauro rescripsisse, in hæc verba: *Hi, qui ex fundo Satrino aquam ducere soliti sunt, adierunt me, proposueruntque, aquam, quâ per aliquot annos usi sunt, ex fonte, qui est in fundo Satrino, ducere non potuisse, quod fons exaruisset* (1): *et posteâ ex eo fonte aquam fluere cœpisse. Petieruntque* (2) *me, ut, quod jus non negligentiâ aut culpâ suâ amiserant, sed quiâ ducere non poterant, his restitueretur. Quorum mihi postulatio, cùm non iniqua visa sit, succurrendum his putavi. Itàque quod jus habuerunt (tunc,) cùm primùm ea aqua pervenire ad eos non potuit, id eis restituere placet.*

36. IDEM, *lib.* 2. *responsorum.*

De venditione fundi cui servitus debetur.

Cùm fundo, quem ex duobus retinuit venditor, aquæ ducendæ servitus imposita sit, empto prædio quæsita servitus distractum denuò prædium (2) sequitur. Nec ad rem pertinet, quod stipulatio, quâ pænam promitti placuit, ad personam emptoris, si ei fortè frui non licuisset, relata est.

37. IDEM, *lib.* 3. *responsorum.*

De usû aquæ personale.

Lucius Titius, G. Seio fratri S. P. de aquâ fluente in fontem, quem pater meus in Isthmo

---

(1) L. 54. in fin. supr. eod.

35. PAUL, *liv.* 15. *sur Plautius.*

Aticilinius dit à ce sujet que l'empereur a déclaré dans un rescrit adressé à Statilius Taurus ce qui suit : *Ceux qui avaient coutume de tirer de l'eau de la source située dans le fonds de Satrinus, sont venus me trouver, et m'ont exposé que pendant plusieurs années ils se sont servi de l'eau provenant de la source qui se trouvait sur le fonds de Satrinus, mais que cette source ayant tari, ils n'ont pu continuer de s'en servir* (1) *; mais que par la suite la source a commencé à jaillir de nouveau, et ils m'ont demandé à être restitués dans le droit de continuer à tirer de l'eau de cette source, n'ayant perdu ce droit ni par leur négligence, ni par leur faute, mais parce que la source étant venue à tarir, ils n'ont pu tirer de l'eau. Leur demande ne me paraissant pas injuste, j'ai pensé qu'il fallait venir à leur secours. C'est pourquoi il a été décidé, que l'on devait les réintégrer dans le droit dont ils jouissaient à l'époque où la source s'est tarie.*

36. LE MÊME, *liv.* 2. *des réponses.*

De la vente du fonds à qui la servitude est due.

Un particulier qui avait deux fonds contigus, en ayant vendu un, gréva celui qu'il retenait, de la servitude de fournir de l'eau au fonds qu'il vendait. Cette servitude acquise au fonds vendu suit ce même fonds (2). Et il n'importe nullement à la chose, que la stipulation par laquelle le vendeur s'est soumis à une peine, dans le cas où l'acquéreur ne jouirait pas par son fait du droit qui lui avait été accordé, fût relative à l'acquéreur.

37. LE MÊME, *liv.* 3. *des réponses.*

De l'usage personel de l'eau.

Lucius Titius, à Gajus Sejus, son frère, salut. *Je vous accorde gratuitement un doigt de l'eau qui coule dans le réservoir que mon père a fait dans l'Isthme, pour en*

---

(2) V. l. 23. §. 2. supr. eod.

instruxit, do concedoquè tibi gratuitò digitum, sivè ad domum, quam in Isthmo tenes, sivè quocumquè tandem volueris. Quæro, an hâc scriptura usus aquæ etiam ad heredes Gaii Seji pertitineat? Paulus respondit, usum aquæ personalem ad heredem Seji quasi usuarii transmitti non oportere (1).

38. Idem, *lib.* 1. *manualium.*

An flumine interveniente via constitui possit.

Flumine interveniente (2), via constitui potest : si aut vado transiri potest, aut pontem habeat. Diversum, si pontonibus trajiciatur. Hæc ità, si per unius prædia flumen currat : alioquìn si tua prædia mihi vicina sint, deindè flumen, deindè Titii prædia, deindè via publica, in quam iter mihi acquiri volo, dispiciamus, ne nihil vetet, à te mihi viam dari usquè ad flumen, deindè à Titio usquè ad viam publicam? Sed videamus, num et, si tu eorum prædiorum dominus sis, quæ trans flumen intrà viam publicam sint, idem juris sit : quia via (3) consummari solet, vel civitate tenûs, vel usquè ad viam publicam, vel usquè ad flumen, in quo pontonibus trajiciatur, vel usquè ad proprium aliud ejusdem domini prædium? Quod si est, non videtur interrumpi servitus, quamvis inter ejusdem domini prædia flumen publicum intercedat.

---

(1) L. 4. in fin. supr. eod.

faire usage, tant pour la maison que vous avez dans cet Isthme, que pour tout autre endroit que vous voudrez. Je demande si cette faculté de se servir de l'eau concédée par cette lettre, passe à l'héritier de Gajus Séjus? Paul a répondu que l'usage de l'eau étant personnel à Gajus Séjus, comme usager, n'était pas transmissible à son héritier (1).

38. Le MÊME, *liv.* 1. *des manuels.*

Si on peut établir un droit de chemin, quoiqu'il se rencontre une rivière sur l'endroit où l'on passe.

Il est permis d'établir au profit de quelqu'un un droit de chemin par un endroit où passe une rivière (2), si l'endroit est guéable, ou s'il y a un pont jeté sur la rivière. Il n'en est pas de même si on ne peut la traverser qu'en bateau. Il faut supposer que la rivière coule dans le fonds d'un seul particulier. Autrement, si vos terres sont entre les miennes et la rivière, au-delà de laquelle sont les terres de Titius, ensuite un chemin public, et que je veuille avoir un chemin pour y arriver, examinons si je puis en obtenir un de vous pour aller jusqu'à la rivière, ensuite un de Titius pour arriver au grand chemin; examinons en outre, si vous étant le maître des terres qui sont entre la rivière et le grand chemin, il en serait de même, parce qu'un passage se termine ordinairement (3) soit à une ville, soit à un chemin public, soit à une rivière qu'il faut passer en bateau, soit à une terre qui appartient à celui à qui on accorde ce passage. Les choses étant ainsi, une servitude n'est pas interrompue, quoiqu'il y ait une rivière entre les terres du même maître.

-----

(2) L. 17. §. 2. infr. de aquâ et aquæ pluv.
(3) L. ult. §. 1. infr. de locis et itinerib.

TITULUS QUARTUS.

Communia prædiorum, tàm urbanorum, quàm rusticorum.

1. ULPIANUS, *lib.* 2. *institutionum.*

Quæ sunt prædia urbana.

EDIFICIA urbana quidèm *prædia* appellamus : cæterùm, et si in villâ ædificia sunt, æquè servitutes urbanarum prædiorum constitui possunt.

Cur servitutes prædiorum appellantur, et quibus deberi possunt.

§. 1. Ideò (1) autem hæ *servitutes pœrdiorum* appellantur, quoniam siné prædiis constitui non possunt. Nemo enìm potest servitutem adquirere, vel urbani, vel rustici prædii, nisì qui habet prædium.

2. IDEM, *lib.* 17. *ad edictum.*

De aquâ per rotam tollendâ ex flumine, vel hauriendâ, et de servitute castello imponendâ.

De aquâ per rotam (2) tollendâ ex flumine, vel

______

(1) §. 3. Inst. de servit. præd.
(2) L. 40. in fin. infr. de contrah. empt.

TITRE QUATRE.

Des règles communes aux servitudes urbaines, et aux servitudes rurales ou rustiques.

1. ULPIEN, *au liv. 2. des institutes.*

Ce que l'on appelle héritage de ville.

Nous appellons *héritages urbains*, ou *de ville*, les maisons et autres bâtimens. Les servitudes appellées urbaines peuvent même être imposées sur les édifices qui sont à la campagne.

Pourquoi on les appelle servitudes de fonds, et à qui elles peuvent être dues.

§. 1. Elles sont appellées servitudes d'héritages, (1) parce qu'elles ne peuvent être établies que sur des fonds; car personne ne peut acquérir une servitude, soit rustique, soit urbaine, s'il n'est propriétaire d'un fonds.

2. LE MÊME, *au liv. 17. sur l'édit.*

De l'eau que l'on tire d'une source, à l'aide d'une roue, et de la servitude à établir sur un reservoir.

Plusieurs jurisconsultes ont hésité à regarder comme des servitudes, le droit de puiser de l'eau dans le ruisseau d'autrui, par le moyen d'une roue (2), ainsi que celui de prendre

haurienda, vel si quis servitutem castello impo-
suerit, quidam dubitaverunt, ne hæ servitutes
non essent. Sed rescripto imperatoris Antonini
ad Tullianum adjicitur, licèt servitus jure non
valuit, si tamèn hâc lege comparavit seu alio
quocunquè legitimo modo sibi hoc jus adquisivit,
tuendum esse eum, qui hoc jus possedit.

3. Gajus, *lib.* 7. *ad edictum provinciale.*

De prædio quod alienatur.

Duorum prædiorum dominus, si (1) alterum eâ
lege tibi dederit, *ut id prædium, quod datur*, ser-
viat ei, quod ipse retinet, vel contrà jure imposita servitus intelligitur.

4. Javolenus, *lib.* 10. *ex Cassio.*

De monumento.

Caveri *ut ad certam altitudinem monumentum
ædificetur*, non potest: quià id, quod humani juris
servitutem esse desiit, non recipit: sicùt nec illa quidèm servitus consistere potest, *ut certus numerus
hominum in uno loco humetur.*

5. Idem *lib.* 2. *epistolarum.*

Si quis sibi et alteri servitutem recceperit.

Proprium solum vendo, an servitutem talem
injungere possim, *ut mihi et vicino serviat*? Similitèr si commune solum vendo, *ut mihi et socio
serviat*, an consequi possim? *Respondi :* servitutem recipere, nisi sibi (2) nemo potest. Adjectio

(1) L. 6. in pr. infr. eod.
(2) L. 8. infr. eod.

de l'eau dans un réservoir. Mais il existe un rescrit de l'empereur Antonin, adressé à Tullianus, qui porte que, quoiqu'à strictement parler, cela ne soit pas une servitude, cependant si quelqu'un a acquis ces droits légitimement, ou de toute autre manière, il doit être maintenu dans leur exercice et leur jouissance.

3. GAJUS, *liv. 7. sur l'édit provincial.*

Du fonds aliéné.

La servitude que le propriétaire de deux fonds imposerait *sur celui qu'il vous transmettrait, au profit du fonds qu'il retiendrait, ou celle établie dans le sens opposé, serait régulièrement établie.*

4. JAVOLENUS, *liv. 10. sur Cassius.*

De monument.

Il n'est pas permis d'établir une servitude par laquelle on s'opposerait *à l'élévation d'un monument au-delà d'une certaine hauteur,* parce que ce qui n'est pas de droit humain, n'est pas susceptible d'être grévé d'une servitude ; de même que l'on ne peut établir une servitude qui limiterait *le nombre de personnes qui devraient être inhumées dans un certain endroit.*

5. LE MÊME, *liv. 2. des lettres.*

Si quelqu'un a stipulé une servitude pour lui et un autre.

Je vends un fonds qui m'appartient ; puis-je stipuler qu'il *sera grévé d'une servitude envers moi et mon voisin ?* Si je vends un fonds que je possède en commun, me sera-t-il également permis d'imposer sur ce fonds une servitude au profit de mon co-propriétaire, et au mien ? J'ai répondu que personne ne pouvait stipuler de servitude que pour soi (2). C'est pourquoi on doit regarder comme nulle la

itàque vicini pro supervacuo (1) habenda est : ità ut tota servitus ad eum qui receperit , pertineat. Solum autèm commune vendendo, *ut mihi, et socio serviat*, efficere non possum : quià per unum socium communi solo servitus adquiri non potest.

6. ULPIANUS , *lib* 28. *ad Sabinum.*

De prædio , quod totum , vel pro parte alienatur.

Si quis duas ædes habeat, et alteras tradat, potest legem traditioni dicere (2) : *ut vel istæ quæ non traduntur, servæ sint his, quæ traduntur.* Vel contrà : *ut traditæ retentis ædibus serviant* : parvîque refert, vicinæ sint ambæ ædes, an non. Idem erit et in prædiis rusticis; nàm et si quis duos fundos habeat, alium alii potest servum facere, tradendo. Duas autèm ædes simùl tradendo non potest efficere alteras alteris servas : quià nequè adquirere alienis (3) ædibus servitutem, nequè imponere potest.

§. 1. Si quis partem ædium tradat, vel partem fundi, non potest servitutem imponere : quià per (4) partes servitus imponi non potest, sed nec acquiri,

Planè, si divisit fundum regionibus, et sic partem tradidit pro diviso (5), potest alterutri servitutem imponere : quià non est pars fundi, sed fundus : quod et in ædibus potest dici, si dominus, pariete medio ædificato, unam domum in duas, diviserit (ut pleriquè faciunt) : nàm et hîc pro duabus domibus accipi debet.

---

(1) L. 64. in fin. infr. de contrah. empt.
(2) L. 3. supr. eod, l. 19, in pr. supr. de usufr. l. 53. in pr. supr. tit. prox.

mention (1) du voisin, en sorte que la servitude appartiendra en entier à celui qui l'a stipulée. La vente du fonds possédé en commun ne pourra non plus opérer une servitude au profit *du vendeur et du propriétaire*, parce qu'une servitude ne peut être acquise au profit d'un fonds commun, par l'un des co-propriétaires.

6. ULPIEN, *lib.* 8. *sur Sabinus.*

Du fonds qui est aliéné en tout, ou en partie.

Si celui qui a deux maisons, en vend une, il peut, en la vendant, stipuler (2) *que celle qu'il retient devra une servitude à celle qu'il vend*, ou le contraire, *que celle qu'il aliène, en sera grévée au profit de l'autre non aliénée*, et il importe peu que les deux maisons soient voisines ou non. Il en sera de même à l'égard des fonds de terre : car si quelqu'un a deux fonds de terre, il peut en en faisant la tradition gréver l'une d'une servitude au profit de l'autre. Mais il ne pourrait, en aliénant en même tems ses deux maisons, gréver l'une au profit de l'autre, parce qu'il ne peut acquérir une servitude au profit d'une maison (3) qui ne lui appartient plus, de même qu'en imposer sur elle.

§. 1. Celui qui ne vend qu'une partie de sa maison ou de son fonds de terre, ne peut la gréver d'une servitude, parce que l'on ne peut ni acquérir, ni imposer une servitude (4) partiellement. Mais s'il divise sa terre en plusieurs parties, et qu'il en vende une partie ainsi divisée (5), il peut imposer une servitude sur l'une ou l'autre, parce qu'alors ce n'est plus une portion de la terre, mais un fonds de terre qui forme un tout qu'il a vendu ; et c'est ce que l'on peut dire à l'égard d'une maison que le propriétaire, au moyen d'un mur de séparation qu'il a construit dans le milieu, a partagée en deux ; ce que font beaucoup de personnes. Car dans ce cas l'on doit voir deux maisons au lieu d'une.

---

(3) L. 8. infr. h. t.
(4) L. 8. in fin. supr. de servit.
(5) V. l. 25. in fin. infr. de verb. sign.

§. 2. Itèm si duo homines binas (1) ædes communes habeamus, simùl tradendo, idem efficere possumus, ac si ego solus proprias binas ædes haberem. Sed, et si separatim tradiderimus, idem fiet ; sìc tamèn ut novissima (2) traditio efficiat etiàm præcedentem traditionem efficacem.

De exceptione servitutis.

§. 3. Si tamèn alteræ unius propriæ sint ædes, alteræ communes : neutris servitutem vel adquirere, vel imponere me posse, Pomponius lib. VIII. ex Sabino scripsit. Si in venditione quis dixerit (3) *servas fore ædes, quas vendidit*, necesse non habet liberas tradere. Quarè vel suis ædibus eas servas facere potest, vel vicino concedere servitutem, scilicèt antè traditionem. Planè si *Titio servas fore* dixit, si quidèm Titio servitutem concesserit, absolutum est : si verò alii concesserit, ex empto tenebitur. A quo non abhorret, quod Marcellus lib. VI Digestorum scribit : si quis in tradendo dixerit *fundum Titio servire*, cùm ei non serviret, esset autèm obligatus venditor Titio ad servitutem præstandam, an agere possit ex vendito, ut emptor servitutem imponi patiatur prædio, quod mercatus est ? Magìsque putat, permittendum agere. Idemquè ait, et si possit venditor Titio servitutem vendere, æquè agere permittendum. Hæc ità demùm, si recipiendæ servitutis gratiâ id in traditione expressum est. Cœterùm, si quis (inquit) veritus, ne servitus Titio debeatur, ideò hoc excepit : non erit ex vendito actio, si nullam servitutem promisit.

---

(1) L. 33. in pr. supr. tit. prox.
(2) L. ult. in pr. infr. h. t.

§. 2. De même, si nous avons deux maisons en commun (1), nous pourrons, en nous livrant mutuellement la portion qui nous revient, imposer une servitude sur l'une au profit de l'autre, de même que si j'étais seul propriétaire des deux maisons; et si la tradition se fait séparément, il en sera de même, avec cette différence que la première tradition (2) n'aura d'effet que par la dernière.

De la réserve d'une servitude.

§. 3. Si cependant de deux maisons l'une était en entier à moi, et que l'autre fût commune, je ne pourrais ni établir, ni acquérir de servitude sur aucune; c'est ce que Pomponius écrit au liv. VIII sur Sabinus. Si quelqu'un stipule lors de la vente qu'il fait d'une maison (3) *qu'elle sera grévée d'une servitude*, il n'est pas tenu de la transmettre franche et libre. C'est pourquoi; il peut imposer une servitude sur cette maison au profit de la sienne, ou accorder la servitude à son voisin, pourvu toutes fois que cela soit avant la tradition. Assurément s'il a dit que la maison qu'il vendait, *devrait une servitude à Titius*, c'est une chose consommée. Si au contraire, il l'accorde à un autre, il pourra être actionné à cause de cette servitude par l'acheteur qui excipera de la vente qui lui a été faite. Ce qui n'est pas opposé à l'opinion de Marcellus, consignée au liv. VI du Digeste. Si quelqu'un a déclaré, dit-il, en vendant son fonds de terre, que ce fonds *doit une servitude à Titius*, quoiqu'il n'en dût pas, mais que le vendeur fût seulement obligé personnellement à céder cette servitude à Titius, peut-il en vertu de la vente actionner l'acquéreur pour l'obliger à souffrir que la servitude soit imposée sur le fonds qu'il a acheté? Et il est plus porté à croire qu'il en a le droit. Le même jurisconsulte dit qu'il pourrait même actionner l'acquéreur, à l'effet de souffrir l'imposition de la servitude, dans le cas même où il pourrait la vendre à Titius. Cependant tout cela n'a lieu que dans les cas, ou lors de la tradition du fonds, le vendeur a exprimé qu'il se réservait la servitude. Au surplus, si quelqu'un, dit-il, craignant de la devoir à Titius, l'a réservée par cette raison, il n'y aura pas lieu à l'action de la vente; car dans la réalité, il a promis une servitude qu'il ne devait pas.

---

(3) L. 35. supr. de servit. præd. urban.

7. PAULUS, *lib.* 5. *ad Sabinum.*

In tradendis unis ædibus ab eo, qui binas habet, species servitutis exprimenda est : ne, si generaliter *servire* dictum erit , aut nihil valeat, quià incertum sit , quæ servitus excepta sit, aut omnis servitus imponi debeat.

An locus medius impediat servitutem.

§. 1. Interpositis quoquè alienis ædibus imponi potest (1) : (veluti) ; *ut altiùs tollere, vel non tollere liceat :* vel etiàm, si iter debeatur, *ut ità* (2) *convalescat, si mediis ædibus servitus posteà imposita fuerit*, sicuti per plurium prædia servitus imponi etiàm diversis temporibus potest. Quamquàm dici potest, si tria prædia (3) continua habeam, et extremum tibi tradam, vel tuo, vel meis prædiis servitutem adquiri posse : si verò extremo, quod retineam, quià et medium meum sit, servitutem consistere : sed si rursùs, aut id, cui adquisita sit servitus, aut medium alienavero, interpellari eum, donèc medio prædio servitus imponatur.

8. POMPONIUS, *lib.* 8 *ad Sabinum.*

De duobus insulis eodem momento duobus traditis.

Si, cùm duas haberem insulas, duobus eodem momento tradidero, videndum est, an servitus

---

(1) Vide tamen l. 5. §. 1. l. 7. supr. de servit. præd. rustic.
(2) L. 4. in fin. l. 5. infr. si servit. vindic. l. 17. in fin. infr. de aquâ et aquæ pluv.

7. PAUL, *liv. 5. sur Sabinus.*

Le propriétaire de deux maisons, qui en en vendant une, veut imposer une servitude au profit de celle qu'il retient, doit désigner formellement l'espèce de servitude qu'il veut imposer ; de peur qu'en parlant généralement de *servitude*, il n'y eut pas de servitude, parce qu'il n'y aurait rien de déterminé, ou que l'on ne présumât que toutes sont dues.

Si un lieu qui se trouve dans le milieu de deux autres, empêche qu'une servitude soit établie.

Une maison peut être grévée d'une servitude au profit d'une autre, quoiqu'il y ait une maison intermédiaire (1). Telle serait la servitude par laquelle on pourrait *exhausser son bâtiment, ou ne pas souffrir que celui du voisin fût exhaussé.* On peut même la gréver d'un droit de passage, de *manière cependant* (2) *que cette servitude n'existera réellement que lorsqu'elle aura été imposée sur la maison intermédiaire*, de même que l'on peut imposer une servitude sur le fonds de plusieurs à des époques différentes. Néanmoins on pourrait dire que si j'ai trois maisons contigues (3), et que je vous vende la dernière, je pourrais imposer une servitude ou sur celle qui devient la vôtre par la vente que je vous en fais, ou sur les deux que je retiens. La servitude peut même être imposée au profit de la dernière que j'ai retenue, parce que celle du milieu m'appartient. Mais si je viens à aliéner par la suite celle au profit de qui la servitude a été acquise, ou celle du milieu, la servitude sera suspendue jusqu'à ce qu'elle soit imposée sur la maison du milieu.

8. POMPONIUS, *liv. 6. sur Sabinus.*

De deux maisons livrées à deux personnes dans le même moment.

Il faut examiner, si, ayant deux maisons que j'aliène en même tems, la servitude imposée sur l'une des deux peut subsister, parce qu'une servitude ne peut être ni acquise,

______

(3) V. l. 31. supr. tit. prox.

alterutris imposita valeat : quià alienis quidèm
ædibus, nec imponi, nec adquiri (1) servitus
potest : sed, antè traditionem peractam, suis magìs
adquirit, vel imponit is, qui tradit. Ideòque
valebit servitus.

9. IDEM, *lib.* 10. *ad Sabinum.*

De confusione et restitutione servitutis.

Si ei, cujus prædium mihi serviebat, heres
extiti, et eam hereditatem tibi vendidi, restitui
in pristinum statum servitus debet : quià id agitur,
ut quasì tu heres videaris extitisse.

10. ULPIANUS, *lib.* 10. *ad Sabinum.*

De exceptione servitutis.

Quidquid venditor, servitutis nomine, sibi recipere vult, nominatim recipi oportet. Nàm illa
generalis receptio, *quibus (est) servitus, utiquè
est,* ad extraneos pertinet, ipsi nihil prospicit
venditori ad jura ejus conservanda : nulla enìm
habuit : quià nemo (2) ipse sibi servitutem debet.
Quinimò, et si debita fuit servitus deindè dominium (3) rei servientis pervenit ad me, consequen-
tèr dicitur extingui servitutem.

11. POMPONIUS, *liv.* 33. *ad Sabinum.*

Quæ jura tacitè sequantur servitutem.

Refectionis gratiâ, accedendi ad ea loca, quæ
non serviant, facultas tributa est his, quibus

---

(1) L. 5. 1. 6. in pr. supr. h. t. l. 19. supr. tit. prox.
(2) L. 26. supr. de servit. præd. urban.

ni imposée sur, ou pour les maisons d'autrui (1). Mais comme avant la tradition celui qui vend est encore propriétaire de la maison pour laquelle il acquiert la servitude, ou sur laquelle elle est imposée, la servitude vaudra.

9. Le même , *liv.* 10. *sur Sabinus.*

De l'extinction d'une servitude , et de son rétablissement.

Si je deviens l'héritier du propriétaire du fonds qui me devait une servitude, et que je vous aie vendu cette succession , la servitude est rétablie d'elle-même dans son ancien état, par la raison que la vente que je vous ai faite, vous a assimilé à l'héritier.

10. Ulpien, *liv.* 10. *sur Sabinus.*

De la réserve d'une servitude.

Tout ce que le vendeur veut excepter, à titre de servitude, doit être expressément désigné et nominativement. Car cette exception générale : *les servitudes qui sont dues , resteront en leur état ,* regarde les étrangers, et ne peut nullement concerner le vendeur qui veut conserver ses droits, car il n'en a plus dès qu'il a vendu, parce que personne ne se doit à lui-même (2) de servitude. Bien plus, s'il vous est dû une servitude , et qu'ensuite vous deveniez propriétaire du fonds servant (3) l'extinction de la servitude est une suite de votre acquisition.

11. Pomponius, *lib.* 33. *sur Sabinus.*

Quels sont les droits inséparables de la servitude.

Il est permis à ceux à qui une servitude est due, de passer sur les terres qui ne sont pas sujettes à la servitude, pour aller réparer les choses qui la constituent. Mais ils ne

---

(3) L. 1. infr. quemadm. servit. amitt.

servitus debetur : quà tamèn accedere eis sit necesse; nisi in cessione servitutis nominatim præ-
finitum sit, quà accederetur. Et ideò nec secundùm rivum, nec suprà eum , si fortè sub terrâ
aqua ducatur, locum religiosum dominus soli
facere potest, ne servitus intereat : et id verum
est. Sed et depressurum vel allevaturum rivum (1).
per quem aquam jure duci potestatem habes :
nisi si, ne id faceres, cautum sit.

§. 1. Si propè tuum fundum jus est mihi
aquam rivo ducere, tacita hæc jura sequuntur,
ut (2) reficere mihi rivum liceat, ut adire, quâ
proximè possim ad reficiendum eum ego, fabriquè
mei ; itèm ut spatium relinquat mihi dominus
fundi, quò, dextrâ et sinistrâ ad rivum adeam,
et quò terram, limum, lapidem, arenam, calcem jacere possim.

12. PAULUS, *lib.* 15. *ad Sabinum.*

Servitutes sequi prædium. De prædiis urbanis , et rusticis.

Cùm fundus fundo servit, vendito quoquè fundo,
servitutes sequuntur (3). Ædificia quoquè fundis,
et fundi ædificiis eâdem conditione serviunt.

13. ULPIANUS, *lib.* 6. *opinionum.*

De piscatione thynnaria.

Venditor fundi Geroniani, fundo Botroiano,
quem retinebat, legem dederat, *ne contrà eum*
piscatio thynnarria exerceatur. Qamvis mari,

---

(1) Immó vide l. 3. §. pen. infr. de Itin. actuque privato.
(2) V. l. 4. in pr. infr. d. t.

le feront que sur les endroits où il y aura une nécessité absolue de passer, à moins que lorsque la servitude a été imposée, on ne fût convenu des endroits par où ils passeraient. C'est pourquoi le maître du fonds ne peut rendre religieux le lieu où l'eau coule, ni la terre qui est sur le conduit par où l'eau passe, si elle coule sous terre, de peur de nuire à la servitude, et cela est vrai ; vous pouvez même abaisser ou retirer le conduit par lequel passe l'eau à laquelle vous avez droit (1), à moins qu'il n'ait été expressément convenu que vous ne pourriez le faire.

§. 1. Si j'ai le droit de *conduire de l'eau* sur mon fonds, en la faisant passer sur le vôtre, j'ai tacitement les droits suivans, savoir : celui de réparer (2) le conduit par lequel l'eau arrive chez moi ; celui d'aller sur votre fonds, et de m'approcher du conduit, moi et mes ouvriers le plus près que je pourrai, pour le réparer ; celui d'obliger le maître du fonds à m'abandonner un certain espace de terrein, afin de pouvoir arriver au conduit, et de jeter, soit à gauche, soit à droite la terre, la vase, les pierres, le sable et la chaux nécessaires pour faire les réparations.

12. PAUL, *liv.* 15. *sur Sabinus.*

Les servitudes suivent le fonds. Des fonds ruraux, et urbains.

Les servitudes dont un fonds est grévé, suivent le fonds en quelque main qu'il passe (3). Les maisons doivent des servitudes aux fonds, et ceux-ci aux maisons, sous la même condition.

13. ULPIEN, *liv.* 6. *des opinions.*

De la pêche du thon.

Le propriétaire du fonds Geranien le vend sous la condition que *l'acquéreur ne pourra pas aller à la pêche du thon près du fonds Botronien* qu'il retient, quoique l'on

---

(3) V. l. 23. §. 2. supr. tit. prox.

quod naturâ omnibus (1) patet , servitus imponi privatâ (2) lege non potest, quià tamèn bona (3) fides contractûs legem servari venditionis (4) exposcit, personæ possidentium, aut in jus eorum succedentium, per stipulationis vel venditionis legem obligantur.

De lapide cædendo.

§. 1. Si constat, in tuo agro lapidicinas esse, invito te (5), nec privato, nec publico nomine quisquam lapidem cedere potest, cui id faciendi jus non est : nisi talis consuetudo in illis lapidicinis consistat, ut , si quis voluerit ex his cædere, non alitèr hoc faciat, nisi priùs solitum solatium pro hoc domino præstat : ità tamèn lapides cædere debet, postquàm satisfaciat, domino , ut nequè usus necessarii lapidis intercludatur, nequè commoditas rei , jure , domino adimatur.

14. JULIANUS, *lib.* 41. *Digestorum.*

De modo itineris.

Iter nihil prohibet, sic constitui, *ut quis interdiù duntaxàt eat* : quod ferè circà prædia urbana etiàm necessarium est.

15. PAULUS , *lib.* 1. *epitomarum Alfeni Digestorum.*

De eâdem servitute pluribus concessâ.

Qui per certum locum iter, aut actum alicui

---

(1) §. 1. Inst. de rer. divis.
(2) V. l. 14. infr. de injur.
(3) L. 4. C. de oblig. et act.

ne puisse pas imposer une servitude particulière (1) sur la
mer (2) de laquelle tout le monde peut faire usage. Cependant comme (3) la bonne foi exige que toutes les clauses
d'un contrat soient religieusement observées (4), les poses-
seurs de la terre et leurs héritiers seront obligés.

De l'exploitation d'une carrière.

§. 1. S'il est constant qu'il y a sur votre terre une carrière,
qui que ce soit n'a le droit d'en tirer des pierres malgré
vous (5), soit en son nom, soit au nom du public, à moins
que, suivant la coutume du lieu, il ne soit libre à qui le
voudra, de pouvoir exploiter ces carrières, en payant au
maître du sol une rétribution quelconque et d'usage. Ces
carrières, cependant, le droit une fois payé, doivent être
exploitées de telle manière que l'on puisse toujours distinguer et reconnaître les pierres qui servent de bornage, et
que ces carrières ne deviennent pas nulles pour le maître,
sous les rapports de la chose elle-même et de ses droits.

14. JULIEN, *liv.* 41. *du Digeste.*

De la manière dont on peut jouir d'un droit de chemin.

Rien n'empêche, en établissant un droit de chemin, que
l'on stipule *que l'on n'en pourra jouir que le jour,* ce qui
devient presque toujours nécessaire, quand il s'agit du passage près des maisons.

15. PAUL, *liv.* 1. *des abrégés du Digeste d'Alfenus.*

D'une même servitude accordée à plusieurs.

Il est certain que celui qui a accordé à quelqu'un un
droit de chemin pour son passage ou celui de ses bestiaux,

---

(4) L. 1. §. 1. infr. de act. empti.
(5) L. 2. in pr. supr. de his qui sui. l. ult. in fin. C. de pact.

cessisset, eum pluribus(1), per eundem locum,
vel iter, vel actum cedere posse, verum est.
Quemadmodùm si quis vicino suas ædes servas
fecisset, nihilominùs aliis, quot vellet, multis
eas ædes servas facere potest.

16. GAJUS, *lib.* 2. *rerum cottidianarum* (*sive
aureorum.*)

De testamento.

Potest etiàm in testamento (2) heredem suum
quis damnare, *ne altiùs ædes suas tollat, ne
luminibus ædium vicinarum officiat*, vel, *ut
patiatur eum lignum in parietem immittere,*
vel, *stillicidia adversùs eum habere*, vel, *ut
patiatur vicinum per fundum suum , vel heredis ire, agere, aquamve ex eo ducere.*

17. PAPINIANUS, *lib.* 7. *Quæstionum.*

De precario.

Si precariò vicinus in tuo maceriam duxerit,
interdicto, *quod precariò* (*habet*), agi non poterit : nec maceriâ positâ, donatio servitutis
perfecta intelligitur : nec utiliter intendetur, *jus
sibi esse, invito te ædificatum habere;* cùm ædificium soli conditionem secutum, inutilem faciat
intentionem. Cæterùm, si in suo maceriam precariò, qui servitutem tibi debuit, duxerit : nequè
libertas usucapietur, et interdicto, (*quod precariò* (*habet*), utilitèr cùm eo agetur. Quòd si

---

(1) L. 2. §. 1. supr. tit. prox.
(2) L. 3. in pr. l. 6. in pr. supr. de usufr. junct. l. 5. in pr. supr. de
servit. l, 31. supr. de servit. præd. urban. §. ult. Inst. de servit. præd.

par un endroit déterminé, peut accorder le même droit à plusieurs autres personnes; de même que si quelqu'un avait grévé d'une servitude sa maison au profit de son voisin, il n'en pourrait pas moins gréver cette même maison au profit de telles autres personnes qu'il voudrait.

16. GAJUS, *liv. 2. du journal, ou du liv. d'or.*

D'un testament.

Un testateur peut obliger son héritier (2) par son testament, *à ne pas exhausser la maison qu'il lui laisse, à ne pas intercepter le passage du jour des maisons voisines, ou à souffrir que l'on fasse porter une poutre sur le mur de la maison, à recevoir les gouttières sur son terrein, ou à souffrir que le voisin ait par son fonds, où celui de l'héritier, un droit de chemin, de passage, et enfin pour ses bestiaux un droit de prise d'eau.*

17. PAPINIEN, *liv. 7. des questions.*

De ce qui est accordé à titre de précaire.

Si votre voisin a construit sur votre fonds, à titre de précaire, un mur pour enclaver son jardin, il ne pourra pas se servir contre vous de l'interdit établi pour conserver *ce que l'on possède à titre de précaire,* et le mur qui sert de clôture à un jardin étant construit, on n'en peut conclure, qu'il y a concession pleine et entière d'une servitude ; et ce sera sans fondement qu'il *prétendra avoir droit de construire un mur sur votre fonds malgré vous,* puisque cette construction, suivant la condition du sol, rendrait son action inutile. Au surplus, si celui qui vous doit une servitude, a construit un mur de clôture à simple titre de précaire, sur le lieu sujet à la servitude, il ne pourra pas prescrire la liberté de la servitude contre vous, et vous vous servirez utilement contre lui de l'interdit *par lequel il sera prouvé qu'il ne jouit qu'à titre de précaire.* Mais si vous l'avez permis à titre de donation d'une servitude,

donationis causâ permiseris : et interdicto agere
non poteris, et servitus donatione tollitur.

18. PAULUS, *lib.* 1. *manualium.*

*De pluribus dominis servitutem imponentibus , vel
acquirentibus.*

Receptum est , ut plures domini , et non paritèr
cedentes, servitutes imponant, vel adquirant : ut
tamèn ex novissimo (1) actû etiàm superiores
confirmentur ; perindèque sit, atquè si eodem
tempore omnes cessissent. Et ideò , si is , qui
primus cessit , vel defunctus sit, (vel alio genere),
vel alio modo partem suam alienaverit , post
deindè socius cesserit , nihil agetur : cùm enim
postremus cedat, non retrò adquiri servitus videtur ; sed perindè habetur, atque si (post) , cùm
postremus cedat, omnes cessissent. Igitùr rursùs
hic actus pendebit, donèc novus socius cedat.
Idem juris est, et si uni ex dominis cedatur,
deindè (in personâ socii) aliquid horum acciderit.
Ergò et si ex diversô, si ei , qui (non) cessit,
aliquid (tale) eorum contigerit, ex integrô omnes
cedere debebunt ; tantùm enìm tempus eis remis-
sum est, quò dare, facere (possunt), vel diversis temporibus possint : et ideò non potest uni,
vel unus cedere. Idemque dicendum est, (et) si
alter cedat, alter leget servitutes. Nàm, si omnes
socii legent servitutes, et paritèr eorum adeatur
hereditas, potest dici, utile esse legatum : si
diversis temporibus, inutilitèr dies legati cedit.
Nec enim sicùt viventium, ità et defunctorum
actus suspendi, receptum est.

---

(1) L. 6. §. 2. supr. h. t. l. 11, supr. de servit. præd. rustic.

vous ne pourrez pas vous servir de l'interdit, et la donation éteindra la servitude.

18. PAUL, *liv. 1. des manuels.*

*De plusieurs propriétaires qui imposent, ou acquièrent
une servitude.*

Il est reçu que plusieurs propriétaires d'un même fonds,
qui vendent leur portion, quoiqu'à des époques différentes,
peuvent imposer ou acquérir des servitudes, de manière cependant que la dernière cession (1) confirmera les premières,
comme si toutes avaient eu lieu dans le même tems. C'est
pourquoi si celui qui a cédé le premier, est mort, ou s'il
a aliéné sa portion de quelque manière que ce soit, et
qu'ensuite son co-propriétaire ait consenti, il n'y aura rien de
fait. En effet, le consentement de ce dernier ne donne pas
à la servitude un effet rétroactif ; mais c'est alors la même
chose que si tous les co-propriétaires eussent consenti à la
servitude après lui. Cette cession restera donc en suspens
jusqu'à ce que le nouvel associé concède également la servitude. Il en est de même si la servitude est cédée à l'un
des propriétaires, et qu'ensuite il arrive quelque chose de
semblable à l'un des associés. Donc par la raison contraire,
si c'est celui qui n'a pas cédé, qui se trouve dans ce cas,
tous devront céder de nouveau, car il leur a été accordé
assez de tems pour qu'ils pussent agir de même en différens
tems. C'est pourquoi, ni l'un des co-propriétaires ne peut
accorder la servitude, ni elle ne peut être accordée à un
seul. Il faudra dire la même chose, si l'un accorde la servitude, et que l'autre la lègue. Car si tous les co-propriétaires lèguent la servitude, et que leur succession soit acceptée, on peut dire que le legs est valable; si les legs
ont lieu en différens tems, le legs n'est pas exigible ; car
il est reçu que les dispositions des morts ne peuvent rester
en suspens comme celles des vivans.

TITULUS QUINTUS.

Si servitus vindicetur, vel ad alium pertinere negetur.

1. Ulpianus, *lib.* 14. *ad Sabinum.*

Cui datur hœc actio de servitute. De sepulchro, et viâ ad sepulchrum.

Actiones de servitutibus rusticis, sive urbanis, eorum sunt, quorum praedia sunt. Sepulchra autèm nostri dominii non sunt. Atquin viam ad sepulchrum possumus vindicare.

2. Idem, *lib.* 17. *ad edictum.*

De actione confessoriâ et negatoriâ.

De servitutibus in rem (1) actiones competunt nobis (ad exemplum earum, quæ ad usumfructum pertinent) tàm confessoria, quàm negatoria: *confessoria* ei, qui servitutes sibi competere contendit: *negatoria* domino, qui negat.

Cui detur confessoria.

§. 1. Hæc autèm in rem actio *confessoria* nulli allii, quàm domino fundi, competit (2): servitu-

____

(1) §. 2. Inst. de action.

TITRE CINQ.

Si l'on revendique une servitude, ou si l'on nie qu'elle soit due.

1. ULPIEN, *liv.* 14. *sur l'édit*

A qui est accordée cette action relative à une servitude.
D'un sépulchre, et du chemin pour y arriver.

Les actions relatives aux servitudes tant rustiques qu'urbaines, appartiennent à ceux qui sont propriétaires des fonds. Les sépulchres ne sont cependant pas la propriété de personnes, et malgré tout, on peut revendiquer un droit de chemin pour y aller.

2 LE MÊME, *liv.* 17. *sur l'édit.*

De l'action confessoire et négatoire.

Nous avons à l'égard des servitudes réelles (1) deux actions, comme à l'égard de l'usufruit, savoir, l'action confessoire, et l'action négatoire. L'action confessoire est pour celui qui prétend que la servitude lui est due ; l'action négatoire est pour le maître qui nie que son fonds soit grévé d'aucune servitude.

A qui l'action confessoire est accordée.

§. 1. Cette action confessoire ne peut appartenir qu'au propriétaire d'un fonds (2) ; car il n'y a que celui-là seul

____

(2) Vide tamen l. 16. supr. de servit. l. un. §. 4. infr. de remissionib.

tutem enim nemo vindicare potest, quam is, qui dominium in fundo vicino habet, cui servitutem dicit deberi.

An fructuario detur confessoria,

§. 2. Rectè Neratius scribit, si medii loci ususfructus legetur, (1) iter quoquè sequi : per ea scilicèt loca fundi, per quæ (qui) usumfructum cessit, constitueret, quatenùs est ad fruendum necessarium. Nàmque sciendum est, iter, quod fruendi gratiâ fructuario præstatur, non esse servitutem; nequè enìm potest soli fructuario servitus deberi : sed si fundo debeatur, et ipse fructuarius eâ utetur.

Vel interdictum.

§. 3. Pomponiùs dicit, fructuarium interdicto(2) de itinere uti posse, si hoc anno usus est : alibì enìm de jure, id est, in confessoriâ actione; alibì de facto, ut in hoc interdicto, quæritur. Quod et Julianus lib. XLVIII Digestorum scribit. Pro sententiâ Juliani facit, quod Labeo scribit, etiàm si testator usus sit, qui legavit usumfructum, debere utile interdictum fructuario dari. quemadmodùm heredi vel emptori (3) competunt hæc interdicta.

3. IDEM, *lib.* 70. *ad edictum.*

Sed, et si partem fundi quis emerit, idem dicendum est (4).

<hr>

(1) L. 1. §. 1. 2. 3. supr. si ususfr. petatur.
(2) L. 3. §. 5. infr. de itinere actuque.
(3) L. 1. §. 37. infr. de aquâ quotid.

qui a dans le voisinage un fonds, au profit duquel il prétend qu'une servitude est due, qui puisse la revendiquer.

Si elle est accordée à l'usufruitier,

§. 2. Nératius écrit avec raison, que si on lègue l'usufruit d'un lieu situé au milieu d'un fonds de la succession, l'usufruitier doit avoir un chemin (1) par les autres parties du fonds pour pouvoir jouir de l'usufruit qui lui a été légué; car il faut savoir que le chemin qui est accordé pour faciliter la jouissance de l'usufruit, n'est pas une servitude; car une servitude réelle ne peut être due à l'usufruitier du sol; mais si elle est due au fonds lui-même, l'usufruitier en jouira.

Ou si on lui accorde un interdit.

§. 3. Pomponius dit que l'usufruitier peut recourir à l'interdit (2) pour être maintenu dans la possession du chemin qu'on lui conteste, s'il s'en est servi pendant l'année, car dans l'action confessoire par laquelle on revendique une servitude qui est due, c'est le droit du demandeur au fonds, que l'on examine; mais dans le cas dont nous parlons, c'est le fait de celui qui a joui pendant un an du droit de chemin dans lequel il demande à être maintenu, que l'on considère. Telle est aussi l'opinion de Julien au liv. XLVIII du Digeste. C'est cette opinion de Julien qui a porté Labéon à écrire que l'on devait accorder à l'usufruitier l'action résultante de l'interdit dont nous venons de parler, avant même qu'il en eut joui pendant un an, si le testateur lui-même en avait déjà joui, de même que cet interdit serait accordé à l'héritier (3), ou à l'acquéreur.

3. LE MÊME, *liv.* 70. *sur l'édit.*

Il faudra dire la même chose de celui qui a simplement acheté une partie du fonds (4).

---

(4) V. l. 76. in pr. supr. de rei vind. l. 51. in fin. infr. de admin. et peric. tut.

4. IDEM, *lib.* 17. *ad edictum.*

De jure ejus cui servitus debetur.

Loci corpus non est dominii ipsius, cui servitus debetur, sed jus eundi habet (1).

De eo qui habet iter sinè actû, vel contrà.

§. 1. Qui iter sinè actû, vel actum sinè itinere habet, actione de servitute utetur.

De fructibus.

§. 2. In confessoriâ actione, quæ de servitute movetur, fructus (2) etiam veniunt. Sed videamus, qui esse *fructus* servitutis possunt? Et est verius, id demùm fructûum nomine computandum, si quid (sit, quod) intersit agentis, servitute non prohiberi. Sed et in negatoriâ actione, (ut Labeo ait) fructus computantur, quanti interest petitoris, non uti fundi sui itinere adversarium. Et hanc sententiam et Pomponius probat.

Si plurium fundus dominetur,

§. 3. Si fundus, cui iter debetur, plurium sit, unicuiquè in solidum (3) competit actio (et itâ et Pomponius lib. XLI scribit) : sed in æstimationem id, quod interest, veniet; scilicèt quod ejus interest, qui experietur. Itàque de jure quidèm ipso singuli experientur, et victoria et aliis proderit (4), æstimatio autèm ad quod ejus in-

---

(1) V. l. 3o. supr. de servit. præd. rust.
(2) L. 6. §. 6. infr. h. t. l. 1. §. fin. supr. si ususfr. petatur.
(3) L. 6. §. 4. infr. h. t. l. 7. supr. de servit. l. 19. supr. de servit. præd. rustic. l. 1. §. 5. infr. de arborib. cædend.

4. LE MEME, *liv.* 17. *sur l'édit.*

Du droit de celui à qui la servitude est accordée.

Le lieu affecté à la servitude n'appartient pas à celui à qui elle est due, mais il a le droit de passer dessus (1).

De celui qui a un droit de chemin, sans droit de passage, ou un droit de passage sans droit de sentier.

§. 1. Celui qui a un droit de passage sur un fonds, ou un droit de passage pour des bêtes de somme, sans droit de chemin, aura une action pour exiger ces servitudes.

Des fruits.

§. 2. Les fruits entrent aussi (2) dans l'action confessoire formée pour réclamer une servitude. Mais examinons quels sont *les fruits* d'une servitude. On peut regarder comme fruits d'une servitude, l'estimation du plus ou moins d'intérêt qu'avait celui à qui la servitude était due, à n'être pas privé de sa jouissance. C'est ce que l'on peut dire de plus vrai à cet égard. Mais dans l'action négatoire, comme le dit Labéon, les fruits se composent de l'intérêt que le demandeur a eu à ce que son adversaire n'ait pas joui du droit de passer sur son fonds, et Pomponius est de cet avis.

Si le fonds qui appartient à plusieurs, est dominant,

§. 3. Si le fonds à qui le droit de passage est dû, appartient à plusieurs propriétaires, chacun d'eux a une action pour le réclamer en entier (3) ; c'est ce que Pomponius écrit au liv. XLI du Digeste ; mais dans la liquidation des fruits, on considèrera l'intérêt de celui qui aura été partie dans la cause. C'est pourquoi chaque propriétaire exercera son droit, et son succès (4) sera utile à ses co-propriétaires ; mais l'estimation des fruits sera personnelle à celui-là seul

---

(4) L. 10. § ult. infr. de appellat l. 10. in pr. infr. quemadmod. servit. amitt. Immò vide l. un. C. si in communi eademque caus.

terest revocabitur : quamvìs per (1) unum adquiri servitus non possit.

Vel serviat.

§. 4. Sed et si duorum fundus sit , qui servit, adversùs unumquemquè poterit ità agi. Et (ut Pomponius libro eodem scribit) quisquis defendit , solidum debet restituere : quià divisionem(2) hæc res non recipit.

Quibus ex causis datur confessoria , vel affine remedium.

§. 5. Si quis mihi itineris, vel actûs, vel viæ controversiam non faciat , sed reficere, sternere(3) non patiatur : Pomponius libro eodem scribit, confessoriâ actione mihi utendum. Nàm et si arborem impendentem habeat vicinus, quâ viam vel iter invium, vel inhabile facit : Marcellus quoquè apud Julianum notat , iter petendum , vel viam vindicandam, sed de refectione viæ et interdicto uti possumus , quod de itinere actûque reficiendo competit. Nou tamèn, si silice quis sternere velit (4), nisì nominatìm id convenit.

De haustû.

§. 6. Sed et de haustû, quià servitus est, competunt nobis in rem actiones.

Cui et adversus quem datur negatoria.

§. 7. Competit autèm de servitute actio domino ædificii, neganti servitutem se vicino debere,

---

(1) L. 8. §. 1. supr. de servit. l. 5. l. ult. supr. commun. præd. l. 140. §. ult. infr. de verb. oblig.
(2) L. 17. supr. de servit.

qui aura réclamé, quoiqu'un seul (1) co-propriétaire ne puisse acquérir une servitude.

Ou grévé de la servitude.

§. 4. Mais si le fonds qui doit la servitude appartient à deux personnes, on pourra actionner chacun des co-propriétaires, et comme l'écrit Pomponius au même livre, celui des propriétaires qui est attaqué, doit rendre la servitude en entier, parce qu'une servitude n'est pas susceptible (2) d'être divisée.

Des causes pour lesquelles on accorde l'action confessoire, ou un moyen semblable.

§. 5. Si on ne me conteste pas mon droit de chemin, de passage, ou de voie, mais que l'on s'oppose simplement à ce que je le fasse repaver ou paver (3), Pomponius dit au même endroit que je puis me servir de l'action confessoire, car si le voisin avait un arbre dont les branches rendraient le passage, ou la voie impraticable, ou peu commode, Marcellus, au rapport de Julien, dit que je puis réclamer mon droit de passage, ou revendiquer mon droit de voie; mais quant à la réparation du chemin, j'ai contre le propriétaire qui s'y oppose, un interdit établi relativement aux réparations des chemins. On ne pourrait cependant pas (4) rétablir le chemin en le couvrant de cailloux, qu'autant que cela serait expressément convenu.

Du droit de prise d'eau.

§. 6. Les actions réelles dont nous venons de parler, ont également lieu lorsqu'il s'agit de puiser de l'eau dans la source d'un autre, parce que c'est une servitude.

Pour quoi et contre qui on accorde l'action négatoire.

§. 7. L'action négatoire est accordée à celui qui prétend que sa maison ne doit pas de servitude à son voisin qui en réclame une, quoique sa maison ne soit pas entièrement

---

(3) V. l. 4. in pr. infr. de itin.
(4) Adde l. 17. §. 1. infr. de aquâ et aquæ pluv.

cujus ædes non in totum liberæ sunt, sed ei cum quo agitur, servitutem non debent. Verbi gratiâ : Habeo ædes, quibus sunt vicinæ Sejanæ, et Semproniæ; Sempronianis servitutem debeo; adversùs dominum Sejanarum volo experiri altiùs me tollere prohibentem : in rem actione experiar. Licèt enim serviant ædes meæ, ei tamen cum quo agitur, non serviunt. Hoc igitur intendo, habere me jus altiùs tollendi, invito eo, cum quo ago : quantùm enim ad eum pertinet, liberas ædes habeo.

De servitute ne altiùs tollatur.

§. 8. Si cui omninò altiùs tollere non liceat, adversùs eum rectè agetur, jus ei non esse tollere. Hæc servitus et ei, qui ulteriores ædes (1) habet, deberi poterit.

5. PAULUS, *liv.* 21. *ad edictum.*

Et ideò, si inter meas et Titii ædes tuæ (ædes) intercedant, possum Titii ædibus servitutem imponere, *ne liceat ei altiùs tollere*, licèt tuis non imponatur : quià donec tu non extollis, est utilitas servitutis.

6. ULPIANUS, *lib.* 17. *ad edictum.*

Et si fortè qui medius est, quià servitutem non debebat, altiùs extulerit ædificia sua, ut jàm ego non videar luminibus tuis obstaturus, si ædificavero, frustrà intendes, *jus mihi non esse ità ædificatum habere invito te* : sed si intrà tempus statutum rursùs deposuerit ædificium suum vicinus, renascetur tibi vindicatio.

____

(1) L. 7. §. 1. supr. commun. præd.

franche[a], si la servitude dont elle est grévée , est due à tout autre que celui avec lequel il est en contestation ; par exemple , j'ai une maison voisine de celle de Séjus et de Sempronius ; je dois une servitude à la maison de Sempronius ; si Séjus veut s'opposer à ce que j'exhausse ma maison , je puis exercer contre lui une action réelle , parce que quoique ma maison ne soit pas franche et libre , elle ne doit cependant aucune servitude à Séjus ; ma prétention se borne donc à pouvoir exhausser ma maison , malgré celui qui n'a nul droit de s'y opposer , puisque ma maison est franche et libre à son égard.

De la servitude par laquelle on ne peut exhausser son bâtiment.

§. 8. On pourra intenter régulièrement cette action contre celui qui veut exhausser son bâtiment , contre les dispositions d'une servitude qui l'en empêche. Cette servitude pourra même être due à une maison (1) éloignée.

5. PAUL , *liv.* 21. *sur l'édit.*

Si votre maison est située entre la mienne et celle de Titius , je puis obliger *Titius à ne pas exhausser sa maison,* sans cependant imposer la même servitude sur la votre , parce que cette servitude m'est utile tant que vous n'exhausserez pas votre maison.

6. ULPIEN , *liv.* 17. *sur l'édit.*

Si celui dont la maison tient le milieu , l'exhausse parce qu'aucune servitude ne l'en empêche pas, et que moi , en suivant son exemple , je n'intercepte pas le passage des jours que vous recevez ; ce sera en vain que vous prétendrez que je n'ai pas le droit d'exhausser mon bâtiment malgré vous. Mais si le voisin détruit son bâtiment avant le tems fixé pour prescrire , vous recouvrerez le droit que vous avez de revendiquer la servitude que je vous dois.

De possessore.

§. 1. Sciendum tamèn, in his servitutibus possessorem esse eum juris, et petitorem. Et, si forté non habeam ædificatum altiùs in meo, adversarius meus possessor est : nàm, cùm nihil sit innovatum, ille possidet, et ædificantem me prohibere potest et civili actione, et interdicto *quod vi, aut clàm*. Idem et si lapilli jactû (1) impedierit. Sed et si, patiente eo, ædificavero, ego possessor ero effectus.

De servitus oneris ferendi.

§. 2. Etiàm de servitute, quæ oneris ferendi causâ imposita erit, actio nobis competit : *ut et onera ferat, et ædificia reficiat ad eum modum, qui servitute impositâ comprehensus est*. Et Gallus putat, non posse ità servitutem imponi, *ut quis facere aliquid cogeretur* : sed (2) *ne me facere prohiberet*. Nàm in omnibus (3) servitutibus refectio ad eum, pertinet, qui sibi servitutem adserit, non ad eum cujus res servit. Sed evaluit Servii sententia in propositâ specie, ut possit quis defendere, *jus sibi esse, cogere adversarium reficere parietem ad onera sua sustinenda*. Labeo autèm hanc servitutem non hominem debere, sed rem : deniquè licere domino rem derelinquere(4) scribit.

Qualis est hæc actio, cui datur et adversùs quem.

§. 3. Hæc autem actio in rem magis est, quàm in personam : et non alii (5) competit, quàm

---

(1) L. 5. §. 10. infr. de novi operis nunciat.
(2) L. 15. in fin. supr. de servit.
(3) Immò vide l. 33. supr. de servit. præd. urban.
(4) Adde l. 48. in pr. l. 64. supr. de usufr.
(5) L. 2. §. 1. supr. h. t.

Du possesseur.

§. 1. Il faut remarquer que dans ces sortes de servitudes, le possesseur de droit peut être demandeur, et si je n'ai pas exhaussé mon édifice, mon adversaire est en possession de la servitude, car sa possession dure tant qu'il n'y a pas d'innovation, et il peut s'opposer à ce que j'exhausse mon bâtiment, et par une action civile, et par un interdit par lequel il requérera *d'être maintenu dans sa possession.* Il en sera de même s'il s'oppose à la continuation de mes travaux, en jettant une pierre (1) (*a*) sur mon bâtiment. Mais si je bâtis sans qu'il s'y oppose, ce sera moi qui posséderai.

De la servitude par laquelle on est tenu de supporter les charges de la maison voisine.

§. 2. Nous avons contre celui qui nous doit une servitude de support, une action par laquelle nous pouvons le forcer *de supporter la charge de notre maison, et de réparer le bâtiment, de manière à ce qu'il soit toujours dans l'état où il était dans le moment où la servitude a été imposée.* Et Gallus pense que l'on ne peut pas imposer une servitude qui serait conçue en termes *qui obligeraient celui qui la doit, à faire quelque chose*, mais (2) seulement à ne pas empêcher celui qui a la servitude à faire ce qu'il croit convenable; car dans toutes les servitudes (3), les réparations sont à la charge de celui à qui la servitude est due, et non à celle de celui qui la doit. Mais dans l'espèce proposée, l'opinion de Servius a prévalu : ainsi, suivant lui, *on peut contraindre son adversaire à réparer le mur sur lequel porte la charge de la maison.* D'après le sentiment de Labéon, ce n'est pas la personne qui doit la servitude, mais la chose elle-même, et le propriétaire est libre de l'abandonner (4).

Quelle est la nature de cette action, à qui et contre qui elle est accordée.

§. 3. Cette action est plutôt réelle que personnelle, et elle n'est accordée (5) qu'au propriétaire d'une maison contre

____

(*a*) Il était d'usage à Rome, lorsque quelqu'un voulait ou empêcher ou arrêter un ouvrage commencé, de jeter une pierre sur l'ouvrage, et le jet de cette pierre équivalait à la sommation, par exemple, que ferait faire celui dont les droits seraient lésés par une entreprise du genre de celle dont il est ici question, de la part d'un voisin.

domino ædium, (et) adversùs dominum : sicutî
cæterarum servitutum intentio.

De ædibus communibus.

§. 4. Si ædes plurium dominorum sint, an
in solidum agatur, Papinianus lib. III Quæstionum tractat ? Et ait, singulos dominos in solidum (1) agere, sicutì de cæteris servitutibus,
excepto usufructû (2). Sed non idem responden-
dum, inquit, si communes ædes essent, quæ
onera vicini sustinerent.

De modo refectionis.

§. 5. Modus autèm refectionis in hâc actione
ad eum modum pertinet, qui in servitute impositâ continetur : fortè, ut reficiat lapide qua-
drato, vel lapide structili, vel quovis alio opere,
quod in servitute dictum est.

De fructibus.

§. 6. Veniunt et fructus (3) in hâc actione :
id est, commodum, quod haberet, si onera
ædium ejus vicinus sustineret.

Si paries melioretur, vel deterioretur.

§. 7. Parietem autèm meliorem quidèm, quàm
in servitute impositum est, facere licet : deteriorem si facit, aut per hanc actionem, aut per
operis novi nunciationem (4) prohibetur.

----

(1) L. 4. §. 3. supr. eod.
(2) L. 5. supr. de usufr.

un autre propriétaire. On doit dire la même chose de toutes les autres servitudes.

D'une maison qui est commune.

§. 4. Papinien , au livre troisième des questions , traite celle qui suit : La maison appartenant à plusieurs maîtres , chacun peut-il demander la servitude en entier ? Il répond que chacun a le droit de le faire (1) , comme dans les autres espèces de servitudes , l'usufruit excepté (2). Mais il ajoute qu'il n'en serait pas de même, si la maison qui doit la servitude de support était commune.

Du mode de réparation.

§. 5. Or , en ce qui concerne la réparation du mur que l'on peut exiger par cette action , elle doit être faite d'après le mode dont on est convenu à l'époque où la servitude a été imposée; par exemple, en pierre de taille, en moëllon , ou de toute autre manière.

Des fruits.

§. 6. La restitution des fruits fait aussi (3) partie des fruits qui consistent dans l'avantage que le demandeur aurait eu , si le voisin , conformément à la servitude , eût soutenu la charge de sa maison.

Si le mur se trouve en meilleur état , ou détérioré.

§. 7. Il est permis de rendre le mur plus solide qu'il ne l'était lors de l'imposition de la servitude. Si au contraire on le rend moins solide , on peut s'y opposer en se servant de cette action , ou en arrêtant la continuation de l'ouvrage (4).

---

(3) L. 4. §. 2. supr. h. t.
(4) L. 15. l. 20. §. pen. supr. de servit. præd. urban.

7. Paulus, *lib.* 21. *ad edictum.*

Eventus horum judiciorum.

Harum actionum eventus hic est, ut victori officio judicis aut res præstetur, aut cautio. *Res* ipsa hæc est, ut jubeat adversarium judex emendare vitium parietis, et idoneum præstare. *Cautio* (hæc est), ut eum jubeat de reficiendo pariete cavere : *nequè se nequè successores suos prohibituros altiùs tollere, sublatumque habere:* et, si caverit, absolvetur. Si verò nequè rem præstat, nequè cautionem, tanti condemnet, quanti actor in litem juraverit (1).

8. Ulpianus, *lib.* 17. *ad edictum.*

De fulturâ ædificiorum quibus servitus oneris ferendi debetur.

Sicùt autem refectio parietis ad vicinum (2) pertinet; ità fultura ædificiorum vicini, cui servitus debetur, quamdiù paries reficietur, ad inferiorem vicinum non debet pertinere. Nàm, si non vult superior fulcire, deponat : et restituet, cùm paries fuerit restitutus. Et hic quoquè, sicùt in cæteris servitutibus, actio contraria dabitur : hoc est, *jus tibi non esse me cogere..*

De servitute tigni immittendi supraque aliquid habendi.

§. 1. Competit mihi actio adversùs eum, qui cessit mihi (talem) servitutem, *ut in parietem*

____

(1) Arg. l. 2. in fin. l. 5. in pr. infr. de in litem. jurand.

7. PAUL, *liv.* 21. *sur l'édit.*

Evénement de ces actions.

Tel est l'événement de ces actions, qu'il en résulte toujours une condamnation au profit de celui qui réussit par suite de laquelle l'adversaire est condamné à rendre la chose, ou à donner caution. La chose *elle-même* est censée rendue, lorsque le juge ordonne que l'adversaire réparera le mur et le rendra bon et solide; la caution consiste en ce que le juge ordonne que celui qui succombe donnera caution de réparer le mur, et *que lui ni ses successeurs ne s'opposeront pas à ce que le propriétaire exhausse son bâtiment, et qu'il le tienne exhaussé.* Si l'adversaire donne cette caution, il est absous. Si au contraire il ne rend pas la chose, et qu'il ne donne pas caution, il sera condamné à payer au demandeur la somme à laquelle il aura évalué en justice son intérêt.

8. ULPIEN, *lib.* 17. *sur l'édit.*

Des étais d'un bâtiment qui sont à la charge de celui à qui est due la servitude de support.

Mais comme la réparation du mur regarde le voisin (a), celui à qui la servitude est due, et non pas celui qui la doit, doit étayer son bâtiment pendant qu'on répare le mur de support; car s'il ne veut pas étayer, il laissera crouler son bâtiment et il le rétablira lorsque le mur sera réparé; et alors comme dans les autres servitudes, on accordera à celui qui doit la servitude l'action contraire, c'est à dire qu'il prétendra *que l'on n'a pas droit de le forcer.*

De la servitude par laquelle on a le droit d'appuyer ses poutres sur le mur voisin, et de mettre quelque chose sur ces poutres.

§. 1. J'ai une action contre celui qui m'a accordé une servitude par laquelle *j'ai droit de poser des poutres sur*

(a) L. 33. supr. de servit. præd. urban. l. 6. §. 2. supr. h. t.

ejus tigna immittere mihi liceat, supràquè ea tigna (verbi gratiâ) porticum ambulatoriam facere, superquè eum parietem columnas struc-tiles imponere, quæ tectum porticus ambula-toriæ sustineant.

Quid intersit inter servitutem oneris ferendi, et servitutem tigni immitendi.

§. 2. Distant autèm hæ actiones inter se : quòd superior quidèm locum habet etiàm ad compellendum vicinum (1) reficere parietem (meum;) hæc verò locum habet ad hoc solùm, ut tigna suscipiat. Quod non est contrà genera servitutum.

Distinctio possessoris, et petitoris.

§. 3. Sed si quæritur, quis possessoris, quis peti-toris partes sustineat, sciendum est, possessoris partes sustinere, si quidèm tigna immissa sint, eum, qui servitutem sibi deberi ait : si verò non sunt immissa, eum, qui negat.

De eventû judicii.

§. 4. Et si quidèm is obtinuerit, qui servitu-tem sibi defendit, non debet ei servitus cedi : sivè rectè pronunciatum est, quià habet; sivè perperàm, quià per sententiam non debet ser-vitus constitui, sed, quæ est, declarari. Planè si non utendo amisit, dolo malo domini ædium, post litem contestatam, restitui ei oportet, quemadmodùm placet in domino ædium.

___

(1) DD. ll.

son mur, et de construire sur ces poutres, par exemple, une galerie pour se promener, et sur ce mur des colonnes de pierre pour soutenir la toiture de ma galerie.

Quelle est la différence qu'il y a entre la servitude de support, et celle de pouvoir appuyer ses poutres sur le mur voisin.

§. 2. Telle est la différence qu'il y a entre ces actions, c'est que dans la première, je puis forcer le voisin à réparer le mur de support (1), et que par la seconde je puis seulement exiger qu'il reçoive mes poutres, ce qui n'est pas contraire à l'espèce des servitudes.

Distinction entre le possesseur et le demandeur.

§. 3. Mais si l'on demande quel est le possesseur et le demandeur, il faudra remarquer que si les poutres sont appuyées sur le mur du voisin, on doit regarder comme possesseur celui qui dit que la servitude lui est due, que si au contraire les poutres n'y sont pas appuyées; c'est celui qui nie, qui doit être considéré comme possesseur.

De l'événement de cette action.

§. 4. Si celui qui prétend que la servitude lui est due, réussit dans sa prétention, la servitude ne doit pas lui être cédée de nouveau, soit qu'il ait été bien jugé, parce que déjà il en jouit, soit qu'il ait été mal jugé, parce qu'une sentence ne peut pas établir une servitude, et qu'elle peut seulement déclarer qu'il y en a une établie; certes, si celui qui l'a perdue par le non-usage, ne l'avait perdue que par le dol du propriétaire de la maison, elle doit lui être restituée, après la contestation en cause, de même que la chose a lieu à l'égard de la propriété d'une maison.

De servitute fumi, aquæ vel alius rei immittendæ.

§. 5. Aristo Cerellio Vitali respondit, non putare se: ex tabernâ caseariâ fumum in superiora ædificia jure immitti posse, nisì ei rei sertus talis admittatur. Idemque ait, et ex superiore in inferiora non aquam, non quid aliud immitti licet: in suo enìm alii hactenùs facere licet, quatenùs nihil in alienum immittat. Fumi autem, sicùt aquæ, esse immissionem : posse igitùr superiorem cum inferiore agere, *jus illi non esse id ità facere.* Alfenum deniquè scribere ait, posse ità agi, *jus illi non esse in suo lapidem cædere ut in meum fundum fragmenta cadunt.* Dicit igitùr Aristo, eum, qui tabernam caseariam à Minturnensibus conduxit, à superiore prohiberi posse fumum immittere, sed Minturnenses ei ex conducto teneri. Agiquè sic posse dicit cum eo, qui eum fumum immittat, *jus ei non esse fumum immittere.* Ergò per contrarium agi poterit, *jus esse (fumum immittere :)* quod et ipsum videtur Aristo probare. Sed et interdictum *uti possidetis* poterit locum habere, si quis prohibeatur, qualitèr velit suo uti (1).

De servitute, ut quis in suo facere possit., vel non.

§. 6. Apud Pomponium dubitatur lib. XLI lectionum, an quis possit ità agere, *licere fumum non gravem, puto ex foco, in suo facere,* aut *non licere?* Et ait, magìs non posse agi : sicùt agi non potest, *jus esse in suo ignem facere, aut sedere, aut lavare.*

---

(1) Adde l. 13. §. ult. l. 14. infr. de injur.

*De la servitude qui consiste à faire passer la fumée qui
sort de chez soi, ses eaux, et toute autre chose, par
la maison voisine.*

§. 5. Ariston a répondu à Cerellius Vitalis qu'il ne croyait
pas que l'on eût le droit de faire passer par la maison voisine la fumée qui sort d'un endroit où l'on fait enfumer des
fromages, à moins qu'il n'y eût une servitude de ce genre
imposée sur cette maison. Le même dit que l'on ne peut
faire passer de l'eau, ou toute autre chose d'un lieu supérieur par un lieu inférieur, car on ne peut faire sur son fonds
ce que l'on voudra, qu'autant que rien ne passera sur le
fonds d'autrui ; or, la fumée et l'eau se répandent naturellement au-dehors. Le maître du fonds supérieur peut attaquer celui du fonds inférieur, *pour l'empêcher de faire
ce qu'il fait.* Il ajoute qu'Alfénus écrit que *mon voisin n'a
pas le droit de tailler sa pierre sur son fonds, de manière
à ce que les éclats de ces pierres rejaillissent sur le mien.*
Ariston dit donc que celui qui a loué des habitans de Minturne un endroit pour y enfumer des fromages, pouvait
être empêché par le voisin supérieur, de lui causer de la
fumée, et qu'alors il aurait son recours contre les habitans
de Minturne, en vertu de l'action qui dérive de la location.
Il dit que nous pouvons attaquer celui par le fait duquel
la fumée nous devient nuisible, *en prétendant qu'il n'a
pas le droit de l'envoyer sur notre fonds ;* donc par la raison
contraire, on pourra prétendre que l'on a le droit de l'envoyer sur notre fonds. C'est aussi l'opinion d'Ariston. Il y
aurait également lieu dans ce cas à un interdit pour être
maintenu en possession en faveur de celui qui serait empêché de jouir de son droit (1).

*De la servitude par laquelle quelqu'un s'obligerait à faire
ou à ne pas faire quelque chose sur son fonds.*

§. 6. Pomponius, au liv. XLI des leçons, doute si *l'on
pourrait convenir avec quelqu'un que l'on ferait sur lui
une fumée légère, comme par exemple celle qui provient
du foyer ;* et il répond qu'une pareille convention ne produit aucune action, et que c'est la même chose que si quelqu'un *s'était fait accorder le droit de faire du feu chez
lui, de s'asseoir à côté de ce feu, d'y laver.*

Tom. 5. 22

De cuniculo pergente in ædes vicini.

§. 7. Idem in diversum probat : nàm et in balineis (inquit) vaporibus, cum Quintillâ cuniculum pergentem in Ursi Julii instruxisset, placuit, potuisse tales servitutes imponi.

9. PAULUS, *lib.* 21. *ad edictum.*

Si ædificetur in loco serviente.

Si eo loco, per quem mihi iter debetur, tu ædificaveris : possum intendere, *jus mihi esse ire, agere*, quod si probavero, inhibebo opus tuum. Ítèm Julianus scripsit : si vicinus in suo ædificando effecerit, ne stillicidium meum reciperet, posse me agere de jure meo, id est, *jus esse immittendi stillicidium* : sicùt in viâ diximus. Sed si quidèm nondùm ædificavit : sivè usumfructum, sivè viam habet; *jus sibi esse ire, agere, vel frui*, intendere potest. Quòd si jàm ædificavit dominus : is, qui iter et actum habet, adhùc potest intendere jus sibi esse : fructuarius autèm non potest, quià amisit usumfructum : et ideò de dolo (1) actionem dandam hoc casû, Julianus ait. Contrà si in itinere, quod per fundum tibi debeo, ædifices, rectè intendam, *jus tibi non esse ædificare, vel ædificatum habere* : quemadmodùm si in areâ meâ quid ædifices.

Si quis plùs utatur, quàm debeat, aut minus.

§. 1. Qui latiore viâ vel angustiore usus est, retinet servitutem (2) : sicuti qui aqua, ex quâ

---

(1) L. 5. in fin. supr. quib. mod. ususfr. amitt.

Du tuyau qui se prolonge jusqu'à la maison d'un voisin.

§. 7. Le même jurisconsulte prouve cependant le contraire par le fait qu'il rapporte ; car Quintilla ayant construit un conduit par lequel elle faisait passer la fumée de ses bains jusqu'à la maison d'Ursus Julius ; il a été, dit-il, décidé qu'une pareille servitude pouvait être imposée.

9. PAUL, *liv.* 21. *sur l'édit.*

Si l'on bâtit sur le fonds voisin.

Si vous avez bâti sur le lieu par lequel j'ai un droit de chemin, je puis prétendre que j'ai le droit d'y passer et d'y conduire des bêtes de somme; et si j'en fais la preuve, je vous arrêterai dans votre bâtisse. Julien écrit aussi que si mon voisin, en bâtissant, arrange les choses de manière à ce qu'il ne puisse plus recevoir mes gouttières sur son terrein, je puis réclamer mon droit, c'est-à-dire celui *que j'ai de faire avancer mes gouttières sur lui*, de même que nous l'avons dit à l'égard du droit de chemin. S'il n'y a encore rien de bâti, soit qu'il s'agisse d'un usufruit, soit d'un droit de chemin, celui à qui l'un ou l'autre est dû, peut réclamer le droit qu'il a de passer ou de jouir ; mais si déjà la construction est faite, celui qui a droit de chemin et de passage avec des bestiaux, peut bien encore le réclamer ; mais l'usufruitier ne le pourra pas, parce qu'il a perdu son usufruit. C'est pourquoi Julien dit que dans ce cas il y a lieu à accorder (1) l'action du dol. Si au contraire vous bâtissez sur le chemin que je vous dois par un fonds, ce sera avec raison que je prétendrai *que vous n'avez pas droit de bâtir*, ni d'avoir un *bâtiment à cet endroit*, de même que si vous bâtissiez sur mon terrein.

Si quelqu'un se sert de son droit, plus ou moins grandement qu'il ne doit le faire.

§. 1. Il importe peu pour conserver une servitude (2) de chemin, qu'il soit large ou étroit, de même que l'on con-

---

(2) L. 11. in pr. infr. quemadm. servit. amitt.

22..

jus habet utendi, alia mixta usus est, retinet jus suum.

10. Ulpianus, *lib.* 53. *ad edictum.*

De diuturno usû, et longâ possessione servitutis.

Si quis diuturno usû, et longâ quasi possessione, jus aquæ ducendæ nactus sit, non est ei necesse docere (1) de jure, quo aqua constituta est, veluti ex legato, vel alio modo : sed utilem habet actionem, ut ostendat *per annos fortè tot usum se, non vi; non clàm, non precariò (possedisse).*

Qui tenentur confessoriâ.

§. 1. Agi autèm hâc actione poterit non tantùm cum eo, in cujus agro aqua oritur, vel per cujus fundum ducitur : verùm etiàm cum omnibus agi poterit, quicunque aquam (non) ducere impediunt, exemplo cæterarum servitutum. Et generalitèr, quicunque (2) aquam ducere impediat, hâc actione cum eo experiri potero.

11. Marcellus, *lib.* 6. *Digestorum.*

De eo qui sociis invitis œdeficat in loco communi.

An unus ex sociis in communi loco invitis cæteris jure ædificare possit, id est, an, si prohibetur à sociis, possit cum his ità experiri, *jus sibi esse œdificare*, et an socii cum eo ità agere possint, *jus sibi prohibendi esse*, vel *illi (jus)*

---

serve toujours son droit de prise d'eau sur le fonds d'autrui, quoiqu'il s'y soit mêlé d'autre eau.

10. ULPIEN, *liv.* 53. *sur l'édit.*

De l'usage continuel, et de la longue possession d'une servitude.

Celui qui par un usage très-long, et une espèce de possession continuée pendant très-long-tems, a acquis le droit de conduire de l'eau du fonds d'autrui dans le sien, n'est pas tenu de justifier de son droit (1). c'est-à-dire d'établir en vertu de quel droit la servitude a été imposée, si elle lui vient à titre de legs, ou de toute autre manière. Mais il a une action utile à l'effet de prouver *qu'il a été en possession de ce droit pendant tant d'années, et que sa possession n'est pas la suite de la violence qu'il a employé, et qu'elle n'est ni clandestine, ni précaire.*

Qui sont ceux qui sont tenus de l'action confessoire.

§. 1. On pourra former cette action, non-seulement contre celui dans le champ duquel se trouve la source, ou par le champ duquel l'eau passe, mais encore contre ceux qui voudront s'opposer à ce que l'on jouisse de ce droit, comme cela a lieu à l'égard des autres servitudes. En général, je pourrai former cette action contre quiconque (2) voudra s'opposer à ce que je tire de l'eau de cet endroit comme j'ai toujours été dans l'usage de le faire.

11. MARCELLUS, *liv.* 6. *du Digeste.*

De celui qui bâtit sur un fonds commun malgré ses co-propriétaires.

Si l'un des co-propriétaires d'un fonds possédé en commun, a bâti sur ce fonds, sans le consentement des autres, ou si ceux-ci s'y opposent, peut-il les attaquer et soutenir qu'il *peut le faire malgré eux*, ou ses co-propriétaires ont-ils une action contre lui, et *le droit de s'y opposer*, et peuvent-ils

---

(2) V. l. 5. C. de servit.

ædificandi non esse : et si ædificatum jàm sit, non possit cum eo ità experiri, *jus tibi non esse ità ædificatum habere*, quæritur? Et magis dici potest, prohibendi potiùs, quàm faciendi (1), esse jus socio : quià (magìs) ille, qui facere conatur (ut dixi), quodammodo sibi alienum quoquè jus præripit, si, quasi solus dominus, ad suum arbitrium uti jure communi velit.

12. JAVOLENUS, *lib.* 2. *epistolarum.*

De tignis non immittendis.

Egi, jus illi non esse tigna in parietem meum immissa habere : an et de futuris non immittendis cavendum est ? Respondi : judicis officio contineri puto, ut de futuro quoquè opere caveri debeat.

13. PROCULUS, *lib.* 5. *epistolarum.*

Si fistulæ ruptæ parietem vicini inundent.

Fistulas, quibus aquam duco, in viâ publicâ habeo ; et hæ ruptæ inundant parietem tuum. Puto, posse te mecum rectè agere, *jus mihi non esse flumina ex meo in tuum parietem fluere.*

14. POMPONIUS, *lib.* 33. *ad Sabinum.*

De tignis non immittendis.

Si, cùm meus proprius esset paries, passus sim (tè) immittere tigna, quæ anteà habueris, si nova velis immittere, prohiberi à me potes : imò etiàm agere tecum potero, *ut ea, quæ nova immiseris, tollas* (2).

---

(1) L. 28. infr. commun. divid. l. 27. §. 1. supr. de servit. præd. urb.

prétendre en outre *qu'il n'a pas celui de conserver son bâtiment?* Telles sont les questions que l'on a faites. On peut
dire avec plus de fondement qu'un co-propriétaire a plutôt
droit de s'opposer à ce que les autres fassent, que de faire
lui-même (1), parce que, comme je l'ai dit, celui qui veut
faire quelque chose sur un fonds commun , s'arroge en
quelque sorte un droit qui appartient aux autres , en ap-
pliquant à son seul usage une chose commune dont il dis-
pose à sa volonté.

12. JAVOLENUS, *liv. 2. des lettres.*

De la charpente qui ne peut être appuyée sur le mur voisin.

*J'ai actionné quelqu'un prétendant qu'il n'avait pas le
droit de faire porter ses poutres sur mon mur. Doit-il me
donner caution que dorénavant il ne fera rien de semblable?
J'ai répondu que je pensais que c'était au juge à l'obliger
à donner cette caution.*

13. PROCULUS , *liv. 5. des lettres.*

Si des tuyaux rompus inondent le mur du voisin.

*J'ai sur la voie publique des tuyaux par le moyen des-
quels je conduis de l'eau sur mon fonds. Ces tuyaux étant
crevés, votre muraille est inondée. Je pense que vous êtes
en droit de m'actionner et de soutenir que je n'ai pas droit
de faire couler mon eau sur vous.*

14. POMPONIUS , *lib. 33. sur Sabinus.*

De la charpente qui ne peut porter sur le mur voisin.

Si sans que vous en eussiez le droit, j'ai souffert que vous
fissiez porter vos poutres sur mon mur, et que par la suite
vous vouliez en replacer de nouvelles , je puis vous en empêcher ; et *si déjà vous y en avez mis*, je puis vous actionner
à l'effet que vous soyez tenu *de les ôter* (2).

---

(2) L. 8. C. de servit.

Si paries opere facto inclinetur.

§. 1. Si paries communis, opere abs te facto, in ædes meas se inclinaverit (1), potero tecum agere, *jus tibi non esse parietem illum ità habere.*

15. ULPIANUS, *lib. 6. opinionum.*

De tutore vel curatore.

Altiùs ædes suas extollendo, aut luminibus domûs minoris annis viginti quinquè, vel impuberis, cujus curator vel tutor erat, officiatur; efficit. Quamvis hoc quoquè nomine, actione ipse heredesque teneantur; quià quod alium facientem prohibere ex officio necesse habuit, id ipse committere non debuit : tamen et adversùs possidentem easdem ædes danda est impuberi vel minori actio, *ut quod non jure factum est, tollatur* (2).

16. JULIANUS, *lib. 7. Digestorum.*

De titulo et quasi-possessione servitutis.

Si à te emero, ut *mihi liceat ex ædibus meis in ædes tuas stillicidium imittere* : et posteà, te sciente, ex causâ emptionis immissum habeam : quæro, an ex hâc causâ, actione quâdam, vel exceptione tuendus sim? Respondi, utroque auxilio me usurum.

17. ALFENUS, *lib. 2. Digestorum.*

De pariete procumbente in domum vicini.

Si quandò inter ædes binas paries esset : qui ità ventrem faceret, ut in vicini domum semi-

____

(1) L. 16. supr. de servit. præd. urban.

Si le mur penche à cause d'un bâtiment qui y est adossé.

§. 1. Si un mur qui nous est commun penche sur moi à cause d'un bâtiment que vous avez construit le long de ce mur (1), je pourrai vous actionner, *et prétendre que vous n'avez pas droit de faire ainsi incliner le mur.*

15. ULPIEN, *liv.* 6. *des opinions.*

Du tuteur ou du curateur.

Si un tuteur ou un curateur, en exhaussant sa maison, intercepte le passage du jour de la maison de son pupille, mineur de 25 ans, ou impubère, on a à cet égard action contre lui et ses héritiers, parce qu'il n'a pas dû faire lui-même ce qu'il était tenu d'empêcher de la part de tout autre. Et cependant on accordera en outre au mineur ou à l'impubère une action contre tout possesseur de ladite maison, *par laquelle on le forcera de détruire ce qui aurait été fait sans droit* (2).

16. JULIEN, *liv.* 7. *du Digeste.*

Du titre et de la quasi-possession d'une servitude.

Si j'ai acquis de vous le droit *de faire porter mes gouttières sur votre maison*, et que par suite j'aie joui à votre connaissance, du droit que j'ai acquis, je demande si je puis être défendu par quelqu'action ou exception. Il a été répondu que je pouvais me servir de ces deux moyens pour me maintenir dans ma possession.

17. ALFENUS, *liv.* 2. *du Digeste.*

Du mur qui avance sur la maison voisine.

Si un mur qui se trouve entre deux maisons avance tellement, qu'il se prolonge d'un demi-pied, ou d'avan-

---

(2) L. 5. 1. 9. C. de servit.

pedem , aut ampliùs procumberet (1) : agi oportet, *jus non esse , illum parietem ità projectum in suum esse invito se.*

De positis in loco servitute.

§. 1. Cùm in domô Gaji Seji locus quidam ædibus Annii ità serviret , *ut in eo loco positum habere jus Sejo non esset* , et Sejus in eo silvam sevisset , in quâ labra , et (lenes) cucumellas positas haberet : Annio consilium omnes Jurisperiti dederunt , ut cum eo ageret , *jus ei non esse , in eo loco ea posita habere invito se.*

De sterquilinio juxtà vicini parietem facto.

§. 2. Secundùm cujus parietem vicinus sterculinum (2) fecerat , ex quo paries madescebat , consulebatur , quemadmodùm posset vicinum cogere , ut *sterculinum tolleret ?* Respondi , si in loco publico id fecisset , per interdictum cogi posse : sed, si in privato , de servitute agere oportere. Si damni infecti stipulatus esse , possit per eam stipulationem (3), si quid ex eâ re sibi damni datum esset , servare.

18. Julianus, *lib.* 6. *ex Minicio.*

Si dominus prædii servientis sui potestatem non faciat.

Is, cujus familia vicinum prohibebat aquam ducere , sui potestatem non faciebat , ne secum agi posset : quærit actor , quid sibi faciendum esset ? Respondi , oportere Prætorem , causâ cognitâ , jubere *bona adversarii possideri* (4), *et*

---

(1) L. 14. in fin. supr. h. t.
(2) Adde l. 57. infr. locat. conduct.

tage, sur la maison du voisin (1), celui-ci a une action contre lui, et peut prétendre *qu'on n'a pas le droit d'avoir un mur qui avance ainsi malgré lui sur sa maison.*

Des endroits d'un lieu servant, qui doivent être vides.

§. 1. Annius ayant sur un certain endroit de la maison de Gajus Séjus une servitude qui consistait en *ce que Séjus laissât ce terrein absolument vide*, y planta des arbres, et y plaça un bassin et des vases; tous les jurisconsultes ont conseillé à Annius d'actionner Séjus, et de soutenir contre lui qu'il n'avait pas le droit, au mépris de la servitude, de rien mettre dans cet endroit qui devait être vide.

Du fumier amassé le long du mur voisin.

§. 2. On demandait comment on pourrait forcer un voisin qui aurait mis un monceau de fumier contre notre mur (2), ce qui le rendait humide, comment, dis-je, on pourrait le *forcer à ôter ce fumier?* J'ai répondu, que si ce fumier avait été amassé dans un lieu public, on avait contre le voisin un interdit en vertu duquel *il pouvait être forcé à l'enlever;* mais que si ce monceau de fumier était sur un terrein particulier, le propriétaire devait agir contre lui en soutenant qu'il n'avait aucun droit de servitude pour en agir ainsi. S'il s'était engagé à indemniser du tort que ce dépôt de fumier aurait pu causer, il peut en vertu de cette stipulation (3) exiger une indemnité.

18. Julien, *liv.* 6. *sur Minicius.*

Si le maître du fonds servant se cache.

Un particulier dont les esclaves empêchaient le voisin de conduire de l'eau, se cachait afin qu'on ne pût le traduire en justice. Le demandeur cherchait les moyens de pouvoir trouver cet homme. J'ai répondu que le préteur devait ordonner en connaissance de cause, *que le demandeur serait envoyé en possession des biens de l'adversaire* (4), *et que*

---

(3) L. 18. l. 29. supr. de servit. præd. urban.
(4) L. 45. infr. de damno infect.

non antè indé discedere, quàm is actori jus aquæ
ducendæ constituisset : et si quid, quià aquam
ducere prohibitus esset, siccitatibus detrimenti
cepisset; velutì si prata arboresve exaruissent.

19. MARCIANUS, *lib.* 5. *regularum.*

Si sententia de communi servitute contrà unum lata
fuerit.

Si de communi servitute quis benè quidèm
deberi intendit, sed aliquo modo litem perdidit
culpâ suâ, non est æquum, hoc cæteris damno
esse : sed, si per collusionem (1) cessit litem ad-
versario, cæteris dandam esse actionem de dolo,
Celsus scripsit. Idquè ait Sabino placuisse.

20. SCÆVOLA, *lib.* 4. *Digestorum.*

De fundo legato, et casis eo junctis.

Testatrix fundo, quem legaverat, casas junctas
habuit : quæsitum est, si hæ fundo legato non
cederent, eumquè legatarius vindicasset, an iste
fundus aliquam servitutem casis deberet : aut,
si ex fideicommissi causâ eum sibi dari legatarius
desideraret, heredes servitutem aliquam casis excipere deberent ? Respondit, deberi.

De jure compascendi.

§. 1. Plures ex munipicibus, qui diversa prædia
possidebant, saltum communem, *ut jus compas-*
cendi haberent, mercati sunt : idquè etiam à suc-
cessoribus eorum est observatum : sed nonnulli
ex his, qui hoc jus habebant, prædia sua illa

____

(1) Adde l. 7. §. pen. supr. de dolo malo.

sa possession devait durer jusqu'à ce que celui-ci eût rétabli le droit que le demandeur avait de faire conduire de l'eau, et l'eût indemnisé du tort que la sécheresse forcée qu'il avait éprouvée, lui avait occasionné, comme si ses prés et ses arbres eussent péri faute d'eau.

19. MARCIEN, *liv.* 5. *des règles.*

Si une sentence rendue relativement à une servitude commune, ne l'a été que contre un seul des grévés.

Si quelqu'un est fondé à revendiquer une servitude commune, mais qu'il perde son procès par sa faute, il n'est pas juste que les autres soient la victime de leur co-propriétaire. Mais Celse dit que s'il s'était laissé condamner par collusion (1), on devait accorder aux autres l'action qui dérive du dol ; et il ajoute que Sabinus avait décidé la même chose.

20. SCÆVOLA, *liv.* 4 *du Digeste.*

Du fonds légué, et des petites maisons y attenantes.

Une testatrice avait quelques petites maisons jointes au fonds qu'elle a légué. On a demandé si ces petites maisons ne faisant partie du legs, et que le légataire revendiquât le fonds, si ce fonds serait grévé de quelque servitude au profit de ces petites maisons ; ou si le légataire demandait que le legs lui fût remis à titre de fidéicommis, les héritiers devraient se réserver une servitude de passage au profit de ces petites maisons ? J'ai répondu que la servitude était due.

Du droit de pâturage.

§. 1. Plusieurs habitans d'une ville qui possédaient différens fonds de terre, achetèrent en commun un bois *pour y faire paître leurs bestiaux.* Mais quelques-uns de ces particuliers qui avaient acquis ce droit de pâturage, ont aliéné leurs portions. Je demande si le droit de servitude a suivi le fonds par un effet de la vente, dans l'hypothèse où les vendeurs auraient été dans l'intention de l'aliéner. J'ai répondu qu'il fallait observer ce qui avait

propria venundederunt : quæro , an in venditione
etiàm jus illud secutum sit prædia , cum ejus vo-
luntatis venditores fuerint, ut (et) hoc alienarent ?
Respondit , id observandum , quod actum inter
contrahentes esset : sed , si voluntas contrahen-
tium manifesta non sit , et hoc jus ad emptores
transire (1). Itèm quæro , an , cum pars illorum
propriorum fundorum legato ad aliquem transmissa
sit , aliquid juris secum (hujus) compascui traxe-
rit ? Respondit : cum id quoquè jus fundi , qui
legatus esset , videretur : id quoquè cessurum
legatario.

21. LABEO , *lib.* 1. *Pithanon à Paulo epito-matorum.*

De aquâ quærendâ , et ducendâ.

Si qua aqua nondùm apparet , ejus iter ductûs
constitui non potest. Paulus : imò puto idcircò id
falsum esse , quià cedi potest (2), *ut aquam quæ-*
reres , et inventam ducere liceret.

---

(1) V. l. 23. §. 2. supr. de servit. præd. rustic.
(2) L. 10. supr. d. t.

été arrêté entre les parties contractantes. Mais si la volonté des parties contractantes n'était pas clairement exprimée, la servitude passerait aux acquéreurs (1). Je demande aussi si une partie de ces fonds avait été léguée à quelqu'un, le légataire pourrait prétendre à la jouissance de ce pâturage commun. Il a été répondu que ce droit étant attaché à la terre léguée, il était censé avoir été également donné au légataire.

21. LABÉON, *liv.* 1. *des opinions abrégées de Paul.*

De la liberté de chercher une source, et d'en conduire l'eau sur son fonds.

On ne peut établir une servitude par laquelle on aurait sur le fonds d'autrui un conduit pour conduire de l'eau qui ne paraît pas encore. Paul dit : bien plus, je pense que cela est faux ; *car je puis vous accorder la liberté* (2) *de chercher une source, et après que vous l'aurez trouvée, je puis vous concéder le droit de la conduire sur votre fonds, en la faisant passer sur le mien.*

TITULUS SEXTUS.

Quemadmodùm servitutes amittuntur.

1. GAJUS *lib.* 7. *ad edictum provinciale.*

De confusione.

SERVITUTES prædiorum *confunduntur*, si idem
utriùsquè prædii dominus esse cœperit (1),

2. PAULUS, *lib.* 21. *ad edictum.*

Si iter et actum habens, tantùm ierit.

Qui iter et actum habet, si (2) statuto tempore tantùm ierit, non periisse actum, sed manere, Sabinus, Cassius, Octavenus ajunt : nàm
ire quoquè per se eum posse, qui actum haberet,

3. GAJUS, *lib.* 7. *ad edictum provinciale.*

De morte et capitis deminutione.

Jura prædiorum *morte* et *capitis deminutione*
non perire vulgò traditum est.

---

(1) L. 3o. in pr. supr. de servit. præd. urban. l. 10. in fin. supr.
commun. præd. l. 116. §. fin. infr. de legat. 1.

TITRE

TITRE SIX.

Comment les servitudes s'éteignent.

1. GAJUS, *liv.* 7. *sur l'édit provincial.*

De la confusion des servitudes.

Dès l'instant où les deux fonds appartiennent au même maître, les servitudes réelles se confondent (1).

2. PAUL, *liv.* 21, *sur l'édit.*

Si celui qui a le droit de sentier et de passage, se sert seulement du premier.

Sabinus, Cassius et Octavenus sont d'avis que celui qui a le droit de sentier et de passage (2), s'il n'a fait usage que du premier pendant le tems requis pour prescrire, ne perd pas le second, et qu'il les conserve tous deux; car celui qui n'aurait que le droit de passage, peut passer seul sur le fonds grévé de servitude.

3. GAJUS, *liv.* 7. *sur l'édit provincial.*

De la mort et du changement d'état.

Il est vulgairement reçu que les servitudes réelles s'éteignent *par la mort*, et le *changement d'état.*

____

(2) L. 20. supr. quib. mod. ususfr. amitt.

4. Paulus, *lib.* 27. *ad edictum.*

Si quis itinere ad sepulchrum non utatur.

Iter sepulchro debitum, *non utendo* numquàm amittitur.

5. Idem, *lib.* 66. *ad edictum.*

De socio fructuario, et bonæ fidei possessore.

Servitus et per socium (1), et fructuarium, et bonæ fidei possessorem (2) nobis retinetur.

6. Celsus, *lib.* 5. *Digestorum.*

Nàm satìs est fundi nomine (3) itum esse.

De divisione fundi.

§. 1. Si ego via, quæ nobis per vicini fundum debebatur, usus fuero, tu autem constituto tempore cessaveris, an jus tuum amiseris? et è contrariò, si vicinus, cui via per nostrum fundum debebatur, per meam partem ierit egerit, tuam partem ingressus non fuerit, an partem tuam liberaverit? (Celsus) respondit : Sì divisus est fundus inter socios regionibus, quod ad servitutem attinet, quæ ei fundo debebatur, perindè est, atquè si ab initio duobus fundis debita sit : et sibi quisquè dominorum usurpat servitutem, sibi non utendo deperdit : nec ampliùs in eâ re causæ eorum (fundorum) miscentur. Nec fit ulla injuria ei, cujus fundus servit, imò si quo melior : quoniam alter dominorum utendo, sibi, non toti fundo proficit. Sed si is fundus, qui servierit, ità

---

(1) L. 12. l. 16. vers. quod si l. 20. infr. h. t.
(2) L. 12. §. 2. supr. de usufr.

4. Paul , *liv.* 27. *sur l'édit.*

Si quelqu'un ne se sert pas d'un chemin pour aller à un sépulchre.

Le droit de chemin qui conduit à un sépulchre, ne s'éteint jamais par *le non-usage.*

5. Le même, *lib.* 66. *sur l'édit.*

De l'associé à titre d'usufruit, et du possesseur de bonne foi.

Nous conservons le droit de servitude qui nous est dû par l'usage qu'en fait notre associé (1) , ou l'usufruitier, ou le possesseur de bonne-foi (2).

6. Celse , *liv.* 1. *du Digeste.*

Car il suffit que quelqu'un passe par le chemin dû à un fonds, comme en étant possesseur (3).

Du partage d'un fonds.

§. 1. Si je me sers du chemin qui nous est dû pour aller à un fonds voisin, et que vous ayez cessé d'y passer pendant le tems fixé pour prescrire, aurez-vous perdu votre droit ? Ou dans le sens inverse, si celui à qui il était dû un chemin sur un fonds qui nous est commun, en a fait usage sur ma portion, sans passer sur la vôtre, aura-t-il libéré votre portion ? Celse a répondu : si le fonds est partagé par cantons entre les co-propriétaires, c'est en ce qui concerne la servitude qui était due au fonds, la même chose que si elle eut été due dans le principe à deux fonds, et chacun des propriétaires conserve la servitude, ou la perd par le non-usage ; et dans ce cas les intérêts de ces fonds ne sont pas confondus ; et celui à qui appartient le fonds servant, n'éprouve aucun tort, au contraire, sa condition est plus avantageuse, parce que l'un des propriétaires en en faisant usage, ne se sert que du droit qu'il a sur une partie du fonds, et non de la totalité du fonds. Si au

___

(3) Adde l. 20. 21. infr. h. t.

divisus est, plusculùm dubitationis ea res habet.
Nàm si certus ac finitus viæ locus est, tunc, si
per longitudinem ejus fundus divisus est, eadem
omnia servanda erunt quæ si initio constituendæ
ejus servitutis similitèr hîc duo fundi fuissent. Si
verò per latitudinem viæ fundus divisus (est),
nec multùm refert, æqualitèr id factum est, an
inæqualitèr; tunc manet idem jus servitutis, quod,
fundo indiviso, fuerat; aut usû detineri, aut,
non utendo deperire; nisi tota via poterit : nec,
si fortè inciderit, ut semita, quæ per alterum duntaxàt fundum erit, uteretur, idcircò alter fundus
liberabitur : quoniam unum, atquè eo modo in-
dividuum viæ jus est. Possunt tamen alterutrum
fundum liberare, si modò hoc specialitèr convenit. Certè si is, cui servitus debebatur, alterum
ex eâ divisione fundum redemerit, num ideò minùs
eâ re fundi alteriùs servitus permanebit? nec vi-
deo, quid absurdè consecuturum sit eam sententiam, fundo altero manente servo : si modò et
ab initio potuit (1) angustior constitui via, quàm
lege finita (2) est : et adhûc id loci superest in eo
fundo, cui remissa servitus non est, ut sufficiat
viæ. Quòd si minùs loci superest, quàm viæ sufficiat, uterquè fundus liberabitur : alter propter
redemptionem : alter, quià (3) per eum locum,
qui superest, via constitui non potest. Cæterùm
si ità constitutum est jus viæ, *ut per quamlibèt
partem fundi ire agere liceat*, idquè vel subindè
mutare (nihil prohibet); atquè ità divisus est
fundus, si per quamlibèt ejus partem æquè ire
atquè agi possit, tunc perinde observabimus,
atquè si ab initio duobus fundis duæ servitutes

---

(1) L. 23. in pr. supr. de servit. præd. rustic.
(2) L. 8. supr. d. t.

contraire, c'est le fonds sujet à la servitude, qui a été ainsi partagé, il y a plus lieu de douter; car si le lieu du chemin est fixé et déterminé, alors si le fonds est partagé par la longueur du chemin, il faudra observer la même chose que si dans l'origine de l'établissement de la servitude, il y eut eu deux fonds distincts et séparés; si au contraire le fonds est divisé par la largeur du chemin, il importe peu que le chemin ait été coupé également ou inégalement. Alors le droit de servitude qui existait avant le partage du fonds, subsiste; ou il ne pourra être perdu, ou retenu, que dans le cas où le chemin serait perdu ou retenu en entier; et s'il arrive qu'il ne fasse usage que d'un sentier le long du fonds d'un des propriétaires, l'autre fonds ne sera pas libéré, parce que le droit de chemin est alors un et indivisible. Ils peuvent cependant dans ce cas libérer l'un des deux fonds, s'ils en sont expressément convenus. Mais si celui à qui la servitude était due, venait à acquérir l'un des deux fonds divisés, serait-ce une raison pour que la servitude n'en demeurât pas moins sur l'autre? Je ne vois nulle absurdité à ce que l'un des deux fonds demeure chargé de la servitude, si toutefois on n'a pas dans le principe établi une servitude de voie plus étroite que celle fixée par la loi (1), et qu'il reste encore assez d'espace sur le fonds dont la servitude n'est pas éteinte, pour former une voie raisonnable. S'il ne reste pas de quoi former une voie suffisante, l'un et l'autre fonds sera libéré : l'un, à cause du rachat de la servitude; l'autre, parce que l'on ne peut établir sur ce qui reste (2) une voie suffisante. Au surplus, si le droit de chemin a été établi de manière qu'on eût la liberté de chemin et de passage par toutes les parties du fonds, et que rien par la suite n'empêchât de changer le chemin, si le fonds a été partagé de manière qu'on pût également passer sur l'une et l'autre portion du fonds, nous aurons à observer la même chose que si dans l'origine il y avait eu deux servitudes imposées sur deux fonds. De sorte que l'une pourra être retenue, et que l'autre sera perdue par le non-usage (3). Je ne me dissimule pas que l'on peut dire que dans ce cas le droit de l'un est changé par le fait d'un autre; parce qu'il lui eut été plus avantageux d'avoir un droit de chemin et de passage sur l'une

---

(3) D. l. 23. in pr.

injunctæ fuissent, ut altera retineri, altera non utendo possit deperire. Nec me fallit, alieno facto jus alteriûs immutatum iri; quoniam antè satiùs fuerat, per alteram partem ire agere, ut idem jus ei in alterâ parte fundi retineretur. Contrà, illud commodum accessisse ei, cui via debebatur, quod per duas pariter vias ire agere possit : bisque octonos in porrectum, et senos denos in anfractum.

7. Paulus, *lib.* 13. *ad Plautium.*

De servitute cujus usus non est continuus.

Si sic constituta sit aqua, *ut vel æstate ducatur tantùm, vel uno mense*, quæritur, quemadmodùm non utendo amittatur : quià non est continuum tempus : quo, cum uti non potest, non sit usus. Itàque et si *alternis annis vel mensibus* quis aquam habeat, duplicato (1) constituto tempore amittitur. Idem et de itinere custoditur. Si verò *alternis diebus, aut die toto, aut tantùm nocte*, statuto legibus tempore amittitur : quià una servitus est. Nàm et si alternis horis, vel una hora quotidiè servitutem habeat : Servius scribit, perdere eum, non utendo, servitutem : quià id, quod habet, cottidianum sit.

8. Idem, *lib.* 15. *ad Plautium.*

Si quid in loco serviente permiserit aliquid facere.

Si stillicidii immittendi jus habeam in aream tuam, et permisero jus tibi in eâ areâ ædificandi:

---

(1) Fac. l. ult. C. de servitutib.

des portions, afin de retenir son droit également sur l'autre ; mais on peut répondre à cela que celui à qui le passage était dû, en retire un avantage, puisqu'il a deux chemins par lesquels il peut passer, et que ces deux passages ont chacun huit pieds en ligne directe, et seize pieds dans les détours.

7. PAUL, *liv.* 13. *sur Plautius.*

De la servitude dont l'usage n'est pas continuel.

Si la servitude de l'eau est imposée de manière que celui à qui elle est due, ne puisse l'exercer que *pendant l'été*, ou *pendant un mois*, on demande comment cette servitude peut se perdre par le non-usage, puisqu'il n'y a pas de continuité de tems, et qu'il n'y a pas d'usage pendant le tems où il ne peut pas jouir. C'est pourquoi si quelqu'un a une telle servitude pour s'en servir de deux années l'une, ou de deux mois l'un, cette servitude se perd lorsque le tems fixé pour prescrire sera doublé (1). On devra observer la même chose à l'égard des servitudes de passage. Si au contraire la servitude avait été imposée pour n'en pouvoir jouir que *de deux jours l'un, ou pendant le jour ou la nuit seulement*, elle s'éteint lorsqu'on a cessé d'en faire usage pendant le tems fixé par les lois pour prescrire, parce que dans ce cas la servitude est une; car si la servitude était établie pour qu'elle dût être exercée d'heure en heure, ou une heure par jour, Servius écrit qu'elle se perd par le non-usage, parce que ce droit est un droit qui doit être exercé tous les jours.

8. LE MÊME, *liv.* 15. *sur Plautius.*

Si quelqu'un a permis de faire quelque chose sur le fond servant.

Si j'ai le droit de faire avancer mes gouttières sur votre terrein, et que je vous aie permis de bâtir sur ce même terrein, je perds mon droit. Pareillement si j'ai un droit

stillicidii imittendi jus amitto. Et similitèr si per tuum fundum via mihi debeatur, et permisero tibi, in eo loco, per quem via mihi debetur, aliquid facere, amitto jus viæ.

Si quis per partem itineris eat.

§. 1. Is, qui per partem (1) itineris it, totum jus usurpare videtur.

9. JAVOLENUS, *lib. 3. ex Plautio.*

Si aqua per partem aquagii influxerit.

Aqua, si in partem aquagii influxit, etiamsi non ad ultima loca pervenit, omnibus tamèn partibus usurpantur.

10. PAULUS, *lib. 15. ad Plautium.*

De pupillo et socio.

Si communem fundum ego et pupillus haberemus, licèt uterquè non uteretur, tamèn propter pupillum et ego viam retineo.

Si quis eo tempore, vel eo modo quo non debuit utatur.

§. 1. Si is, qui nocturnam (2) aquam habet, interdiù per constitutum ad amissionem tempus usus fuerit : amisit (3) nocturnam servitutem, quâ usus non est (4). Idem est in eo, qui certis horis aquæductum habens, aliis usus fuerit, nec ullâ parte earum horarum.

---

(1) L. 18. supr. de servit. præd. rustic.
(2) L. 17. in pr. infr. de aquâ et aquæ pluv. l. 2. infr. de aquâ quotid.

de chemin sur votre fonds, et que je vous aie permis de faire quelque chose sur l'endroit par lequel le chemin m'est dû, je perds ce droit de chemin.

Si quelqu'un va par une portion de chemin.

§. 1. On conserve en entier son droit de chemin, quoique l'on ne se serve que d'une partie du chemin (1).

9. JAVOLENUS, *liv.* 3. *sur Plautius.*

Si l'eau coule dans une partie du canal.

Encore que l'eau qui coule dans un canal, n'arrive pas jusqu'à l'extrémité du canal, on n'en conserve pas moins la servitude sur toutes les parties du canal.

10. PAUL, *liv.* 15. *sur Plautius.*

Du pupille et de l'associé.

Si mon pupille et moi avions un fonds qui nous fut commun, encore que l'un et l'autre ne nous servissions pas de la servitude de chemin à nous due, cependant je ne la perdrais pas, par suite du privilège dont jouissent les pupilles.

Si quelqu'un use de son droit de servitude, dans un tems autre que celui où il doit s'en servir.

§. 1. Si celui qui a le droit de prendre de l'eau pendant la nuit (2), en jouit pendant le jour, pendant le tems fixé pour perdre la servitude, il perd le droit (3) qu'il avait de prendre de l'eau pendant la nuit (4). Il en est de même de celui qui ayant un droit d'aquéduc dont il ne peut faire usage qu'à certaines heures, l'a exercée à des heures différentes.

---

(3) L. 18. in pr. infr. h. t.
(4) Vide tamen l. 5. §. 1. infr. de aquâ quotid.

11. Marcellus, *lib.* 4. *Digestorum.*

Is, cui via vel actus debebatur , *ut vehiculi certo genere uteretur*, alio genere fuerat usus : videamus , ne amiserit (1) servitutem ; et alia sit ejus conditio, qui ampliùs oneris, quàm licuit , vexerit. Magisque hic plùs, quàm aliud , egisse videatur : sicuti si latiore itinere usus esset , aut si plura jumenta egerit, quàm licuit ; aut aquæ admiscuerit aliam. Ideòque in omnibus istis quæstionibus servitus quidèm non amittitur : non autèm conceditur plùs, quàm pactum est, in servitute habere.

De fundo sub conditione legato.

§. 1. Heres, cùm legatus esset fundus sub conditione, imposuit ei servitutes (2) ; extinguetur, si legati conditio existat (3). Videamus , an adquisitæ sequantur legatarium ? Et magìs dicendum est, ut sequantur.

12. Celsus, *liv.* 23. *Digestorum.*

Quomodò retinetur ususfructus.

Qui fundum alienum bonâ fide emit, itinere, quod ei fundo debetur, usus est. Retinetur id jus itineris : atquè etiam si precariò, aut vî dejecto domino, possidet. Fundus enim qualitèr se habens, (ità) cùm in suo habitû possessus est, jus non deperit : nequè refert, justè, necnè, pos-

---

(1) L. 9. in fin. supr. si servit. vind.
(2) V. l. 12. §. ult. infr. famil. ersisc.

11. Marcellus, *liv.* 4. *du Digeste.*

Celui à qui un droit de chemin et de passage était dû, et qui *ne pouvait en faire usage qu'en se servant d'une certaine espèce de voiture*, en avait changé de lui-même, examinons s'il n'a pas perdu par-là son droit (1), et si on doit dire le contraire à l'égard de celui qui aurait voituré une charge plus forte que celle qu'il devait voiturer, parce qu'il paraît avoir fait plus qu'il ne devait, mais non pas autre chose que ce qu'il devait faire, examinons encore ce qu'il en serait si quelqu'un s'était servi d'un chemin plus large, ou avait conduit plus de bêtes de somme, que ne le portait la convention, ou avait mêlé de l'eau différente à celle qu'il avait droit de conduire. Dans tous les cas dont nous venons de parler, la servitude n'est donc pas éteinte, mais malgré tout on ne doit pas augmenter les charges d'une servitude, et s'arroger plus de droit qu'il n'en avait été accordé par la convention.

Du fonds légué sous condition.

§. 1. Un fonds ayant été légué sous condition, l'héritier gréva ce fonds de servitudes (2). Si la condition imposée a lieu, les servitudes seront éteintes de plein droit (3). Examinons si celles qui auraient été acquises, passeraient au légataire, et il y aurait plus de raison de dire qu'elles suivraient le fonds.

12. Celse, *liv.* 23. *du Digeste.*

Comment on conserve la servitude.

Quelqu'un ayant acheté un fonds qui n'appartenait pas à son vendeur, s'est servi du droit de chemin dû à ce fonds, il conserve par-là cette servitude de chemin. Il en est de même de celui qui possède à titre de précaire, ou après avoir dépossédé le maître par violence. Car le fonds a été possédé tel qu'il se poursuivait et comportait, et par conséquent il ne perd pas les droits qu'il avait, et il importe peu que celui qui le possède, possède justement ou

---

(3) L. 105. in fin. infr. de condit. et demonstr.

sideat, qui talem eum possidet. Quarè fortiùs, et si aqua per rivum suâ spontè (1) perfluxit, jus aquæ ducendæ retinetur : quod et Sabino rectè placuit, ut apud Neratium libro quarto membranarum scriptum est.

13. Marcellus, *lib.* 17. *Digestorum.*

Si quis fundi dominantis locum servienti proximum vendiderit, deindè adquisierit.

Si quis ex fundo, cui viam vicinus deberet, vendidisset locum proximum servienti fundo, non impositâ servitute, et intrà legitimum tempus (2), quo servitutes pereunt, rursùs eum locum adquisisset : habiturus est servitutem, quàm vicinus debuisset.

14. Javolenus, *lib.* 10. *ex Cassio.*

De impetû fluminis, et ruinâ.

Si locus, per quem via, aut iter aut actus debebatur, impetû fluminis occupatus esset, et intrà tempus, quod ad amittendam servitutem sufficit, alluvione factâ, restitutus est : servitus (3) quoquè in pristinum statum restituitur. Quòd si id tempus præterierit, ut servitus amittatur, renovare eam cogendus est.

§. 1. Cùm via publica (vel) fluminis impetû, vel ruina amissa est : vicinus proximus viam præstare debet.

---

(1) L. 1. §. 21. infr. de aquâ quotid.
(2) V. l. 13. C. de servit.

injustement. C'est pourquoi à plus forte raison si l'eau coule d'elle-même par le canal (1), le droit d'aquéduc est conservé. C'est ce que Sabinus pensait, comme on le voit écrit dans Nératius, liv. IV de ses feuiles.

13. MARCELLUS, *liv.* 17. *du Digeste.*

Si quelqu'un a vendu la part du fond dominant la plus prochaine du fond servant, et qu'ensuite il ait acheté cette même partie.

Si quelqu'un avait vendu la partie la plus voisine de son fonds à qui le voisin devait une servitude de voie, sans parler de la servitude, et que dans l'intervalle du tems fixé pour prescrire une servitude (2), il vint à acquérir de nouveau cette même partie de fonds aliéné, il recouvrera de nouveau la servitude qui était due par le voisin.

14. JAVOLENUS, *liv.* 10. *sur Cassius.*

De l'inondation et des débordemens d'un fleuve ; de ce qui est tombé en ruine.

Si un endroit qui devait une servitude de chemin, ou de sentier, ou de passage se trouve couvert par une inondation, et que pendant l'intervalle du tems nécessaire pour prescrire, les eaux s'étant écoulées, il retourne dans son ancien état, la servitude reprend (3) toute sa vigueur. Mais si le tems est passé, et que la servitude soit perdue, le propriétaire du fonds servant est obligé de la renouveller.

§. 1. Le voisin d'un chemin public, que le débordement des eaux ou son mauvais état aurait rendu impraticable, doit en fournir un autre.

____

(3) Adde l. 23. l. 24. supr. quib. mod. ususfr. amitt.

15. Idem , *lib.* 2. *epistolarum.*

De medii prædii adquisitione.

Si , cùm servitus mihi per plures fundos debe-
retur , medium fundum adquisivi , manere servitutem puto : quià totièns servitus confunditur ,
quotièns uti eâ is , ad quem pertineat , non potest :
medio autem fundo adquisito , potest consistere ,
ut per primum , et ultimum , iter debeatur.

16. Proculus , *lib.* 1. *epistolarum.*

De aquæductû debito pluribus fundis , aut fundo communi.

Aquam , quæ oriebatur in fundo vicini , plures
per eundem rivum jure ducere soliti sunt , ità ut
suo quisquè die à capite duceret : primò per
eundem rivum , eumquè communem ; deindè ,
ut quisquè inferior erat suo quisquè proprio rivo :
(et) unus statuto tempore , quo servitus amittitur , non duxit. Existimo eum jus ducendæ aquæ
amisisse : nec per cæteros , qui duxerunt , ejus
jus usurpatum esse. Proprium enim cujusquè
eorum jus fuit : nequè per alium usurpari potuit.
Quòd si plurium fundo iter aquæ debitum esset :
per unum eorum omnibus his , inter quos is fundus communis fuisset , usurpari potuisset. Itèm si
quis eorum , quibus aquæductus servitus debebatur ,
et per eundem rivum aquam ducebant , jus aquæ
ducendæ , non ducendo eam , amisit ; nihil juris eo
nomine cæteris , qui rivo utebantur , adcrevit. Idquè
commodum ejus est , per cujus fundum id iter aquæ ,
(quod) , non utendo , pro parte uniûs amissum
est : libertate enim hujus partis servitutis fruitur.

15. Le même, *liv.* 2. *des lettres.*

De l'acquisition du fonds intermédiaire.

Si plusieurs fonds me devant une servitude de passage, j'acquiers le fonds du milieu, je pense que je conserve mon droit de servitude, parce qu'il n'y a de confusion de servitude qu'autant que celui à qui elle est due, ne peut plus s'en servir. Or, l'acquisition du fonds qui se trouve situé au milieu des autres fonds, n'empêche pas que l'on ne puisse passer sur celui qui est supérieur, ainsi que sur l'inférieur, donc la servitude du chemin est toujours due.

16. Proculus, *liv.* 1. *des lettres.*

Du droit d'aquéduc dû à plusieurs fonds, ou à un fonds commun à plusieurs.

Plusieurs particuliers étaient dans l'usage de faire passer sur leurs fonds, par le même canal, de l'eau qui provenait d'une source située sur un fonds voisin, et chacun avait son jour pour prendre de l'eau à la source. D'abord ils faisaient passer l'eau par le même canal qui était commun, et ensuite chacun conduisait cette eau par un canal qui lui était propre, et qui ne servait qu'à lui seul. Un de ces particuliers n'a pas fait usage de son droit pendant le tems fixé pour prescrire, j'estime qu'il a perdu son droit par ce non-usage, et qu'il n'a pu le conserver par l'usage que les autres ont fait du leur. Car ce droit était propre à chacun, et n'a pu être conservé par l'usage qu'un autre en aurait fait. Mais si ce droit d'aquéduc était dû à un fonds commun à plusieurs, il pourrait être conservé à tous les co-propriétaires par l'usage qu'en aurait fait l'un d'eux. De même si quelqu'un de ceux à qui la servitude d'aquéduc était due, et qui conduisaient l'eau par le même canal, ont perdu ce droit d'aquéduc en ne s'en servant pas, ce droit n'accroît pas à ceux qui se servaient du canal, et tout l'avantage est pour celui qui devait la servitude, et qui par ce moyen profite de la partie de la servitude que l'autre a perdue en ne s'en servant pas.

17. **Pomponius**, *lib.* 11. *ex variis lectionibus.*

Si haustum habens ierit, non hauserit.

Labeo ait : Si is, qui *haustum* habet, per tempus, quo servitus amittitur, ierit ad fontem, nec aquam hauserit : iter quoquè eum amisisse (1).

18. **Paulus**, *lib.* 15. *ad Sabinum.*

Si quis aliâ aquâ utatur quam quâ debet.

Si quis aliâ aquâ usus fuerit, quàm de quâ in servitute imponendâ actum est : servitus amittitur (2).

De tempore autoris successorio imputando.

§. 1. Tempus, quo non est usus præcedens fundi dominus, cui servitus debetur, imputatur ei, qui (in) ejus loco successit.

De eo, qui non potuit immittere.

§. 2. Si, cùm jus haberes *immittendi*, vicinus statuto tempore ædificatum non habuerit, ideòquè nec tu immittere poteris : non ideò magis servitutem amittes; quia non potest videri usûcepisse vicinus tuus libertatem ædium suarum, qui jus tuum non interpellavit.

---

(1) Arg. l. 129. §. 1. l. 178. infr. de reg. jur.

17. POMPONIUS, *liv.* 11. *des différentes leçons.*

Si celui qui a droit de puiser de l'eau dans le fonds d'autrui, se sert du chemin qui conduit à la source, sans y puiser.

Labéon dit : si celui qui a un droit de prise d'eau sur le fonds d'autrui, fait usage du chemin qui conduit à la source, sans y puiser, il perd au bout du tems fixé pour prescrire, le droit de chemin.

18. PAUL, *liv.* 15 *sur Sabinus.*

Si quelqu'un se sert d'une eau différente de celle dont on est convenu qu'il se servira.

Si quelqu'un se sert d'une eau différente de celle dont on est convenu lors de l'imposition de la servitude, il la perd (2).

Du tems pendant lequel le prédécesseur n'a pas fait usage de la servitude, et que l'on impute à son successeur.

§. 1. La durée du tems pendant lequel le maître précédent du fonds à qui la servitude était due, n'a pas joui, est imputée à celui qui lui a succédé.

De celui qui n'a pas pu appuyer ses poutres sur le mur voisin.

§. 2. Si ayant le droit de faire porter vos poutres sur le mur de votre voisin, s'il venait à bâtir, celui-ci n'a pas eu de mur construit pendant tout le tems fixé pour prescrire, et que, par conséquent, vous n'ayez pu appuyer vos poutres, votre droit n'en sera pas pour cela perdu, parce que votre voisin n'est pas censé avoir prescrit la liberté de sa maison, puisqu'il n'a pu apporter aucune interruption à votre droit.

---

(2) L. 10. §. 1. supr. h. t.

19. POMPONIUS, *lib.* 32. *ad Sabinum.*

Utrùm servitus quâ nunquàm uti cœptum est, amittatur.

Si partem fundi vendendo, lege caverim, *uti per eam partem in reliquum fundum meum aquam ducerem,* et statutum tempus intercesserit, antequàm rivum facerem : nihil juris amitto, quià (1) nullum iter aquæ fuerit; sed manet mihi jus integrum. Quòd si fecissem iter, nequè usus essem, amittam.

§. 1. Si per fundum meum viam tibi legavero, et aditâ meâ hereditate, per constitutum tempus ad amittendam servitutem ignoraveris eam tibi legatam esse : amittes viam non utendo. Quòd si intrà (idem) tempus, antequàm rescires tibi legatam servitutem, tuum fundum vendideris : ad emptorem via pertinebit, si reliquo tempore eâ usus fuerit; quià scilicèt tua esse cœperat; ut jam nec jus repudiandi legatum tibi possit contingere, cùm ad te fundus non pertineat.

20. SCÆVOLA, *lib.* 1. *regularum.*

Per quos retinetur servitus.

Usû retinetur servitus, cùm ipse, cui debetur, utitur, quivè (2) in possessione ejus est, aut mercenarius, aut hospes (3), aut medicus; quivè ad visitandum dominum venit, vel colonus, aut fructuarius.

21. PAULUS, *lib.* 5. *Sententiarum.*

Fructuarius, licèt suo nomine.

---

(1) L. 174. §. 1. infr. de reg. jur.
(2) L. 111. in fin. infr. de verb. oblig.

19. POMPONIUS, *liv.* 32 *sur Sabinus.*

Si la servitude dont on a pas fait usage est éteinte.

Si en vendant une partie de mon fonds, je suis convenu que *j'aurais le droit de conduire de l'eau par cette partie, sur celle qui me reste*, et que le tems fixé pour prescrire, se soit écoulé avant que j'aie fait mon canal, je ne perds pas mon droit, parce que jusque-là il n'y a pas (1) eu de canal d'établi, et mon droit me reste dans tout son entier; mais si j'avais fait le canal, et que je ne m'en fusse pas servi, je perdrais alors mon droit.

§. 1. Si je vous ai légué un droit de chemin par mon fonds, et que ma succession ayant été acceptée, vous ayez ignoré, pendant tout le tems fixé pour perdre une servitude, que ce chemin vous eût été légué, vous le perdrez pour ne vous en être pas servi. Mais si vous avez vendu votre fonds dans l'intervalle de ce tems, avant que vous eussiez été instruit que cette servitude vous eût été léguée, elle appartiendra à votre acquéreur, s'il s'en est servi pendant le reste du tems fixé pour qu'une servitude soit éteinte, parce qu'elle était à vous avant l'époque où vous avez vendu, et que vous n'avez plus la liberté de renoncer au legs, puisque le fonds ne vous appartient plus.

20. SCÆVOLA, *liv.* 1. *des règles.*

Quels sont ceux qui peuvent conserver une servitude.

On conserve une servitude par l'usage, et peu importe que ce soit le propriétaire qui s'en serve (2), ou un de ses ouvriers, ou un de ses amis (3), ou son médecin ou tout autre qui vient pour le visiter, ou un fermier, ou un usufruitier.

21. PAUL, *liv.* 5. *des sentences.*

Ou l'usufruitier encore qu'il en jouisse en son nom propre.

---

(3) L. §. 7. infr. de itinere actuque privat.

22. Scævola, *lib.* 1. *regularum.*

Deniquè quicunquè quasi debitâ viâ usus fuerit.

23. Paulus, *lib.* 5. *sententiarum.*

Sivè ad fundum nostrum facit, vel ex fundo.

24. Scævola, *lib.* 1. *regularum.*

Licèt malæ fidei possessor sit (1), retinebitur servitus.

25. Paulus, *lib.* 5. *sententiarum.*

Quid sit servitute uti.

Servitute usus non videtur, nisi is (2), qui suo jure uti se credidit : ideòquè, is qui pro viâ publicâ vel pro alterius servitute usus sit , nec interdictum, nec actio utilitèr competit.

---

(1) L. 12. supr. h. t.
(2) L. ult. infr. de itinere actuque privat.

Finis quinti voluminis.

22. Scævola, *liv.* 1. *des règles.*

Enfin quiconque fait usage d'un droit de passage qui est dû, le conserve au propriétaire.

23. Paul, *liv.* 5. *des sentences.*

Soit qu'il le fasse pour arriver à notre fonds, ou pour en sortir.

24. Scævola, *liv.* 1. *des règles.*

Une servitude est conservée par l'usage qu'en fait même un possesseur de mauvaise foi (1).

25. Paul, *liv.* 5. *des sentences.*

Ce que c'est que de faire usage d'une servitude.

Celui-là seul est censé (2) jouir d'une servitude, qui en jouit comme d'un droit qu'il sait lui appartenir ; par conséquent si quelqu'un passe par un chemin qui est dû à titre de servitude, croyant que ce chemin est public, ou qu'il est grévé d'une servitude au profit d'un autre, il ne peut recourir à aucun interdit, et il n'a point d'action civile en revendication de servitude.

Fin du tome cinquième.

TABLE

Des matières contenues dans le cinquième Volume.

Livre VII du Digeste.

Livre VIII du Digeste.

(*) Les chiffres sont ceux de la pagination française.

ERRATA.

Page 24, §. 7. mimittere, *lisez* immitere.
— 40, §. 1. huitième lig., succulo, *lisez* sacculo.
— 35, §. 1. lig. 2, ensorte que ce dernier en soit incommodé, l'usufruitier a action contre lui, *lisez*, ensorte que l'usufruitier en soit incommodé, ce dernier a action contre lui. Il en est de même, si ces arbres embarrassent le chemin.

Cet ouvrage sera suivi d'une table raisonnée des matières, par ordre alphabétique, afin d'en rendre l'usage plus facile, d'éviter une perte de tems en recherche, et de pouvoir profiter des notes très-multipliées dont il est enrichi.

Dans quelques mois nous ferons paraître les premiers volumes du *Code* et des *Novelles*, dont il n'existe pas de traduction.